Erbauliches Handbüchlein für Kinder (1734)

Religiöse Bildung im Diskurs (RBD)

Herausgegeben von
Michael Wermke und Thomas Heller

Band 4

Johann Jacob Rambach

Erbauliches Handbüchlein für Kinder (1734)

Herausgegeben und eingeleitet von
Stefanie Pfister und Malte van Spankeren

EVANGELISCHE VERLAGSANSTALT
Leipzig

Bibliographische Information der Deutschen Nationalbibliothek
Die Deutsche Nationalbibliothek verzeichnet diese Publikation in der Deutschen Nationalbibliographie; detaillierte bibliographische Daten sind im Internet über http://dnb.dnb.de abrufbar.

Printed in Germany · H 7711

Das Buch wurde auf alterungsbeständigem Papier gedruckt.

Cover und Layoutentwurf: Kai-Michael Gustmann, Leipzig
Coverbild: Jan-Peter Kasper, Jena
Satz: Mario Moths, Marl
Druck und Binden: Docupoint Magdeburg GmbH

ISBN 978-3-374-03754-4
www.eva-leipzig.de

Vorwort

Historisch-religionspädagogische Forschung, die sich mit der Dokumentation von Unterrichtsmaterial und der Unterrichtspraxis beschäftigt, bereichert zum einen die historische und gegenwärtige Bildungsforschung, indem einzelne Forschungsdesiderate verringert werden. Zum andern kann das Nachvollziehen historischer Entwicklungs- und Transformationsprozesse von religiöser Unterweisung zu einem vertieften Verständnis der Gegenwart führen. Paradigmatisch dafür steht diese Publikation zur bisher noch nicht edierten Schrift »Erbauliches Handbüchlein für Kinder« von Johann Jacob (auch Jakob) Rambach (1693–1735), die ein anonymer Rezensent 1734 wie folgt beschreibt:

> »Wie unser Herr Superintendens und Professor Theologiae primarius, D. Rambach, unermüdet beschäfftiget ist, alle Zeit, die er von seinen schweren Amts=Geschäfften erübrigen kann, auf die Ausarbeitung nützlicher Schrifften zu wenden: so hat er hiervon eine neue Probe abgeleget, da er diese Woche eine kleine Schrifft von 10. Bogen in 12. ans Licht gestellet, die hoffentlich wegen ihrer nützlicher Einrichtung vielen Beyfall finden, und auch wohl in manchen Schulen eingeführet zu werden, das Glück haben wird. Sie führt den Titel: Erbauliches Handbüchlein für Kinder [...].«[1]

In der Folge wurde das »Erbauliche Handbüchlein für Kinder« in der Tat an Schulen eingesetzt, um im pietistischen Sinne den Erwerb der christlichen Klugheit zu fördern. Der Herr Superintendens und Professor Theologiae primarius, Johann Jacob Rambach, erlernte zunächst das Tischlerhand-

1 Anonymer Rezensent, Gießen, in: Niedersächsische Nachrichten von Gelehrten Neuen Sachen, Hamburg 1731–1736, hier: Bd. 4, 1734, 411.

werk, war dann Schüler an der Lateinschule der Franckeschen Stiftungen (ab 1708), später Mitarbeiter August Hermann Franckes (ab 1723) und anschließend dessen direkter Nachfolger als Hochschullehrer in Halle (ab 1726/7), bevor er ab 1731 als Professor und Superintendent in Gießen und seit 1732 als Direktor des dortigen Pädagogiums tätig war. Rambach war nicht nur ein zeitgenössisch bekannter Theologe, sondern ist darüber hinaus Vielen bis heute als Liederdichter bekannt: So wurde z.B. das bis heute im Evangelischen Gesangbuch abgedruckte Lied »Ich bin getauft auf deinen Namen« (Nr. 152) erstmals in dem vorliegenden »Erbaulichen Handbüchlein« abgedruckt.[2]

In der Edition wird der Schwerpunkt auf die Pädagogik Rambachs gelegt. Exemplarisch wird an dem »Erbaulichen Handbüchlein« zum einen das pietistische Erziehungs- und Bildungskonzept in der Nachfolge Franckes deutlich, zum andern zeigen sich auch bereits erste theologische und religionspädagogische Modifizierungen und damit der Versuch, neue katechetische Grundlagen für den Religionsunterricht zu schaffen. Der Edition vorangestellt sind die Editions- und Transkriptionshinweise: Die 1. Auflage von 1734 ist nicht mehr zugänglich, sodass die 2. Auflage aus demselben Jahr hier editiert wird. Weitere Informationen zu den vielen verschiedenen Auflagen – es sind mindestens 17 autorisierte Auflagen in den Jahren 1734–1851 erschienen – und auch zu den (Leipziger) Fehl- bzw. Raubdrucken und fälschlich vorgenommenen Katalogisierungen werden hier aufgeführt. Einen ersten Überblick über das »Handbüchlein« bietet das

2 Johann Jakob Rambach, Erbauliches Handbüchlein für Kinder, Gießen ^{2}1734, 88; im Folgenden werden alle Angaben aus dem »Erbaulichen Handbüchlein« mit Rambach, Handbüchlein, dem jeweiligen Ort und der jeweiligen Auflage angegeben, sofern sie nicht vom Titel abweichen.

Kapitel zum Aufbau und Inhalt der Schulschrift. Durch die zahlreichen Textverweise werden auch die theologischen und pädagogischen Aspekte, die Rambach geleitet haben, deutlich. Im Anschluss werden der Kenntnisstand der Forschungsliteratur zu Rambach und dessen Biographie vor dem Hintergrund der pietistischen Theologie vorgestellt, insbesondere seine Lehrjahre in Halle und sein beruflicher Werdegang in Jena, Halle und Gießen. Eine Kurzbiographie, ein Verzeichnis der wichtigsten Schriften von Rambach sowie ausgewählte Forschungsliteratur vervollständigen diesen Überblick. Die anschließenden religionspädagogischen Überlegungen beschreiben Rambach als Religionspädagogen, überprüfen, inwiefern der hallesche Pietismus als Grundlage für das »Handbüchlein« diente, und nennen zahlreiche didaktische und methodische Aspekte der editierten Schrift. Die abschließende kritische Würdigung zeigt auf, inwiefern das Verständnis dieser historischen Schrift von Rambach »auch über seine Zeit hinaus religionspädagogische Relevanz und Wirkung beanspruchen darf«.[3]

Die Herausgeber danken folgenden Institutionen der Universität Jena: dem Landesgraduiertenkolleg »Protestantische Bildungstraditionen in Mitteldeutschland« für die Gewährung eines Editionsstipendiums, dem Forschungszentrum »Laboratorium Aufklärung« für die Gewährung eines Druckkostenzuschusses sowie dem »Zentrum für Religionspädagogische Bildungsforschung« für die engagierte inhaltliche und organisatorische Betreuung. Zudem danken wir Maria Köhler (Universität Jena), Christina Koch (Universität

3 Rainer Lachmann, Vom Westfälischen Frieden bis zur Napoleonischen Ära, in: Rainer Lachmann/Bernd Schröder (Hrsg.), Geschichte des evangelischen Religionsunterrichts in Deutschland. Ein Studienbuch, Neukirchen-Vluyn 2007, 106.

Jena) und Sandra Giebel (Universität Dortmund/Bochum) für die Unterstützung bei der Transkription sowie Jette Förster (Universität Jena) für die redaktionelle Bearbeitung der Einführung. Herzlich gedankt sei weiterhin Prof. Dr. Michael Wermke und Dr. Thomas Heller für die Aufnahme in die Reihe »Religiöse Bildung im Diskurs«. Besonderer Dank sei Dr. Stephanie Marra (Universitätsbibliothek Dortmund) und Susanne Friebe (Universitätsbibliothek Greifswald) für die kompetenten Unterstützungen bei der Recherche ausgesprochen.

INHALT

I. Einführung

1. Editions- und Transkriptionshinweise

Das »Handbüchlein« liegt in der 2. Auflage (Gießen 1734) vor, die 1. Auflage ist im selben Jahr – ebenfalls in Gießen – zehn Tage zuvor erschienen.[4] Diese 1. Ausgabe scheint schon lange verschollen und lag wohl auch keinem der Autoren vor, die sich bislang mit dem »Handbüchlein« auseinandergesetzt haben.[5] Rambachs »Handbüchlein« ist in den Jahren von 1734–1851 bei verschiedenen Verlagen in ca. 17 Auflagen erschienen.[6]

---

4 Die 1. Auflage enthält die vom 10. April 1734 datierte Vorrede, die 2. Auflage enthält die 10 Tage später datierte Vorrede (20. April 1734) von Rambach; vgl. Rambach, Handbüchlein, Gießen ²1734.

5 Vgl. Walter Hug, Johann Jacob Rambach. Religionspädagoge zwischen den Zeiten (Praktische Theologie heute, Bd. 63), Stuttgart 2003, 67; Hans-Jürgen Fraas, Katechismustradition. Luthers kleiner Katechismus in Kirche und Schule (Arbeiten zur Pastoraltheologie, Martin Fischer/Robert Frick (Hrsg.), Bd. 7), Göttingen 1971, 368; Ingrid Hruby, Johann Jacob Rambach (1693–1735). Erbauliches Handbüchlein für Kinder, Gießen 1734 (Bibl. Nr. 725), in: Theodor Brüggemann (Hrsg.), Handbuch zur Kinder- und Jugendliteratur. Von 1570–1750, Stuttgart 1991, 259–279. Auch Bizer zitiert aus einer späteren Auflage (Gießen ¹¹1750): Christoph Bizer, Johann Jacob Rambach (1693–1735), in: Henning Schröer/Dietrich Zilleßen (Hrsg.), Klassiker der Religionspädagogik, Frankfurt a. M. 1989, 94. Bizer geht sogar an anderer Stelle davon aus, dass das »Handbüchlein« erst postum (1736) – als Zusammenstellung verschiedener Texte – erschienen ist. Vgl. Christoph Bizer, Art. Rambach, in: Norbert Mette/Folkert Rickers (Hrsg.), Lexikon der Religionspädagogik, Neukirchen-Vluyn 2001, 1586. Doch vermutlich liegt eine Verwechslung Bizers mit der 1. Leipziger Auflage vor, die sich als Fälschung erwiesen hat. Vgl. Hug, Rambach, 67.

6 Auch wenn Hug daher von mindestens 28 Auflagen (vgl. a.a.O., 68) ausgeht, wird hier nur die Zahl der katalogisierten und belegten Auflagen

In der neuen Vorrede der 9. Auflage von 1739 erwähnt der Herausgeber Büttner sogar, dass es bereits 20-mal aufgelegt worden sei, und mindestens 30.000-mal gedruckt.[7] Die hier genannte Auflagenzahl geht zwar auf die hohe Zahl der unautorisierten Nachdrucke zurück, dennoch ist sicher, dass in den weiteren Jahren mindestens acht weitere Auflagen erschienen sind: Neben den ersten beiden Gießener Auflagen (1734) gibt es 1739 eine Ausgabe (o. O.) und noch im selben Jahr in Iserlohn einen Druck, eine Auflage in Schaffhausen 1751, 1757 eine Auflage o. O., eine Auflage in Leipzig 1761, eine in Frankfurt 1772 und eine weitere Auflage wiederum in Schaffhausen 1851. Zudem gibt es eine undatierte Auflage in Stuttgart, die aufgrund des siebenteiligen Aufbaus vermutlich auf die Gießener Vorlage zurückgeht.[8] Darüber hinaus werden auch Übersetzungen des »Handbüchleins« ins Schwedische genannt: 1739 und 1773.[9]

---

genannt, auch wenn in der Tat zahlreiche – jedoch nicht autorisierte – Nachdrucke existieren.

7 Vgl. Rambach, Handbüchlein, o. O. [9]1739, Neue Vorrede von Büttner; Hug, Rambach, 68.

8 Vgl. ebd. Hug weist auch auf die Leipziger Ausgaben von 1763 und 1766 als Nachdrucke der ersten Auflagen hin. Da fast ausnahmslos alle anderen Leipziger Drucke (1736: 1. Auflage, 276 Seiten; 1737: 2. Auflage; 1740: unbekannte Auflage; 1741: 10. (!) Auflage mit 370 (!) Seiten; 1750: 11. Auflage mit 370 Seiten) unautorisiert sind, ist davon auszugehen, dass es diese ebenfalls sind. Besonders die identisch hohe Seitenanzahl von 370 Seiten der Drucke von 1761 (13. Auflage) und 1766 (14. Auflage) mit den Raubdrucken (jeweils 370 Seiten vs. der Seitenanzahl von 210 in den ersten beiden Gießener Ausgaben) spricht dafür, dass es tatsächlich Raubdrucke sind.

9 Vgl. Rambach, Handbüchlein, o. O. [9]1739, Vorrede Büttner; Friedrich Wilhelm Strieder, Grundlagen zu einer Hessischen Gelehrten- und Schriftsteller-Geschichte seit der Reformation bis auf die gegenwärtigen Zeiten, Bd. 11, Kassel 1979, 204; Hug, Rambach, 68.

Das »Handbüchlein« war von Beginn an Vorlage für zahlreiche unautorisierte Raubdrucke, die unter Rambachs Namen erschienen sind, und so setzte »unmittelbar nach seinem Tod [...] ein Streit zwischen verschiedenen Herausgebern und Verlegern um die rechtmässige Herausgabe des Nachlasses ein«[10]. Noch im selben Jahr (1734) wurden in Leipzig zwei unautorisierte Nachdrucke veröffentlicht,[11] einer in Braunschweig[12] und einer in Stuttgart (als 2. Auflage)[13]. 1735 erschien sogar eine 3. Auflage des »Handbüchleins« in Leipzig.[14] Auffällig ist, dass in diesen ersten unautorisierten Drucken[15] oftmals weitere Einschübe bzw. Modifizierungen und Substituierungen vorgenommen werden: So wird die sehr wohlwollende Vorrede »In Jesu, dem Geliebten, Hertzlich

10 Hug, Rambach, 50.

11 Die 1. Leipziger Ausgabe von 1736, die ebenfalls nicht von Rambach autorisiert ist, wurde jedoch bis zu unseren Recherchen im Bibliothekskatalog als Ausgabe von 1733 an der Universitätsbibliothek Greifswald geführt. Dies ist nicht nur auf einen Katalogisierungsfehler einer Bibliothekarin zurückzuführen, die sich an dem eingefügten Vorwort von 1733 als Jahresausgabe orientiert hat, sondern insbesondere auf den Zuschnitt des Buchbinders, der die Jahreszahlen unten abgeschnitten hat, sodass diese unleserlich sind. Vgl. Expertenaussagen nach dem Untersuchungsverfahren an der Bibliothek Greifswald am 25. Juli 2013: Bruno Blüggel und Susanne Friebe, Universitätsbibliothek Greifswald. Dieser Fehler ist nach der Recherche der Herausgeber nun behoben worden.

12 Vgl. Hruby, Rambach, 278.

13 Auch die Berliner Ausgabe von 1736 (8. verbesserte Auflage) scheint ein Nachdruck zu sein, ebenso die undatierte 4. Leipziger Auflage.

14 Zudem sollen zwei 1736er Ausgaben jeweils eine 7. und eine 8. Auflage sein. Vgl. Hug, Rambach, 53. Ebenso erschienen mehrere Auflagen 1737 in Breslau unter dem Namen des Verlages Christoph Friderici. Dabei beriefen sich die Verleger auf die Gießener Edition, übernahmen aber die Leipziger erweiterte Auflage. Vgl. a.a.O., 55.

15 Vgl. insgesamt zu den zahlreichen anonymen Herausgebern: a.a.O., 50–59.

geliebte Kinder« – vom 10. April 1734 zur 1. Auflage in Gießen datiert – in der 1. Leipziger Ausgabe[16] durch das streng-mahnende Vorwort Rambachs » Anrede an die Eltern, darinn ihnen die Ursachen, warum sie ihre Kinder hinfort fleißiger zur Schule schicken sollen, vorgehalten, und ihre Entschuldigen und Ausflüchte beantwortet werden von D. Johann Jacob Rambach« – datiert vom 30. März 1733 in Gießen – ersetzt, in welchem sich Rambach hauptsächlich auf Martin Luthers Schrift »Eine Predigt, daß man die Kinder zur Schulen halten solle«[17] bezieht und diesen zitiert.[18] Der Einschub »Liebreiche Anrede an die Schul-Jugend« (ohne Datum) erfolgt zudem in anderen Auflagen.[19] Die 2. Leipziger Auflage[20] enthält zwar wiederum Rambachs Vorrede »In Jesu dem Geliebten, Hertz-

---

16 Johann Jacob Rambachs Erbauliches Handbüchlein für Kinder, in welchem enthalten I. Die Ordnung des Heyls, II. Die Schätze des Heyls, III. Ein neues Gesang-Büchlein, IV. Ein neues Gebet-Büchlein, V. Exempel frommer Kinder, VI. Christliche Lebens-Regeln, VII. Nöthige Sitten-Regeln. Anietzo vermehret VIII. Mit einem Unterricht von der Gefahr der Verführung, IX. Mit einer Unterweisung vom heiligen Abendmahl, Beichten und Gevatter stehen. Auch mit nöthigen Registern versehen, Leipzig ^{1}o.J. (1736). Grade die Leipziger Ausgaben im Verlag Christoph Friderici sind meistens unautorisierte Nachdrucke von M. Daniel Büttner, der zwischen 1736–1746 dort publizierte. Vgl. Hug, Rambach, 52.

17 Martin Luther, Eine Predigt, daß man Kinder zur Schulen halten solle (1530), WA 30, 517–588.

18 Auf die zahlreichen weiteren Änderungen in den nicht autorisierten Nachdrucken kann im Rahmen dieser Edition nicht eingegangen werden.

19 Die »Liebreiche Anrede an die Schul-Jugend« ist mit zahlreichen ermahnenden und strengen Aufforderungen versehen: z.B. »Bedencket 1) daß öffentliche Schulen eine grosse Wohltat GOttes sind [...]. Bedencket 2) daß es GOttes ernstlicher Wille sey, daß ihr sein Wort gerne hoeren und lernen, und euch in der Erkenntnis seines Willens üben sollet. [...].«. Rambach, Handbüchlein, Leipzig ^{2}1737, 28.

20 Johann Jacob Rambachs Erbauliches Handbüchlein für Kinder, Leipzig ^{2}1737.

lich geliebte Kinder«, zusätzlich jedoch einen erläuternden Einschub »Neuer Vorbericht«[21] sowie den zur 1. Leipziger Auflage stark erweiterten Abschnitt »Anrede an die Eltern« mit einem abgedruckten Auszug aus der oben genannten Schrift Luthers[22] und die »Liebreiche Anrede an die Schul-Jugend«. Zusätzlich gibt es in diesen beiden unautorisierten Nachdrucken – und in den weiteren Leipziger Nachdrucken – »damit auch dieses Kinder-Büchlein noch brauchbarer und vollständiger werden möchte« von »guter Hand zweyerley dabey«: die beiden weiteren Kapitel »VIII. Mit einem Unterricht von der Gefahr der Verführung« und »IX. Mit einer Unterweisung vom heiligen Abendmahl, Beichten und Gevatter stehen«.[23] Begründet wird 1739 das Hinzufügen der beiden Kapitel wie folgt:

> »Es würde auch der 8te und 9te Articul, der von einem geschickten Freunde des Sel. auf des ietzigen Verlegers Kosten darzu gethan, von dem sel. Herrn D. vielleicht selbst seyn elaboriert worden, wenn er nicht durch den Tod daran gehindert worden.«[24]

---

21 Z.B. erläutert der Verfasser (Büttner) in dem Vorbericht, dass er die Druckfehler bereinigt und eine bessere Schriftgröße gewählt habe (a.a.O., 12) und zudem die Kapitel zu der »Gewalt der Verführung« und die »Abhandlung von der Würde, Einsetzung, Frucht und Wirckung des heiligen Abendmahls« (a.a.O., 13) zusätzlich eingefügt habe, da dies gewünscht worden sei.

22 Über die Gründe der Erweiterung um eine Rede an die Eltern kann spekuliert werden. Zu vermuten ist allerdings, dass die Verleger in Leipzig das »Handbüchlein« auch für den Hausgebrauch etablieren wollten, sodass sie explizit die Eltern angesprochen haben. Für dieses Argument spricht die Tatsache, dass Rambachs »Handbüchlein« nicht wie erwartet in den Schulen eingesetzt wurde. Vgl. Hruby, Rambach, 279. Zum Einsatz in den Schulen vgl. Kap. 4. Religionspädagogische Überlegungen.

23 Rambach, Handbüchlein, Leipzig ^{2}1737, 12.

24 Rambach, Handbüchlein, o.O. ^{9}1739, Vorrede Büttner.

Auch gedruckte Teilauszüge des »Handbüchleins« wurden verbreitet: Z.B. wurden »Die Schätze des Heyls« in Nürnberg 1736 gedruckt und »die Schul-Gebete aus dem Gebet-Büchlein« auf einem Bogen als Auszug für die Schulen verteilt.[25] Zudem regte Rambachs »Handbüchlein« offensichtlich zu weiteren »Fortsetzungen« an: So wurde ein Buchdruck »als der andre Theil des Erbaulichen Handbüchleins für Kinder« 1736 in Leipzig unautorisiert herausgegeben: »Christliches und Biblisches Exempel-Büchlein für Kinder«[26] sowie ebenfalls 1736 ein »Neues geistreiches und erbauliches Handbüchlein für Kinder«[27]. Eine weitere »Fortsetzung« folgte noch im selben Jahr – ebenfalls in Leipzig – unter dem Titel »Geistreiches und Erbauliches Paßions-Hand-Büchlein für Kinder«[28], welche auch mehrfach aufgelegt wurde und 1740 sogar »als

---

25 Vgl. Hruby, Rambach, 278; sowie Rambach, Handbüchlein, Gießen ²1734, Vorrede.

26 Daniel Büttner [ungenannter Hrsg.], Johann Jacob Rambach, Christliches und Biblisches Exempel-Büchlein fuer Kinder: als der andre Theil des Erbaulichen Handbüchleins für Kinder, Leipzig 1736 [fälschlicherweise Rambach zugeschrieben]. Vgl. Hruby, Rambach, 279, sowie Anonym, Christliches und biblisches Exempel-Büchlein, Leipzig ²1737, ³1742 und 1759 [fälschlicherweise Rambach zugeschrieben].

27 Anonym, Neues geistreiches und erbauliches Handbüchlein für Kinder, Leipzig 1736 [fälschlicherweise Rambach zugeschrieben].

28 Anonym, Geistreiches und Erbauliches Paßions-Hand-Büchlein für Kinder: in welchem in Frage und Antwort, auf eine leichte Art, aus den vier Evangelisten gehandelt wird. I. Von der gnaden-reichen Geburt, II Von dem bittern Leyden und Sterben, III. Der Sieg-reichen Auferstehung, IV. Von der Freuden-reichen Himmelfahrt Jesu Christi, und V. Von den vornehmsten Festen im gantzen Jahr. Nebst einer Anrede an die Kinder, von den Leiden Christi in seiner Kindheit, Leipzig 1736 [fälschlicherweise Rambach zugeschrieben]. Vgl. Hruby, Rambach, 279. Vgl. auch Anonym, Geistreiches und Erbauliches Paßions-Büchlein, o. O. (Leipzig) 1737; sowie o. O. (Leipzig) ²1740; o. O. (Leipzig) ³1746; 1749 (auch als 2. Auflage bezeichnet).

der dritte und letzte Theil zu Herrn Doctor Rambachs erbaulichen Handbüchlein für Kinder«[29] bezeichnet wird.

Die Transkription der vorliegenden Auflage wurde von den beiden Herausgebern weitgehend selber vorgenommen. Sie erfolgt nach den »Empfehlungen zur Edition frühneuzeitlicher Texte«, herausgegeben von der Arbeitsgemeinschaft historischer Forschungseinrichtungen in der Bundesrepublik Deutschland e.V.[30] Der häufig genutzte Fettdruck im Original ist durch einen Kursivdruck abgebildet worden. Die Stellen mit Flattersatz im Original sind mehrheitlich in einen Blocksatz geändert worden. Satzfehler sind durch SF gekennzeichnet worden. Fehlende Punkte bei den Aufzählungen sind der Vorlage geschuldet (s. S. 89).

29 Anonym, Paßions-Büchlein, o. O. (Leipzig) ^{2}1740, Titelseite [fälschlicherweise Rambach zugeschrieben].

30 Arbeitsgemeinschaft historischer Forschungseinrichtungen in der Bundesrepublik Deutschland e.V., Empfehlungen zur Edition frühneuzeitlicher Texte, München 2013, in: http://www.ahf-muenchen.de/Arbeitskreise/empfehlungen.shtml (Stand: 13.01.2014).

2. Aufbau und Inhalt der Schulschrift »Erbauliches Handbüchlein«

2.1 Einführung

> »Die Hauptarbeit des Catecheten muss hier nun dahin gehen, die Abscheulichkeit allen unreinen Wesens ihnen lebhaft vorzustellen, die Vortrefflichkeit eines keuschen Herzens recht einzuprägen, insbesonderheit das schöne Muster Jesu vorzuhalten, und die Mittel, wodurch das Fleisch zur Unkeuschheit gereizt werden kann, z.E. Müssiggang, vieles Schlafen, Übermaass in Essen und Trinken, unzüchtige Bilder und Bücher, böse Gesellschaften zu meiden [...].«[31]

Dieser knapp skizzierte Inhalt spiegelt sich auch in dem Aufbau wider. So stellt die anonyme Rezension von 1734 folgenden siebenteiligen Aufbau der Schrift vor: »I. die Ordnung des Heyls in 237 Fragen. II. Die Schätze des Heyls in 400 Fragen, da die Antworten meist mit eigenen Worten der heiligen Schrifft abgefasset sind. III. Ein gantz neues Gesangbüchlein für Kinder. IV. Ein Gebetbüchlein für Kinder und auf ihre Umstände gerichtet. V. Exempel frommer Kinder. VI. Hundert Christliche Lebensregeln. VII. Hundert nöthige Sitten-Regeln.«[32]

In der vorliegenden Auflage lautet der Inhalt konkret: »I. Die Ordnung des Heyls, II. Die Schätze des Heyls, III. Ein neues Gesang-Büchlein, IV. Ein neues Gebet-Büchlein, V. Exempel frommer Kinder, VI. Christliche Lebens-Regeln, VII.

31 M. Phil Heinrich Schuler, Geschichte des katechetischen Religionsunterrichts unter den Protestanten, von der Reformation bis auf die Berliner Preißaufgabe vom Jahr 1762, Halle 1802, 202.

32 Anonymer Rezensent, Gießen, 411. Ebenso in der 4. Auflage: Leicht verändert heißt es hier auf dem Titelblatt: »I. Die Ordnungen des Heyls« statt »Ordnung des Heyls«. Rambach, Handbüchlein, Gießen ^{4}1740.

Nöthige Sitten-Regeln.«[33] Dieser Aufbau bleibt als Basis in den nachfolgenden Auflagen bestehen; so findet sich in einer der letzten Auflagen von 1851 folgende Reihenfolge: »1) Die ganze Ordnung des Heils. [...] Es ist dieselbe zuerst ganz kurz in 24 Fragen zusammengefaßt, darauf aber in 237 Fragen weiter ausgeführet. [...] 2) die herrlichen Schätze des Heils [...] 3) ein kurzes Gebetbüchlein nebst Liedern [...] 4) Exempel [...] 5) Regeln der Frömmigkeit [...] den darauf folgenden christlichen Lebensregeln [...] 6) zum Beschluß hundert Sittenregeln [...].«[34] Gebete und Lieder werden wie hier in weiteren Auflagen oft zu einem Abschnitt zusammengefasst. Immer wieder finden sich aber die 64 Exempel, die 100 christlichen Lebensregeln und die 100 Sittenregeln.

2.2 Vorrede

Zunächst führt Rambach in seiner Vorrede in das Schulbuch ein:

> »*In Jesu dem Geliebten Hertzlich geliebte Kinder.* Je ich mich überhaupt des Evangelii von JEsu Christo nicht schäme / so schäme ich mich auch nicht / euch dasselbe vorzutragen / mich in eure Schwachheit herabzulassen / gantz einfältig mit euch zu lallen / und euch den Rath GOttes von eurer Seligkeit bekant zu machen [...]. An euch / ihr lieben Kinder / kan das Wort GOttes seine Kraft viel leichter beweisen.«[35]

Hier wird deutlich, dass Rambach zum einen direkt die Kinder ansprechen möchte, die zwar noch sehr jung sind (»ein-

33 Rambach, Handbüchlein, Gießen ²1734, Titelseite.

34 Rambach, Handbüchlein, Schaffhausen 1851, Vorrede, VII–X.

35 Rambach, Handbüchlein, Gießen ²1734, Vorrede, ohne Seite.

fältig mit euch zu lallen«), aber schon die Schule besuchen, da die Lesekompetenz vorausgesetzt wird.[36] Anschließend skizziert Rambach die einzelnen Teile des »Handbüchleins«, so beschreibt er »die gantze Ordnung des Heyls« als »diesen Weg des Lebens«, und an den »herrlichen Schätze[n] des Heyls« könnten die Kinder »in Zeit und Ewigkeit theilhaftig werden«[37]. Rambach gibt unumwunden zu, diese beiden Teile nach Speners »Die lautere Milch«[38] weitgehend übernommen und modifiziert zu haben. Bereits in der Vorrede wird Rambachs didaktisch-methodische Zugangsweise deutlich:

> »Beyde Stücke dieses Hand-Büchleins, die Ordnung des Heyls / und die Schätze des Heyls, sind [...] in Frag und Antwort verfasset / dabey ich mich bemühet habe / die Antworten so kurtz/ als moeglich gewesen ist / zu machen / und sie meistentheils in eigene Worte der heiligen Schrift einzukleiden / damit sie desto würdiger seyn mögen / euerm Gedächtniß einverleibt zu werden.«[39]

Rambach weist darauf hin, dass die Lieder und Gebete als »Anleitung in euern Unterredungen mit Gott« dienen sollen, »bis ihr mit eignen Worten euer Verlangen ihm vortragen lernet«[40]. Die nachfolgenden Exempel »können euch überzeugen, daß es möglich sey, also zu leben, wie die *Regeln* des Christenthums erfordern. Ihr findet da Exempel frommer, gehorsamer, ehrerbietiger, danckbarer, barmhertziger, keu-

---

36 Vgl. Hubry, Rambach, 260.

37 Rambach, Handbüchlein, Gießen ²1734, Vorrede, ohne Seite.

38 Vgl. Philipp Jacob Spener, Die lautere Milch Des Evangelii / Oder die Lehr von den Gnaden- und Heils-Schätzen / welche die glaubige in JESU Christo haben / besitzen und geniessen. Auffs Einfältigste und kürtzeste vorgestellt / und mit Sprüchen der Schrifft bewehrt, Frankfurt a. M. 1685.

39 Rambach, Handbüchlein, Gießen ²1734, Vorrede, ohne Seite.

40 Ebd.

scher, demüthiger, geduldiger, ja auch solcher Kinder, die um JEsu Christi willen sich haben zu tode martern lassen«[41].

Auch hier werden fremde Quellen genannt, derer Rambach sich bedient hat, einmal das »Geistliche Exempel-Buch für Kinder«[42] von Jacob Janeway (1636–1674) sowie von Friedrich Eberhard Collin (1648–1727) die Lektüre »Wunder-voller Schauplatz der Heiligen Märtyrer«[43] – beides Schriften, welche den »fröliche[n] Tod« von Kindern »um JEsu Christi willen«[44] gutheißen und ausführlich als Beispiel und Vorbild beschreiben. Auch Rambach legt diese Exempel der Schülerschaft ans Herz: »Sie werden eine grosse Kraft haben, euch zur Nachfolge dieser lieben und frommen Kindern anzureitzen.«[45] Die Regeln zu dieser Nachfolge enthalten dann die »Christlichen Lebensregeln«, »darin ihr angewiesen werdet, wie ihr gegen

41 Ebd., Hervorhebung im Original als Fettdruck.

42 Vgl. Jacob Janeway, Geistliches Exempel-Buch für Kinder / Das Ist / Ein ausführlicher Bericht / von der Bekehrung / heiligem und exemplarischem Leben / Wie auch Frölichem Tode unterschiedlicher junger Kinder, Lübeck 1700. Rambach lagen zwei Ausgaben von Janeway vor: zum einen die Ausgabe in zwei Teilen (Tübingen 1709) zum anderen die dreiteilige Ausgabe (Nürnberg 1729). Da Rambach zahlreiche Exempel aus dem 3. Teil übernommen hat – der fälschlicherweise Janeway zugeschrieben wird –, lag Rambach demnach die Ausgabe von 1729 (Nürnberg) vor. Vgl. Hubry, Rambach, 260.

43 Friedrich Eberhard Collin, Wunder-voller Schauplatz der Heiligen Märtyrer: und zwar vornehmlich der um der Wahrheit und des Namens Christi willen auf allerley grausame Weise Getödteten Kinder von Unmündigen bis auf fünffzehn-Jährige; nebst kurzem Anhang von den Trübsalen u. Verfolgungen der Glaubigen durch alle Secula N. Testaments; so wohl denen Erwachsenen als auch insonderheit der lieben Jugend in Häusern u. Schulen zur Seelen-Erbauung eröffnet, o. O. 1725 (Auflage von 1729: Frankfurt a. M.). Rambach lag laut seines Bibliothekskatalogs die letztgenannte Ausgabe vor. Vgl. Hubry, Rambach, 260.

44 Rambach, Handbüchlein, Gießen ^{2}1734, Vorrede, ohne Seite.

45 Ebd.

GOtt gottselig, gegen den *Nächsten* gerecht und liebreich, und gegen *euch selbst* keusch und züchtig euch verhalten sollt.«[46] Mit den »Sittenregeln« erhalten die Schulkinder zudem konkrete Hinweise »wie ihr in dem Hause eurer Eltern, in der Schule, auf der Gasse, in der Kirche und in euerm gantzen Umgange, die gewöhnlichen Unarten der Kinder vermeyden, und ordentlich, sittsam, schaamhaftig, still und artig euch bezeigen sollt«.[47] Die Vorrede schließt mit der – von pietistischer Theologie geprägten – Aufforderung und dem Versprechen:

> »Werdet ihr, lieben Kinder, diesen gegebenen Anweisungen folgen, werdet ihr in der Ordnung des Heyls zum Genuß der Schätze des Heyls in eurer Seele gelangen, werdet ihr nach dem Exempel andrer frommen Kinder, euch der wahren Gottseligkeit und Ehrbarkeit befleißigen: so versichre ich euch, daß ihr Gnade bey GOtt und den Menschen finden, und als Pflantzen der Gerechtigkeit der seligen Ewigkeit entgegen wachsen werdet. Der Herr JEsu mache aus euch allen solche liebenswürdige Kinder!«[48]

2.3 »Die Ordnung des Heyls« und die »Schätze des Heyls«

Interessant ist der weitere Aufbau des Schulbuches[49] deshalb, weil sich der theologisch-pädagogische Inhalt der Schrift bereits im Aufbau widerspiegelt:

> »Durch die Erneuerung des Taufbundes oder Bekehrung (Ordnung des Heyls) erlangt das gläubige Kind die Heilsgüter (Schaetze des

46 Ebd.

47 Ebd.

48 Ebd.

49 Vgl. insgesamt zum Aufbau auch Hug, Rambach, 68f.; sowie dezidiert Hubry, Rambach, 259–279.

Heyls) und wird befähigt, ein gottgefälliges Leben in steter Andacht (Gesang- und Gebet=Buechlein) zu führen. Ein solches Leben stellt sich als realisierbar dar (Exempel) und wird im geistlichen und alltäglichen Bereich nach den Regeln der christlichen Klugheit und Sitte (Lebens= und Sitten=Regeln) geführt.«[50]

So stellen die ersten beiden Hauptstücke (»Ordnung des Heyls« und »Schätze des Heyls«) die theologische Grundlage dar, um die es Rambach in dem »Handbüchlein« geht:

»Rambachs Hauptanliegen in dem Buch ist nicht in erster Linie die theoretisch-sachliche religiöse Unterweisung, sondern die Erziehung zur praxis pietatis [...]. Daher liegt ihm vor allem die persönliche Aneignung des in Christus den Gläubigen angebotenen Heils am Herzen.«[51]

Es liegt hier nahe zu vermuten, dass die »Ordnung des Heyls« sowie die »Schätze des Heyls« auf Rambachs Schrift zur Hermeneutik »Institutiones hermeneuticae sacrae«[52] – die als ein wichtiger Beitrag des Pietismus zur Frühaufklärung angesehen werden kann[53] – zurückgehen bzw. als Explikation dieser geschrieben worden sind.[54] Diese beiden »Stücke, die

50 A.a.O., 266.

51 A.a.O., 261f.

52 Johann Jacob Rambach, Institutiones hermeneuticae sacrae, Jena 1724.

53 Rambachs Hermeneutik-Lehrbuch belebte die Auseinandersetzung in Hinblick auf die neutestamentliche Textkritik (z.B. Abwendung vom Textus receptus). Vgl. Emanuel Hirsch, Geschichte der neueren evangelischen Theologie im Zusammenhang mit den allgemeinen Bewegungen des europäischen Denkens, Bd. 2, Gütersloh 1964 (Nachdruck Münster 1984), 178ff.

54 Dies würde auch erklären, dass in den ersten unautorisierten Nachdrucken direkt ein Kapitel zum Abendmahl eingeführt wurde, weil dies in dem »Handbüchlein« von Rambach als Explikation seiner Hermeneutik fehlt.

als einzige deutlich den Charakter religiöser Lehrwerke tragen, sind in Fragen und Antworten verfaßt, wobei die Antworten so konzipiert sind, daß sie bei einem Unterrichtsgespräch dem Kind zufallen müßten«[55]. Sie sollen daher auch »dem Gedächtniß einverleibt«[56] werden.

In der »Ordnung des Heyls« wird zunächst das Schöpferwerk Gottes sowie die Trinität entfaltet (»Erste Abtheilung«), sodann in der »Zweiten Abtheilung« »der Stand der Unschuld« des Menschen bei der Schöpfung als »recht selige[r] und herrliche[r] Zustand[e]«[57]. Die anschließende Sündhaftigkeit wird beschrieben als der »Verlust des göttlichen Ebenbildes«[58] und als »leibliche[r] Tod«[59]. Insbesondere wird die »Erb-Sünde«[60] genannt (»Dritte Abtheilung«). In der »Vierthen Abtheilung« formuliert Rambach die gnädige Zuwendung Gottes zum sündigen Menschen als Heilsverheißung: »Er hat beschlossen, 1) sich des gantzen menschlichen Geschlechts zu erbarmen / 2) die Menschen durch seinen Sohn zu erlösen / 3) durch seinen Geist sie zu heiligen / und 4) die Gläubigen ewig selig zu machen.«[61] Anschließend wird Jesus Christus als der Erlöser (»Ja / Christus hat uns erlöset von dem Fluch des Gesetzes«[62]; »Fünfte Abtheilung«) und der Heilige Geist als »derjenige / der uns das durch Christum erworbene Heyl zueignet«[63] (»Sechste Abtheilung«) genannt.

---

55 Hubry, Rambach, 260.

56 Rambach, Handbüchlein, Gießen ²1734, Vorrede, ohne Seite.

57 A.a.O., 9.

58 A.a.O., 10.

59 A.a.O., 12.

60 A.a.O., 13.

61 A.a.O., 15.

62 A.a.O., 20.

63 A.a.O., 21.

Rambach betont besonders das in der Taufe erworbene »Recht zur Seligkeit«[64] und den Taufbund (in Bezug auf 1. Petr. 3, 21), in welchem versprochen wird, dass »wir dem Teufel und seinen Wercken entsagen/ und des dreyeinigen GOttes Eigenthum seyn wollen«[65]. Da der Taufbund durch »wissentliche und vorsetzliche Sünden« übertreten werde, müsse er »durch Busse und Glauben wieder erneuert werden«[66]. Nur so könne eine »innerliche Veränderung des Sinnes und Willens« auch eine »äusserliche Veränderung des gantzen Wandels/ in Geberden/ Worten und Wercken«[67] nach sich ziehen. Der Mensch müsse daher »seine erb- und wirckliche *Sünde* mit Schaam und Wehmut *erkennen* lernen«[68] und sich von der Sünde weg, zu Gott bekehren. Dann könnten wahrer Glaube gewonnen und die Früchte des Geistes (in Bezug auf 1. Petr. 1, 5–8 und Gal. 5, 22) hervorgebracht werden. Demnach bleibe – bei der Annahme des Glaubens – zwar noch die Erbsünde bestehen, doch »die Glaubigen« seien »frey vom Zorn GOttes / vom Fluch des Gesetzes / von bösem Gewissen / von Welt / Teufel / Hölle und Verdammniß«[69]. Da ein Christ diese »erlangte Seligkeit wieder verliehren« könne, müsse er »mit Christo durch den Glauben vereiniget bleiben / Joh. 15/5. und sich durch seinen Geist beständig regieren lassen«[70], »[s]ein Fleisch / samt den Lüsten und Begierden«[71] »creutzigen« und täglich »[g]egen den Satan / 1 Pet. 5/8. die arge Welt / 1 Joh. 5/4

64 A.a.O., 23.

65 A.a.O., 24.

66 Ebd.

67 A.a.O., 25.

68 Ebd.

69 A.a.O., 28, in Bezug auf Joh. 8, 36.

70 A.a.O., 29, in Bezug auf Gal. 5, 18; Röm. 8, 14.

71 Ebd., in Bezug auf Gal. 5, 24.

und sein eigen Fleisch/ oder die inwohnende Sünde/ Gal. 5/24«[72] kämpfen und »in dieser Welt so vieles leyden«[73], bis er durch »einen seligen Tod«[74] und die Auferweckung »am jüngsten Tage«[75] wieder erlöst werde (»Siebente Abtheilung«).

Ein langes zusammenfassendes »*Gebet, darinn die gantze Ordnung des Heyls verfasst ist*«[76] und das durch die Ich-Form Identifikationsmöglichkeiten bietet, schließt den ersten Teil ab. Auffällig ist darin, dass die Eltern zunächst als die vom Satan Verführten und explizite Träger der Erbsünde beschrieben werden, die »aus Begierde nach einer noch grössern Glückseligkeit und Freyheit«[77] von Gott abgefallen seien und daher »[d]ieses Verderben und erbärmliche Elend [...] auch auf ihre Nachkommen fortgepflantzet«[78] hätten, sodass das Kind nicht anders konnte, als ebenfalls der Sünde zu verfallen. Im Gebet wird dann an das Erlösungshandeln erinnert und der Taufbund betont (»ja, mir bereits den gantzen Schatz deines Verdienstes in meiner Taufe frey und umsonst geschencket hast«[79]). Das Gebet enthält sodann die Bitte, »in die Ordnung der Busse und des Glaubens« gebracht zu werden, um »deinen Sohn, den du mir in Gerechtigkeit gemacht hast, in Glauben annehmen«[80] zu können, die Bitte um Vergebung der Sünden und um die Lossagung vom alten Menschen sowie um Erneuerung und die Bitte um Kraft, »gegen die Sünde [zu] kämpfen«[81].

72 Ebd.

73 A.a.O., 30 in Bezug auf Ps. 34, 20; Apg. 14, 22; Lk. 9, 23.

74 A.a.O., 31.

75 A.a.O., 32.

76 A.a.O., 33–37.

77 A.a.O., 33.

78 A.a.O., 34.

79 A.a.O., 35.

80 Ebd.

81 A.a.O., 36.

Die »Schätze des Heyls« versteht Rambach als »[d]iejenigen Gnaden-Gaben des dreyeinigen Gottes / die er denenjenigen / die an Christum glauben / zur Beförderung ihres ewigen Heyls mittheilet.«[82] Damit dienen sie als Motivation[83] »damit ihr desto williger werden möget / diesen Weg des Lebens zu betreten / und euch in diese Ordnung des Heyls zu begeben / so werden auch darauf 2) die herrlichen Schätze des Heyls gezeiget«[84]. Die »Quellen aller Schätze des Heyls« seien:

»I. Die ewige Liebe GOttes,
II. Der Vorsatz des himmlischen Vaters, der Welt seinen Sohn zu schencken.
III. Die ewige Gnaden-Wahl.«[85]

So wird in der »Ersten Abtheilung« insbesondere die Liebe Gottes betont, welcher der Welt seinen Sohn geschenkt habe: dies sei die »ewige Gnaden-Wahl«[86]. In der »Zweithen Abtheilung« werden insbesondere die »Wohlthaten Gottes« geschildert:

»I. Die Sendung des Sohnes ins Fleisch.
II. Das Werck der Erlösung und Versöhnung.
III. Die Einführung Christi in die Herrlichkeit.
IV. Die Aufrichtung und Regierung seines Gnadenreiches.«[87]

Die Möglichkeit zur Teilhaftigkeit an diesen »Wohlthaten« wird in der »Dritten Abtheilung« ausgeführt; dies sei die Taufe, die »nicht nur als eine Gnadenwohlthat« anzusehen sei, sondern »auch als die Thüre zu allen Gnaden-Wohlthaten in

82 A.a.O., 38.
83 Vgl. Hruby, Rambach, 266.
84 Rambach, Handbüchlein, Gießen ²1734, Vorrede, ohne Seite.
85 A.a.O., 39 (w. Anm. 76).
86 A.a.O., 41.
87 Ebd.

Zeit und Ewigkeit«[88]. Dabei seien die »Hauptgüter«, aus welchen dabei »alle übrigen fliessen«[89], folgende:

»I. Die Gemeinschaft des Vaters.
II. Die Gemeinschaft des Sohnes.
III. Die Gemeinschaft des heiligen Geistes.«[90]

Diese drei »Haupt-Güter« werden dann in den nächsten drei »Abtheilungen« gemäß der Trinitätslehre weiter entfaltet. So lassen sich zunächst aus der »Gemeinschaft des Vaters« folgende »Schätze des Heyls« ableiten:

»I. Die Kindschaft GOttes.
II. Die väterliche Vorsorge GOttes für seine Kinder.
III. Die Erbschaft in Zeit und Ewigkeit.«[91]

Aus der »Gemeinschaft des Sohnes« lassen sich weitere »Schätze des Heyls« erkennen:

»I. Die Gerechtigkeit JEsu Christi.
II. Die geistliche Freyheit.
III. Die geistliche Stärcke.«[92]

Und auch die »Gemeinschaft des Heiligen Geistes« zieht folgende Wirkungen nach sich:

»I. Die Erleuchtung.
II. Die Wiedergeburt.
III. Die stete Reinigung von den anklebenden Sünden.

88 A.a.O., 48, in Bezug auf Joh. 3, 5.
89 A.a.O., 50.
90 A.a.O., 50–51.
91 A.a.O., 51, »Vierte Abtheilung«.
92 A.a.O., 59, »Fünfte Abtheilung«.

IV. Die Würckung vieler Früchte des Geistes.
V. Der Antrieb zum Gebet.«[93]

Sowie:

»I. Die Versicherung der Kindschaft und Erbschaft.
II. Der Trost in aller Trübsal.
III. Der Friede Gottes.
IV. Die geistliche Freude.
V. Die geistliche Salbung.«[94]

In der »Achten Abtheilung« wird die Seligkeit »durch das Bad der Wiedergeburt«[95] betont, die sich insbesondere durch die »Gemeinschaft der Heiligen«[96] zeige. Abschließend wird die Erfüllung der Hoffnungen als eine Folge weiterer »Wohlthaten« beschrieben:

»I. Der selige Tod.
II. Die herrliche Zukunft Christi.
III. Die Auferstehung zum Leben.
IV. Das Bestehen vor dem letzten Gericht.
V. Die ewige Herrlichkeit.«[97]

Auch dieser zweite Teil schließt mit einem »Gebet, darinn die bisher betrachtete Schätze des Heyls kurtz zusammen Gefasst sind«[98] in Ich-Form, wobei insbesondere dankbar die Gnade Gottes betont wird:

93 A.a.O., 69–70, »Sechste Abtheilung«.
94 A.a.O., 76, »Siebente Abtheilung«.
95 A.a.O., 80 in Bezug auf Tit. 3, 5.
96 A.a.O., 82.
97 A.a.O., 85.
98 A.a.O., 93–97.

> »Ach, wer bin ich armes Kind / daß du mir den gantzen Schatz des Heyls / welches mein Erlöser erworben / in meiner Taufe geschencket / und daß ich daselbst in die Gemeinschaft des Vaters und des Sohnes / und des heiligen Geistes aufgenommen worden.«[99]

Dankbarkeit über die Liebe Gottes und die Bitte, ein gehorsames und frommes Kind zu sein, schließen sich an. Anschließend wird die »Kraft der *neuen Geburt*« betont, es erfolgen die Bitten um die Reinigung von den »anklebenden Sünden« sowie um die »*erquickende[n]* Wirckungen«[100] des Heiligen Geistes und um den Trost. Zum Schluss wird um einen seligen Tod und Auferweckung gebeten:

> »Endlich versetze meine Seele durch einen seligen Tod in deine Ruhe. Erwecke aber am Tage deiner Erscheinung meinen Leib / und laß mich der Auferstehung zum Leben theilhaftig werden / vor deinem Gericht freudig bestehen / und endlich in deine ewige Herrlichkeit eingeführet werden / wo ich dich, meinen Vater / Erlöser und Tröster / schauen / anbeten / und ewig loben werde. Amen.«[101]

2.4 Gesang-Büchlein und Gebet-Büchlein

Auf dieser pietistisch-theologischen Grundlage stellen nun die anderen Kapitel konkrete Anleitungen und Umsetzungsvorgaben für die alltägliche Praxis dar, wobei die theologischen Lehren hier poetisch formuliert sind.[102]

99 A.a.O., 93.

100 A.a.O., 95.

101 A.a.O., 96.

102 In diesem Zusammhang weist Ritschl darauf hin, dass Rambach mit seinen in Poesie gefassten theologischen Lehren auch thematische Lücken schließen würde. Vgl. Hug, Rambach, 40, in Bezug auf Albrecht Ritschl, Geschichte des Pietismus, Zweiter Band: Der Pietismus in der lutherischen Kirche des 17. und 18. Jahrhunderts, Bonn 1884, 493.

Das Gesang-Büchlein enthält Lieder für den Jahres- und Tageslauf, zum Wochenbeginn und für den Unterricht, wobei die meisten Lieder von Rambach selber geschrieben worden sind.[103] Die letzten beiden Lieder dieser Sammlung beziehen sich explizit auf die ersten beiden theologischen Teile, weil sie den Taufbund und die Bitte um Gehorsam betonen.[104] So greift das bis heute bekannte Lied »Ich bin getauft auf deinen Namen« zu der Melodie »Wer nur den lieben Gott ...« pietistisch zusammenfassend die eigene Sünde, das Verlorensein, die Gnade Gottes, die Übergabe des Herzens an Gott (»Ich gebe dir / mein Gott / aufs neue Leib / Seel und Hertz zum Opfer hin.«[105]), die Entsagung an den »Fürst der Finsternissen« und an die »eitle Welt« sowie die Bitte um die Zugehörigkeit zum Bund auf: »Halt mich in deines Bundes Schrancken, Bis mich dein Wille sterben heist. So leb ich dir / so sterb ich dir / [* Rom. 14/8.] So lob ich dich dort für und für.«[106]

Auch im Gebet-Büchlein – in welchem auch einige sogenannte Reimgebete[107] abgedruckt sind, die zum Teil aus älteren Gesangbüchern stammen[108] – spiegelt sich die in

103 Zwei Lieder (»Eins bitt ich / liebster Vater / dir / Itzt bittend vorzutragen« und »Ich bin getauft auf deinen Namen«) sind auch in seinem Liederbuch abgedruckt worden: Johann Jacob Rambach, Geistreiches Haus-Gesang-Buch, Frankfurt a. M. 1735.

104 Vgl. Hubry, Rambach, 262–264.

105 Rambach, Handbüchlein, Gießen ^{2}1734, 107.

106 A.a.O., 108.

107 Vgl. a.a.O., Vorrede (ohne Seite).

108 Die Lieder »In Christi Wunden schlaf ich ein«, »Speis und / oh Gott / deine Kinder«, »Gesegn' uns / Herr / die Gaben dein«, »Wir dancken Gott für seine Gaben«, »Hilf / Helfer / hilf / in Angst und Noth« stammen aus älteren Gesangbüchern, z.B. aus den Liedersammlungen von Johann Heermann, Johann Einhorn, Johann Eccard und Martin Moller. Vgl. Hruby Rambach, 278.

den beiden ersten Teilen entfaltete pietistische Theologie Rambachs wider.

Die Differenzierung erfolgt in Schul- und Hausgebete, wobei die Schulgebete dem Ablauf des Schultages folgen und die Hausgebete z.B. folgende Themen umfassen: Tischgebete, Gebete zu besonderen Gelegenheiten, z.B. Gebet beim Glockenschlage (»Hilf / Gott / daß ich betrachten mag / So oft ich hör den Glocken-Schlag / Daß abermal meins Lebens Frist Ein Stunde kürtzer worden ist [...].«[109]), das Gebet um die Abwendung des Bösen, die Bitte um ein gehorsames Herz, um »geist- und leibliche Wohlthaten«[110], Gebete eines Waisen, eines kranken sowie eines sterbenden Kindes, Fürbitten für die Eltern, Mitschüler, für ein krankes Kind oder andere kranke Personen sowie für die Ernte[111]. Auch in den Gebeten spielt die Bitte um die »tägliche Erneuerung des Taufbundes« eine große Rolle, z.B. lautet die Bitte konkret:

> »[...] Ach mein Gott / an deiner Seite steht dieser Bund wohl feste / denn was du zusagest / das hältst du gewiß. Aber ich sorge / daß ich meine Zusage nicht treulich gehalten / sondern mich oft vom Satan / der Welt / und meinem Fleisch zur Ubertretung derselben bewegen lassen. Vergib mir solches um meines theuren Heylandes willen / der sein Gebot niemals übertreten / rechne mir seinen vollkommen Gehorsam zu / und nimm um desselben willen mich / dein armes gefallenes Kind / wieder in Gnaden an. Ich erneure / im Vertrauen auf deinen Beystand / meine Zusage / und verspreche durch eine Gnade dir hinfort treuer zu seyn / und dich mein Lebelang zu fürchten. Gib mir zu dem Wollen auch das Vollbringen / um deines lieben Sohnes willen, Amen.«[112]

109 Rambach, Handbüchlein, Gießen ^{2}1734, 109.

110 A.a.O., 133.

111 Vgl. insgesamt a.a.O., 111–154.

112 A.a.O., 149.

Es folgen ein Gebet am Geburtstag, ein Gebet vor dem Lesen der Bibel (»Erleuchte meinen armen verfinsterten Verstand / daß ich dein Wort recht verstehe«[113]), ein Gebet nach dem Bibellesen (»Ach gib daß ich nicht davon gehe / und vergesse / was ich daraus gelernet habe [...].«[114]) und ein Gebet vor dem Kirchgang (»Laß uns in dein Haus gehen / mit einer hertzlichen Begierde / dich mit uns reden zu hören / daß gepredigte Wort zu Hertzen zu fassen / und unser Leben darnach anzustellen.«[115]). Die Gebetsammlung schließt mit zwei Bekenntnissen: Zunächst mit einer »Beichte eines Schülers oder Kindes«, in welchem das Kind die Übertretung des Taufbundes und seine Sünden bekennt, z.B. dass es seine »Eltern und Praeceptores (Lehrmeister) öfters durch Ungehorsam und Widerspenstigkeit betrübet und erzürnet habe«[116] und in welchem das Kind sogar bereut, so wenig Reue über seine Sünden zu haben und Gott daher um Vergebung und Gnade anruft. Auch die »Beichte in Form eines Gebetes«[117] beginnt mit einem Bekenntnis der Sünden, danach folgt die Bitte:

> »Wircke aber auch durch den heiligen Geist in mir einen wahren Glauben an meinen Heyland JEsum Christum / daß ich mir sein blutiges Verdienst zueigne / und um desselben willen Gnade vor dir finde. Versichre mich durch deinen Diener der Vergebung aller meiner Sünden / und laß mich / durch die vorhabene Geniessung des Leibes und Blutes JEsu / der Sünde immer mehr absterben / dich und meinen Nächsten aufrichtig lieben / und mein gantzes Leben bessern / JESU CHRISTI willen / Amen.«[118]

113 A.a.O., 151.
114 Ebd.
115 Ebd.
116 A.a.O., 152.
117 A.a.O., 154.
118 Ebd.

2.5 Exempel

Die 64 »Exempel Frommer Kinder, zur Erweckung einer heiligen Nachfolge«, die sich nun anschließen, sind nach verschiedenen Themen geordnet. 1. Das Exempel des vollkommensten Kindes (gemeint: Jesus Christus als Vorbild), 2. Exempel gehorsamer Kinder, 3. Exempel ehrerbietiger Kinder, 4. Exempel eines Kindes, das seine Eltern sehr zärtlich geliebt, 5. Exempel eines Kindes, das um seiner Eltern Seligkeit sehr bekümmert gewesen etc. Die Exempel sind sehr anschaulich beschrieben, neben den wenigen biblischen Exempeln (z.B. 3. Exempel ehrerbietiger Kinder: Sem und Japhet, die ihren Vater Noah im Schlaf bedecken; Salomos Ehrerbietung vor Batseba), werden die Jungen und Mädchen mit ihrem Vor- und auch oft mit ihrem Familiennamen vorgestellt, sodass der Eindruck erweckt wird, dass diese vollkommenen Kinder tatsächlich existiert und genauso wie beschrieben gelebt haben. Sie sind nahezu erschreckend vorbildlich beschrieben:

> »*10. Exempel solcher Kinder/ welche GOttes Wort sehr geliebt haben.*
> 22) Ein frommes Kind *Johannes Harvey* ward im sechsten Jahr seines Alters mit bösen triefenden Augen von GOtt heimgesucht. Ob ihm nun gleich der Doctor verboten hatte / in Büchern zu lesen / so ging er doch öfters heimlich an einen Ort / stellte sich an das Fenster / und laß die heilige Schrift und andre erbauliche Bücher. Ja er war so begierig, die heilige Schrift zu lesen / daß er sich zum öftern kaum Zeit nahm / sich anzukleiden / so gar war die Lesung des Wortes GOttes sein Ergötzen. Und ob ihm gleich die Augen dabey sehr wehe thaten / so glaubte er doch / es sey GOttes Befehl / die heilige Schrift zu lesen / und ließ sich durch nichts davon abhalten.«[119]

119 A.a.O., 169–170.

Am Ende jeder Themengruppe, die zuweilen nur aus einem Exempel besteht, wird jeweils eine Lehre vorgestellt, z.B. zum Exempel des vollkommensten Kindes: »Dieses fromme Kind rufet allen Kindern zu: Folge mir nach! und will ihnen zu solcher Nachfolge seinen Geist williglich schenken.«[120] Oder zum Exempel eines Kindes, das sein Ende betrachtet: *»Weil mehr Kinder / als Erwachsene sterben / so bedencke täglich dein Ende / das wird dich nun von vielem bösen zurück halten.«*[121]

Die meisten Lehren sind im pietistischen Sinn formuliert: die Mahnung zum Lesen der Bibel, zum fleißigen Lernen des Katechismus, zum Besuch des Gottesdienstes, das Betonen des intensiven Gebets und des starken Glaubens, die Aufforderung dankbar zu sein etc. Auch innerhalb der Exempel finden sich integrierte – fett gedruckte – Merksätze. Doch die »beigegebenen Lehren wirken selbst für diese Zeit ungewöhnlich, wenn den Kindern z.B. angeraten wird, auch Erwachsene, sogar die eigenen Eltern zu ermahnen, wenn sie an ihnen etwas Böses oder Unchristliches bemerken«.[122] Dieser Eindruck bestätigt sich insbesondere in den letzten Exempeln, z.B. der Kinder, »die große Freudigkeit zu sterben gehabt haben«, oder in den von Collin übernommenen, teilweise sehr detailliert grausam beschriebenen »Exempel[n] kleiner und erwachsener Kinder, die um Christi willen zu Tode gemartert wurden«:[123]

> »In der zehenden Verfolgung ward *Julitta* / ein Weib von vornehmem Geschlecht / mit ihrem Kindlein / zu Tarsus / (welches Pauli

120 A.a.O., 156–157.

121 A.a.O., 185–186.

122 Hruby, Rambach, 264.

123 Rambach, Handbüchlein, Gießen ²1734, 190–191.

> Vaterland gewesen) gegriffen / und vor den Richter gestellet. Da sie sich für eine Christin bekante / ließ er ihr das Kind von den Armen nehmen, und die Mutter erbärmlich geisseln; das Kind aber nahm er auf seinen Schooß / und suchte es durch allerley Liebkosungen zu stillen. Das Kind aber wolte sich durchaus nicht zu frieden geben / sondern sahe mit unverwanten Augen nach seiner Mutter / ja es fing an als ein Turteltäublein ihr nachzugirren / und zu sagen: *Ich bin ein Christ!* Diese Worte waren dem unbarmhertzigen Tyrannen gantz unerträglich. Daher ergriff er das kleine unschuldige Kind bey einem Bein / und schlug es mit solcher Gewalt an die Schärfe der Stufen seines Richterstuhls / daß das Blut und Gehirn auf allen Seiten herum sprützte.«[124]

Die Exempel schließen mit einem Gebet in Ich-Form, in welchem sich das Schulkind mit den Exempel-Kindern vergleicht und sich aufgrund seiner Unzulänglichkeit schämt. Es folgt die Bitte darum, ein »gehorsames / demüthiges / keusches / geduldiges / danckbares Kind«[125] zu werden, den Eltern und Gott die Ehre im Leben und im Tod zu geben »um deiner heiligen Kindheit willen«[126].

2.6 Lebens- und Sittenregeln mit dem »Güldenen Abc eines frommen Kindes«

Die anschließenden Lebensregeln sind zunächst auf das Verhalten gegen Gott gerichtet (insgesamt 36), z.B. »13. Lies aber GOttes Wort niemals anders / als mit tiefster Ehrerbietigkeit/ weil darin die höchste Majestät mit dir / einem so armen Sünder redet«.[127] Dann folgen 28 Regeln »von dem Verhalten

---

124 Ebd.

125 A.a.O., 196.

126 A.a.O., 197.

127 A.a.O., 201.

gegen den Nächsten«: Goldene Regel, Nächstenliebe, Ehrerbietigkeit den Eltern und Lehrern gegenüber, freundlicher Umgang mit den Mitschülern, Meiden »böser Gesellschaft«, Fremde nicht verspotten, sich nicht erheben über die Fehler der Mitmenschen, gerechtes Leben etc. In den 36 Regeln »von dem Verhalten eines Kindes gegen sich selbst« wird das Kind aufgefordert, die Sünde in sich zu hassen, das Gute zu erwählen, den Leib nicht zu sehr zu verzärteln, den Müßiggang zu meiden, mäßig zu essen, züchtig und schamhaft zu sein, Schmerzen mit Geduld zu tragen, in der Bereitschaft zu leben, dass jeder Tag der letzte sein könnte, und eine »lebendige Uberzeugung zu haben von der Gewißheit der *Auferstehung*/ des künftigen *Gerichts* und des *ewigen Lebens*«[128]. Daher brauche es den Tod nicht zu fürchten: »*Denn hast du Christlich gelebet / so wirst du auch selig und freudig sterben können.*«[129]

Interessant ist das nun folgende »Güldene Abc eines frommen Kindes«, welches auf der Titelseite und vom Rezensenten bei der Aufzählung nicht eigens genannt wird. Hier werden die wünschenswerten christlichen Tugenden aufgezählt und mit einer Bibelstelle verbunden. Der Einleitungssatz lautet: »Ein Jünger und Jüngerin des HErrn JEsu soll seyn«, dann folgen die Wörter, die das ABC bilden:

»1. *Aufmercksam* auf das Wort Christ / Apost. 16/14.
2. *Brünstig* im Geist / Rom. 12/11.
3. *Christo* gantz *ergeben*. Tit. 2/14.
4. *Demüthig* gegen GOtt und Menschen / Matth. 11/29.
5. *Erbar* in Geberden / Rom. 12/17.
6. *Fruchtbar* in guten Wercken / Joh. 15/5.
7. *Glaubig* an den HErrn JEsum. Apost. 16/15.
8. *Himmlisch gesinnet*. Phil. 3/20.

128 A.a.O., 99. Regel.
129 A.a.O., 100. Regel.

9. *Immer frölich im HErrn.* Phil. 4/4.
10. *Keusch und reines Hertzens.* Matth. 5,8.
11. *Lauter und unanstößig.* Phil. 1/10.
12. *Mitleidig gegen die Elenden* / 1 Pet. 3/8. [216]
13. *Nüchtern* zum Gebet. 1 Pet. 4/8.
14. *Ordentlich* in allen Dingen / 1 Cor. 14/40.
15. *Prächtig* im heiligen Schmuck / Esa. 61/10.
16. Quit und los von dem bösen Gewissen. Hebr. 10/22.
17. *Reich* an Gaben des heiligen Geistes. 1 Cor. 1/4.5.
18. *Sanftmüthig* / Eph. 4/32.
19. *Treu* dem *HErrn JEsu* bis in den Tod. Offenb. 2/10.
20. *Unterthänig* untereinander. Ephes. 5/21.
21. *Wacker* allezeit. Luc. 21/36.
22. *Züchtig und schamhaftig.* Tit. 2/12.«[130]

Die nun folgenden »Sittenregeln für Kinder« beginnen mit den 50 sehr konkreten »Regeln / wie sich ein Kind in dem Hause seiner Eltern zu verhalten hat«, z.B. einem Guten-Morgengruß »aus wahrer Liebe«[131], sich ordentlich anziehen, das Wasser beim Waschen nicht herumspritzen, Manieren, Essensregeln etc. Die weiteren »Regeln / wie sich ein Kind in der Schule verhalten soll« (insg. 15) und die »Regeln / wie sich ein Kind auf der Gasse verhalten soll« (insg. 11) beschreiben ein achtsames und sorgsames Verhalten im Haus und auf der Straße:

»In der zweiten und dritten Gruppe werden zahlreiche typische Jugendsünden aufgezählt, die das Kind unbedingt vermeiden soll: Plaudern, Unaufmerksamkeit, Zank, ungebührliches Herumlaufen und -springen, Lärmen und Unordentlichkeit, Lüge, Trotz, Faulheit, Eigensinn, Widerspenstigkeit und Ungehorsam, Unachtsamkeit, Leichtfertigkeit, Frechheit, Schläfrigkeit und Geschwätz, aber auch Unglauben, Mißbrauch des Namens Gottes und Mißachtung seines Wortes. Gewarnt wird aber auch vor so

130 A.a.O., ohne Seite (217).

131 A.a.O., 218.

> harmlos anmutenden Vergnügungen wie Eislaufen, Schlittenfahren und Schwimmen und vor dem Besuch von Jahrmärkten und Gauklervorstellungen.«[132]

Die »Regeln / wie sich ein Kind in der Kirche verhalten soll« (insg. 9) beinhalten die Aufforderung, die Bibel und das Gesangbuch mitzubringen, das aufmerksame Zuhören, das ehrerbietige Neigen des Kopfes, wenn der Name Jesu erwähnt wird etc. Besonders interessant ist die Regel zum Mitlesen in der Bibel während der Predigt:

> »79. Unter der Predigt gibt auf alles acht / mercke was aus dem Text vorgestellet / und wie der Vortrag eingetheilet wird; welches du auch in deine Schreib-Tafel aufschreiben kanst. Schlage ein und andern schönen Spruch in deiner Bibel / doch ohne Geräusch und vieles Blättern / nach / und zeichne ihn mit einem hineingelegeten schmalen langen Papirgen / deren du immer etliche in deiner Bibel liegen haben must.«[133]

Die letzten »Regeln / wie sich ein Kind sonst in seinem gantzen Umgange zu verhalten hat« (insg. 16) betreffen wiederum die Höflichkeit, Demut und Nächstenliebe, Ordnung, zudem das freiwillige Lernen, das Geben von Almosen, ordentliche Kleidung, Gastfreundschaft etc. Sogar äußerst konkrete Anweisungen für den Fall des Niesens oder der Reinigung der Nase werden genannt. Die letzte Regel lautet abschließend: »Was du gutes und wohlanständiges an andern Christlichen Leuten siehest, das laß dir zum Vorbilde dienen. Ist etwa eine Tugend / ist etwa ein Lob / dem denke nach. Phil. 4/8.«[134]

---

132 Hruby, Rambach, 265f.

133 Rambach, Handbüchlein, Gießen [2]1734, 231–232.

134 A.a.O., 235.

3. Johann Jacob Rambach – eine biographische Einführung

3.1 Einleitung

Johann Jacob Rambach (1693–1735) gehört zwar nicht zu den vollständig vergessenen Theologen des frühen 18. Jahrhunderts, aber sein Name ist auch kein fester Bestandteil des kollektiven Gedächtnisses der Forschungsliteratur mehr. Dies verwundert aus zumindest zwei Gründen. Zum einen war Rambach ein zeitgenössisch bekannter Theologe, der nicht nur ein Schüler und später ein wichtiger Mitarbeiter August Hermann Franckes war, sondern er wurde auch dessen direkter Nachfolger als Hochschullehrer in Halle. Zum andern hat Rambach ein umfangreiches Schrifttum hinterlassen, welches gerade für eine historisch arbeitende Religionspädagogikforschung von hohem Interesse ist.[135] Denn Rambachs Schriften illustrieren in allgemeiner Hinsicht das nachhaltige Interesse des Pietismus an katechetischen Fragestellungen.[136] Im Besonderen zeigen sie, wie ein zeitgenös-

---

135 Vgl. dazu u.a. die im Anhang genannten Schriften.

136 Das Urteil von Walter Hug, aus dessen Händen die ausführlichste Rambachbiographie stammt, und der eine gewisse Einseitigkeit der Forschungsliteratur hinsichtlich des Rambachschen Schrifttums feststellt, lautet: »Wenn Rambach in der Vergangenheit überhaupt als Katechetiker und Pädagoge wahrgenommen und rezipiert worden ist, dann bezog sich dies fast ausschließlich auf seine erste, im Jahre 1722 erschienene pädagogische Schrift ›Der wohl-informierte Catechet‹, welche aus einer von ihm noch in Jena gehaltenen katechetischen Vorlesung erwachsen war. Aufgrund dieses Werkes ist Rambach vor allem als Methodiker in die Geschichte eingegangen, der ›die bedeutendste Methodologie‹ oder die ›zeitgenössisch methodisch fundierteste Katechetik‹ verfasst hat. Nur vereinzelt wurde darüber hinaus auch auf weitere katechetische

sisch wirkmächtiger Hochschullehrer sich die sachgerechte Wissensvermittlung im schulischen Kontext vorgestellt hat und seine zahlreichen Studenten für diese zu gewinnen suchte. Rambachs Werke bilden infolgedessen eine wichtige bildungsgeschichtliche Fundgrube.

Dass Rambach und seine Schriften nicht vollständig dem Vergessen anheim gefallen sind, verdankt sich insbesondere den Forschungsbeiträgen der jüngeren Zeit. Denn seit zwei Jahrzehnten lässt sich wieder ein Umschwung hinsichtlich dieses halleschen Theologen feststellen, und infolgedessen zieht Rambach wieder verstärktes Interesse auf sich. Dies spiegelt sich aber nicht nur in den unterschiedlichen Forschungsbeiträgen wider, die in den letzten Jahrzehnten vorgelegt wurden,[137] sondern darüber hinaus auch in der Wiederauflage einiger seiner Schriften. So wurde zwischen 1988 und 1993 Rambachs Schrift »Das Leiden Jesu Christi«[138] ebenso neu aufgelegt wie zwei Jahre später die Schrift »Der Rückfall aus der Gnade«.[139] Diesem gewachsenen Interesse an Rambach soll mit der vorliegenden Publikation Rechnung getragen werden. Dafür wird eine Schrift aus Rambachs Schaffen der wissenschaftlichen Öffentlichkeit

---

oder pädagogische Verdienste und Schriften von Rambach aufmerksam gemacht.« Hug, Rambach, 14f. Diese Einschätzung von Hug erscheint angesichts weiterer Studien zu Einzelaspekten in Rambachs Werk, aber auch vor dem Hintergrund des Sammelbandes von Bizer und Ziem von 1993 (vgl. dazu 2.) nicht zutreffend. Nichtsdestotrotz soll die vorliegende Publikation die Möglichkeit bieten, eine spätere Schrift von Rambach auszuwerten, deren Inhalte ebenfalls vertiefte Aufschlüsse über die katechetische Unterweisung im Pietismus erwarten lassen.

137 Vgl. dazu 3.2 Rambach in der Wahrnehmung der Forschung.

138 Vgl. Johann Jakob Rambach, Das Leiden Jesu Christi, 4 Bde, Bielefeld 1988–1993.

139 Johann Jakob Rambach, Der Rückfall aus der Gnade, Groß Oesingen 1995.

wieder zugänglich gemacht, die ein vertieftes Verständnis ermöglicht, welche katechetischen Ideen der Pietismus entwickelt und propagiert hat. Darüber hinaus spiegelt sie exemplarisch wider, wie aufklärerisches Gedankengut im Bereich des Religionsunterrichts zunehmend Einfluss gewinnen sollte. Inhaltlich sprechen für die Auswahl des »Erbaulichen Handbüchleins« im Wesentlichen zwei Gründe: Rambachs »Erbauliches Handbüchleins«, erschienen ein Jahr vor Rambachs Tod, spiegelt die pädagogischen Schwerpunktsetzungen Rambachs in ihrer reifen Gestalt wider. Es zeigt, wie einer der führenden religionspädagogischen Denker seiner Zeit über die sachgerechte katechetische Unterweisung von Kindern räsonniert und welche methodische Art der Wissensvermittlung er dabei für besonders zweckmäßig erachtet hat. Damit kann sie als repräsentativ für das pädagogische Denken des Pietismus gelten. Diese Einschätzung führt zum zweiten Grund, der eine kritische Edition dieser Schrift nahegelegt hat. Auch wenn für die pädagogischen Vorstellungen August Hermann Franckes einige einschlägige Studien bereits vorliegen,[140] so ist doch die Frage, inwiefern der Gründer des Halleschen Waisenhauses auch mit seinen pädagogischen Ideen gewirkt hat, bislang nur selten erörtert worden. Eine Untersuchung zu Rambach könnte diesem Desiderat exemplarisch Abhilfe schaffen. Dafür Rambach auszuwählen, erscheint überaus zweckmäßig. Denn Rambach war nicht nur als Schüler und Mitarbeiter Franckes mit dessen Denken intensiv in Kontakt

140 Vgl. hierzu insbesondere Werner Loch, Pädagogik am Beispiel August Hermann Franckes, in: Geschichte des Pietismus, Bd. 4: Glaubenswelt und Lebenswelten, Göttingen 2004, 264–308. Weitere Literatur zum Thema wird a.a.O., 264, genannt.

gekommen, sondern legte selbst, trotz der Vielfalt seiner wissenschaftlichen Interessen, welche sich in seinen Publikationen niederschlugen, den wesentlichen Schwerpunkt seines Wirkens in den pädagogischen Bereich. Insofern könnten weitere Forschungen anhand des nunmehr wieder vorliegenden rambachschen »Erbaulichen Handbüchleins« künftig untersuchen, inwiefern beispielsweise das pädagogische Denken franckescher Provenienz Auswirkungen bei einem seiner Schüler gezeitigt hat. Für eine Religionspädagogik, die ihre historischen Wurzeln weiter freilegen möchte, ist Rambachs »Erbauliches Handbüchlein« somit nicht zuletzt durch seinen mittelbaren Francke-Bezug eine wichtige Quellenschrift und der Autor mit seinen Intentionen (vielleicht *nicht nur* unter historischer Perspektive) auch heute noch von Interesse.

Der Aufbau dieser biographischen Skizze zu Rambach ist dreigeteilt. Zunächst wird ein exemplarischer Überblick über die wichtigste Forschungsliteratur und deren Wissensstand zu Rambach gegeben (2). Anschließend wird Rambachs Leben dargestellt, wobei auf exemplarische Stationen immer dann näher eingegangen wird, wenn diese für eine historische Religionspädagogik von besonderem Belang erscheinen (3). Diese biographische Skizze wird von einem Anhang beschlossen, der unter anderem einige zeitgenössisch bekanntere Schriften Rambachs enthält (4).[141]

---

141 Eine ausführliche Bibliographie zu Rambachs Schrifttum findet sich sowohl bei Hug als auch im Sammelband von Biester und Ziem. Vgl. Hug, Rambach, 191–193; Ulrich Biester, Bibliographie, in: Ulrich Biester/Martin Ziem (Hrsg.), Johann Jakob Rambach. Leben – Briefe – Schriften, Gießen/Basel 1993, 72–143.

3.2 Rambach in der Wahrnehmung der Forschung

Rambach ist in der Forschung unterschwellig stets präsent geblieben und fand infolgedessen auch vereinzelt Eingang in gängige Lexika.[142] Der wichtigste neuere Beitrag zu ihm und aufs Ganze gesehen erste Anknüpfungspunkt für eine nähere Beschäftigung mit Rambach ist die Monographie von Walter Hug aus dem Jahr 2003. Ihr Untertitel »Religionspädagoge zwischen den Zeiten« verweist bereits unmittelbar auf die Interessensschwerpunkte, die Hug näher in den Blick genommen hat. Hug fasst den Zweck seiner monographischen Studie folgendermaßen zusammen:

> »Die vorliegende Arbeit nun versteht sich als ein solches Projekt mit dem Ziel, einerseits Rambachs Katechetik und Pädagogik in ihrer Abhängigkeit von der katechetischen und pädagogischen Tradition darzustellen und andrerseits nach dem originalen Beitrag Rambachs zur Theorie und Praxis des katechetischen Unterrichtes und des Bildungswesens seiner Zeit zu fragen.«[143]

Dafür untersucht Hug nach einem biographischen und forschungsgeschichtlichen Überblick[144] in einem deutlich umfangreicheren Teil seiner Dissertation »Rambachs Katechetik und Pädagogik«, in dem er unter anderem auf Rambachs »Menschenbild und Erziehungsziel«[145] näher eingeht. Darü-

142 Sehr knappe Informationen zu Rambach bietet: Udo Sträter, Art. Rambach, Johann Jacob, in: RGG4 Bd. 7 (2004), 31f. Einen ersten Überblick zu Rambach geben auch Carl Bertheau, Rambach, Johann Jakob, in: ADB 27 (1888), 196–200, Klaus-Gunther Wesseling, Art. Rambach, Johann Jacob, in: BBKL 7 (1995), 1302, sowie Matthias Wolfes, Art. Rambach, Johann Jakob, in: NDB 21 (2003), 127f.

143 Hug, Rambach, 14.

144 Vgl. a.a.O., 18–46.

145 Vgl. a.a.O., 127–148.

ber hinaus werden ausführliche Hinweise auf die Rambach prägenden Vordenker gegeben.[146] Auch wenn Hug die von ihm selbst gestellte Frage, »wie sich die Spannung zwischen Orthodoxie, Pietismus und früher Aufklärung auf sein katechetisches und pädagogisches Denken und die von ihm geforderte Praxis auswirkte und welcher Richtung theologischen Denkens er selbst zuneigte«[147], nicht voll umfassend beantworten kann, bildet seine gut lesbare Studie im Ganzen doch die wichtigste Referenzquelle zu Rambach.

Älter als Hug sind einige Forschungsbeiträge,[148] die beispielsweise Rambachs Homiletik untersuchen[149] sowie einzelne spezielle Fragestellungen auch anhand von Rambachs Positionsbildungen thematisieren.[150] Darüber hinaus widmet sich eine Arbeit auch Rambachs lyrischem Schaffen.[151] Der 1993 vorgelegte Sammelband von Ulrich Biester und Martin Zeim bündelt schließlich verschiedene Einzelun-

---

146 Interessant ist in diesem Kontext neben der – nahezu obligatorischen – Untersuchung zu Spener und Francke der Ausblick Hugs auf die eher unbekannten Johann Sebastian Mitternacht (a.a.O., 84–89), Christoph Matthäus Seidel (a.a.O., 110–120) und Gotthilf August Laurentii (a.a.O., 120–126).

147 Hug, Rambach, 17.

148 Eine ausführliche Auflistung einschlägiger Forschungsliteratur zu Rambach findet sich außerdem a.a.O., 198–202. Für eine Erstinformation über die Literatur zu Rambach ist heranzuziehen a.a.O., 13, Fn. 1.

149 Vgl. Martin Schian, Johann Jakob Rambach als Prediger und Predigttheoretiker, in: Beitrag zur hessischen Kirchengeschichte, Ergänzungsband IV, Darmstadt 1911, 89–149.

150 Vgl. z.B. Christoph Bizer, Der wohl-unterrichtete Student um 1800. Vom Amt des Pfarrers in der Göttinger theologischen Lehre, in: Bernd Moeller (Hrsg.), Theologie in Göttingen (Göttinger Universitätsschriften, Serie 1, Bd. 1), Göttingen 1987, 111–115.

151 Vgl. Martin Zeim, Die pietistische Lyrik Johann Jacob Rambachs, in: PuN 18 (1992), 95–117.

tersuchungen zu Rambach und ist neben Hugs Schrift ein weiterer wichtiger Anknüpfungspunkt für eine intensivere Kenntnisbildung zu Rambachs Werk und Wirken.[152] Ferner wird Rambach sowohl in verschiedenen monographischen Studien religionspädagogischer Provenienz[153] als auch in allgemein historischen Untersuchungen zum Pietismus erwähnt,[154] wobei allerdings auffällt, dass angesichts der hoch spezialisierten Pietismusforschung das Wirken Rambachs auffällig selten Gegenstand einer vertieften Analyse ist.

Ein Grunddissens der Forschung liegt bezüglich der theologiegeschichtlichen Verortung Rambachs vor. Hugs oben wiedergegebene Zielstellung, laut der Rambachs Katechetik und Pädagogik in der »Spannung zwischen Orthodoxie, Pietismus und früher Aufklärung« untersucht werden sollen, ist eine auf Rambachs gesamtes Werk zutreffende Problemanzeige. Infolgedessen variiert auch die theologiehistorische Einordnung Rambachs in der Literatur,[155] und dieses Problem beschäftigt nicht erst die Literatur der neueren Zeit.[156] Im Ganzen zeigt sich somit, dass Rambach innerhalb der Forschung durchaus präsent geblieben ist und relevante Aspekte seines Schaffens bereits in Einzeluntersuchungen näher analysiert worden sind. Untersuchungen zu der hier präsentierten Schrift sind allerdings noch Mangelware.[157]

152 Vgl. Biester/Ziem (Hrsg.), Rambach.

153 Vgl. Friedrich Schweitzer, Die Religion des Kindes. Zur Problemgeschichte einer religionspädagogischen Grundfrage, Gütersloh 1992, 111f.

154 Vgl. Martin Brecht, Das Aufkommen der neuen Frömmigkeitsbewegung in Deutschland, in: Martin Brecht/Klaus Deppermann/Ulrich Gäbler (Hrsg.), Die Geschichte des Pietismus, Bd. 1, Göttingen 1993, 149.193.

155 Zur unterschiedlichen Positionierung der Forschungsliteratur bezüglich einer klaren theologiegeschichtlichen Zuordnung Rambachs vgl. Hug, Rambach, 33–46.

156 Vgl. dazu a.a.O., 35–37.

157 Auch Hug analysiert diese Schrift in einer kurzen Betrachtung im Rah-

3.3 Biographie

3.3.1 *Lehrjahre in Halle*

Rambachs Erziehung, Ausbildung und Sozialisation verliefen im klassischen Sinn pietistisch. Geboren wurde Rambach am 24. Februar 1693 in Halle und verlebte seine Jugend in einem der führenden pietistischen Zentren. Er wuchs in einer Zeit in Halle auf, als die Stadt sich zunehmend als eine der führenden Schul- und Universitätsstädte in Preußen etablierte. Sein Vater Hans Jakob Rambach war Tischler, seine Mutter Dorothea geb. Lauterborn stammte aus Eisleben. Zunächst erlernte Rambach das Tischlereiwesen bei seinem Vater. Infolge eines Arbeitsunfalls nahm er die zwischenzeitlich unterbrochene Schullaufbahn wieder auf und war seit 1708 Schüler der Latina in Halle. Damit wurde er im Zentrum des halleschen Pietismus ausgebildet.[158] Die bis heute existierende Lateinschule war 1697 als Ergänzung zur Volksschule und zum Pädagogium von Francke gegründet worden. Sie sollte

men seiner Studie zu Rambach (vgl. a.a.O., 67–69), kommt allerdings nur zu sehr allgemeinen Aussagen: »Rambach stellte mit diesem siebenteiligen Buch den Schulen ein umfassendes Werk zur Verfügung, das alle für den Schulunterricht nötigen Inhalte berücksichtigte. Neben katechetischen Fragen und Antworten enthielt das Handbüchlein mit seinen Exempelgeschichten Lesestücke«. A.a.O., 67.

158 Zu den Franckeschen Stiftungen als Erziehungsanstalt vgl. Axel Oberschelp, Das Hallesche Waisenhaus und seine Lehrer im 18. Jahrhundert. Lernen und Lehren im Kontext einer frühneuzeitlichen Bildungskonzeption, Halle 2006. Zum Lehrerberuf in den Franckeschen Stiftungen vgl. Berthold Ebert, Das »Seminarium praeceptorum« August Hermann Franckes. Zur Geschichte der Lehrerbildung in den Franckeschen Stiftungen, in: Paul Raabe (Hrsg.), Schulen machen Geschichte. 300 Jahre Erziehung in den Franckeschen Stiftungen zu Halle (Kataloge der Franckeschen Stiftungen 4), Halle 1997.

insbesondere auf die »bürgerlichen Berufe des Lehrstandes vorbereiten«.[159] Ihre Gründung erschien erfolgversprechend, weil die pädagogische Qualität der Glauchaischen Anstalten beziehungsweise des Halleschen Waisenhauses – so die gängigen Bezeichnungen für die Franckeschen Stiftungen in den ersten Jahrzehnten ihres Bestehens[160] – weithin ausstrahlte und nicht nur die Hallenser Bevölkerung zunehmend eine Ausbildung ihrer Kinder im Waisenhauskomplex wünschte. Zur pädagogischen Strahlkraft der Latina[161] hatte insbesondere das Fachklassensystem beigetragen, in dem die Kinder nicht nach Alter, sondern nach Leistungsstand eingeteilt wurden. Damit war es möglich, den Ausbildungsgang individueller auf das einzelne Kind abzustimmen.[162] Rambach verlebte seine Schulzeit somit an einer pädagogisch sehr fortschrittlichen Einrichtung. Unterricht wurde wochentags

159 Wolf-Dieter Hauschild, Lehrbuch der Kirchen- und Dogmengeschichte. Bd. 2: Reformation und Neuzeit, Gütersloh ²2001, 696.

160 Erst unter A. H. Franckes Urenkel, August Hermann Niemeyer, der seit 1799 das geteilte Direktorat ausübte, setzte sich die Bezeichnung »Franckesche Stiftungen« dauerhaft durch. Zur Geschichte der Franckeschen Stiftungen im ausgehenden 18. Jahrhundert vgl. Malte van Spankeren, Halles letzter Pietist?! Georg Christian Knapp (1753–1825) und das Doppeldirektorat der Franckeschen Stiftungen, in: Pietismus und Neuzeit 38 (2012), 135–156.

161 Die Latina ist heute in Haus 42 am Franckeplatz 1 beheimatet.

162 Vgl. Thomas J. Müller, Die Geschichte der Lateinschule in den Franckeschen Stifungen, in: Penelope Willard (Hrsg.), Die Franckeschen Stiftungen zu Halle an der Saale. 300 Jahre Latina. Jahresprogramm 1997, Halle 1996, 40–58. Dieser Aufsatz ist grundlegend zur Geschichte der Latina. Daneben vgl. auch den immer noch lesenswerten Beitrag von Friedrich August Eckstein, Die Lateinische Hauptschule und die Pensionsanstalt, in: Directorium der Franckeschen Stiftungen (Hrsg.), Die Stiftungen August Hermann Franckes in Halle. Festschrift zur zweiten Säcularfeier seines Geburtstages, Halle 1863.

zwischen 7 und 11 Uhr sowie zwischen 14 und 18 Uhr erteilt, am Mittwoch- und Samstagnachmittag allerdings nur von 14 bis 16 Uhr. Rambach sollte in seiner eigenen Schulordnung später den Mittwoch- und Samstagnachmittag ebenfalls unterrichtsfrei halten. Die wichtigsten Unterrichtsfächer waren neben Religion und Latein die beiden Sprachen Griechisch und Hebräisch sowie Mathematik und Geschichte. Im Religionsunterricht lernte man vor allem Luthers Kleinen und Großen Katechismus auswendig. Neben den Büchern wurden in den Franckeschen Stiftungen zunehmend auch Realien im Unterricht eingesetzt. Damit sollte, ganz im Sinne Franckes, das Interesse der Schüler gesteigert und methodische Abwechslung praktiziert werden, und langfristig sollte damit im pietistischen Sinn die christliche Klugheit ausgebildet und weiter befördert werden. Am Sonntag besuchten die Schüler unter der Aufsicht der Lehrer den Gottesdienst in der Ulrichskirche.

Die soziale Herkunft der Schüler zeigt, dass viele aus dem wirtschaftlich aufstrebenden Bürgertum, vor allem aus dem Bürgertum Halles stammten.[163] Auch diese soziale Herkunft mag erklären, weshalb viele der Latinaschüler später studieren sollten. Auch Rambachs Eltern dürften auf einen gesellschaftlichen Aufstieg ihres ältesten Sohnes durch Bildung gehofft haben.[164] Der Unterricht zielte im Sinne Franckes

163 Viele der Schüler, die aus Halle stammten, waren Kinder aus Elternhäusern, in denen der Vater im Bereich Gewerbe und Handwerk tätig war.

164 Gertrud Zaepernick hebt die in vielen Fällen gesteigerte Leistungsbereitschaft der Schüler der Lateinschule im Vergleich zu den oftmals adligen Zöglingen des Pädagogiums hervor: »Vielmehr brachten z.B. die Schüler der Latina, zumindest in den 4 oberen Klassen weit bessere Leistungen, denn erstens duldete man hier solche Unbegabten und Lernunwilligen nicht, die es im Pädagogium ständig gab, weil sie dort wegen mangelnder Leistungen nicht bestraft werden durften, und zweitens waren die

auf eine möglichst umfassende Kontrolle der Zöglinge ab.[165] Vieles war den Schülern dabei verboten, auch außerhalb des Unterrichts, beispielsweise lautes Lachen oder Raufereien. Die Prügelstrafe wurde allerdings in der Regel nur dann angewendet, wenn sich ein Schüler dem Lehrer gegenüber frech verhalten hatte, und nicht als Reaktion auf schlechte Leistungen. Insgesamt bereitete die Ausbildung auf der Latina gut auf die beruflichen Herausforderungen im Preußen des frühen 18. Jahrhunderts vor. Bezüglich Rambachs in dieser Zeit erstmals geknüpfter Beziehung zu A. H. Francke glaubt Hug: »Damit trat er auch in den Erziehungs- und Einflusskreis von A. H. Francke ein, mit dem ihn, wie viele Briefe bezeugen, fortan ein Vater-Sohn-Verhältnis verband.«[166] Von einer Bekehrung im pietistischen Sinne gibt es auffälligerweise bei Rambach keinerlei Zeugnis.[167] Dies verwundert insofern, als von den Zöglingen des Waisenhauses eine Bekehrung nicht nur erwartet wurde, sondern diese auch die Zugehörigkeit zum halleschen Pietismus nach außen hin öffentlichkeitswirksam demonstrierte. Vor dem Hintergrund seiner späteren beruflichen Karriere in Halle fällt dieses »Manko« bei Rambach durchaus ins Gewicht. Auch damit kann die Schwierigkeit einer zweifelsfreien theologiegeschichtlichen

---

Schüler der Latina von der Sekunda an entschlossen, zu studieren.« Gertrud Zaepernick, Kurzer Bericht vom Pädagogium Regium 1695–1784, in: Raabe (Hrsg.), Schulen, 77.

165 Zu Franckes pädagogischen Konzepten vgl. beispielsweise Juliane Jacobi, Der Blick auf das Kind. Zur Entstehung der Pädagogik in den Schulen des Halleschen Waisenhauses, in: Josef Neumann/Udo Sträter, Das Kind in Pietismus und Aufklärung, Tübingen 2000, 47–60; Fritz Osterwalder, Theologische Konzepte von Erziehung. Das Verhältnis von Fénelon und Francke, in: A.a.O., 79–94.

166 Hug, Rambach, 18.

167 Vgl. a.a.O., 19.

Zuordnung Rambachs zum Pietismus seitens der Literatur weitgehend erklärt werden.

Seit Oktober 1712 studierte Rambach an der Friedrichsuniversität seiner Heimatstadt zunächst Medizin. Kurz danach wechselte er aber schon zur Theologie. Die Universität in Halle war knapp 20 Jahre zuvor gegründet worden[168] und versammelte in der Theologie illustre Namen, die vor allem aus Leipzig nach Halle gewechselt waren.[169] Rambach hörte unter anderem bei Francke Vorlesungen zur Hermeneutik sowie darüber hinaus über verschiedene Thematiken bei Joachim Justus Breithaupt und bei Johann Heinrich Michaelis. Bei Joachim Lange[170] saß er im Hörsaal, als dieser über Glau-

168 Zur Universität Halle vgl. den Abriss bei: Udo Sträter, Art. Halle, Universität, in: RGG4 Bd. 3 (2000), 1392; ausführlicher informiert Hans Hübner (Hrsg.), Geschichte der Martin-Luther-Universität Halle-Wittenberg. 1502–1977, Halle 1977, sowie Albrecht Timm, Die Universität Halle-Wittenberg. Herrschaft und Wissenschaft im Spiegel ihrer Geschichte, Frankfurt a. M. 1960; einen biographischen Zugriff, der wichtige Hochschullehrer in Halle vorstellt, wählt Johannes Weigelt (Hrsg.), 250 Jahre Universität Halle. Streifzüge durch ihre Geschichte in Forschung und Lehre, Halle 1944.

169 Neben Francke kamen auch Christian Thomasius, Paul Anton, Johann Heinrich Michaelis und später Christian Wolff aus Leipzig: »Aus verlorenen Söhnen Leipzigs wurden Geistesväter Halles.« Günter Mühlpfordt, Halle-Leipziger Aufklärung – Kern der Mitteldeutschen Aufklärung, Führungskraft der Deutschen Aufklärung, Paradigma in Europa (Zur ersten und zweiten Blüte der Universität Halle), in: Günter Jerouschek/Arno Sames (Hrsg.), Aufklärung und Erneuerung. Beiträge zur Geschichte der Universität Halle im ersten Jahrhundert ihres Bestehens (1694–1806). Zur Dreihundertjahrfeier im Auftrag des Rektors, Hanau/Halle 1994, 49.

170 Joachim Lange (1670–1744) war nicht nur einer der bedeutendsten, sondern auch streitbarsten pietistischen Theologen. Schon während seines Studiums in Leipzig war er seit 1689 intensiv von Francke beeinflusst worden und wurde einer von Franckes entschiedensten Anhängern. Später

benslehre und Kirchengeschichte handelte. Der seinerzeit überaus prominente Lange sollte später sein Schwiegervater werden. Neben Griechisch und Hebräisch lernte Rambach Chaldäisch, Syrisch und Arabisch und war somit ganz im Sinne Franckes auch philologisch exzellent ausgebildet.

3.3.2 *Beruflicher Werdegang in Jena, Halle und Gießen*

Während eines Besuchs in Jena 1719 entschloss sich Rambach, dort künftig Exegese und Hermeneutik zu unterrichten, womit er einer Bitte der Jenenser Studenten entsprach. Er zog im Oktober 1719 nach Jena um, wo er bei Johann Friedrich Buddeus wohnte. Dort war auch Franckes einziger Sohn, Gotthilf August Francke, der spätere Direktor der Franckeschen Stiftungen, zeitweilig sein Zimmergenosse. Bei Buddeus hörte Rambach über Moraltheologie und Kirchengeschichte. Er er-

---

wohnte er auch bei Francke im Haus und verdankte dessen Fürsprache auch eine Hauslehrerstelle bei Christian Thomasius. Seit 1709 war Lange Theologieprofessor in Halle und verfasste unter anderem die siebenbändige Schrift »Biblisches Licht und Recht oder richtige und erbauliche Erklärung der Heiligen Schrift, altes und neues Testaments, mit einer ausführlichen Einleitung« (Halle 1730–1736), die auch bei seinen Nachfolgern als exegetisches Lehrbuch Verwendung fand. Besonders weite Verbreitung fand auch eine von Lange herausgegebene lateinische Grammatik. Zeitgenössische Berühmtheit erlangte er aber insbesondere als Wortführer der halleschen Pietisten gegen Christian Wolff, die zur Vertreibung Wolffs aus Halle 1723 führte. Dieser wichtigste hochschulpolitische Konflikt der halleschen Fridericiana in der ersten Hälfte des 18. Jahrhunderts wird instruktiv dargestellt bei Albrecht Beutel, Causa Wolffiana. Die Vertreibung Christian Wolffs aus Preußen 1723 als Kulminationspunkt des theologisch-politischen Konflikts zwischen halleschem Pietismus und Aufklärungsphilosophie, in: Albrecht Beutel (Hrsg.), Reflektierte Religion. Beiträge zur Geschichte des Protestantismus, Tübingen 2007, 125–169.

warb 1720 die Magisterwürde, und am 11. Mai erfolgte seine Promotion mit einem philologischen Thema. Anschließend entwickelte er eine umfangreiche Lehrtätigkeit. So hielt er beispielsweise eine Vorlesung mit dem Titel »Information und Erziehung der Kinder« und »Von der Art und Weise zu katechisieren«[171]. Diese Vorlesungen haben dann zum Teil ihren Niederschlag in seinen späteren Schriften gefunden. Hier hat Rambach Interessenschwerpunkte auf dem Katheder verhandelt, die er in späteren Jahren intensiver durchdacht und dann auch in zahlreiche Publikationen überführt hat.[172] Zeitgenössisch große Popularität sollen insbesondere Rambachs »Institutiones hermeneuticae sacrae« gehabt haben, die, 1723 publiziert, in der Folge vielfach als universitäres Lehrbuch auch an anderen Universitäten verwendet wurden.[173]

Im Juli 1723 wurde Rambach zunächst als Adjunkt nach Halle zurückgerufen. Er folgte dem früh verstorbenen Johann Daniel Herrnschmidt nach. 1726 wurde Rambach dann zum ao. und 1727 zum o. Professor der Theologie ernannt. Damit wurde er direkter Nachfolger von Francke als Theologieprofessor in Halle, der ursprünglich Herrnschmidt für diese Aufgabe vorgesehen hatte. Gleichzeitig übernahm Rambach das Amt als Universitätsprediger und predigte alle zwei Wochen in der Universitätskirche. Er hielt Vorlesungen, unter anderem über ausgewählte Paulusbriefe und über Hermeneutik. Nicht nur diese, sondern auch die anderen Vorle-

171 Vgl. Hug, Rambach, 21.

172 Das besondere pädagogische Interesse Rambachs wird von Hug auch als Reaktion auf eine »in eine Krise geraten christliche[n] Unterweisung« als einem »Merkmal der katechetischen Situation um 1700« interpretiert. A.a.O., 29.

173 Vgl. a.a.O., 21.

sungen Rambachs sollen gut besucht gewesen sein.[174] Ebenso hielt er regelmäßige Erbauungsstunden. In dieser »Sammlung der Frommen« zeigen sich die pietistischen Impulse, die Rambach ursprünglich in Halle erstmals empfangen haben dürfte, deutlich.

Am 09. Mai 1724 schloss er die Ehe mit Johanna Elisabeth Lange, die allerdings bereits 1730 verstarb. 1731 folgte er, der gebürtige Hallenser, dann einem Ruf nach Gießen. Ein Grund sich vom zeitgenössisch stark frequentierten Halle nach Gießen zu verändern, dürfte im merklich unterkühlten Verhältnis zu G. A. Francke zu suchen sein. Mitunter hatten beide bereits während ihrer gemeinsamen Zeit im Hause von Buddeus kein harmonisches Verhältnis zueinander finden können. Vermutlich dürfte aber auch der frühe Tod seiner Frau mit ursächlich für diesen Ortswechsel gewesen sein. Nach seiner Abschiedsvorlesung am 21. Juni 1731 erhielt Rambach acht Tage später allerdings noch den theologischen Doktorgrad in Halle verliehen.

Neben seiner Professur nahm er in Gießen das Amt des Superintendenten wahr. In dieser Zeit forderte er unter anderem die »Abschaffung der heydnischen und ärgerlichen Kirmesfeste, [...] dieser himmelschreyenden Ärgernisse, die uns nichts als schwere Gerichte Gottes, zuziehen«[175]. Hier vertrat Rambach also deutlich die Forderungen Franckes, der solche weltlichen Vergnügungen nicht nur als Zeitverlust, sondern überdies als Anbahnung zu sündhaftem Verhalten apostrophiert hatte.

Rambachs zeitgenössisch bekannte Wirkung als Schulreformer fällt ebenfalls in diese Gießener Jahre. So publizierte

174 Vgl. a.a.O., 22.

175 Zitiert nach a.a.O., 24.

er am 14. August 1733 eine neue Schulordnung.[176] Ebenfalls in diese Zeit fiel die Publikation des »Erbaulichen Handbüchleins« 1734. Damit stellte Rambach nicht zuletzt umfangreiches Lehrmaterial bereit, mit dem der Religionsunterricht seiner Meinung nach künftig konkret gestaltet werden könnte. Insbesondere diese Schrift sollte zu Rambachs pädagogischem Vermächtnis avancieren. Denn im April 1735 erkrankte Rambach schwer und verstarb nach kurzer Krankheit am 17. April im Alter von 42 Jahren.

Seine Schriften sowie seine Vorlesungen zeigen, dass Rambach als Schüler Franckes vor allem die pädagogischen Impulse des halleschen Pietismus rezipiert,[177] tradiert und für sein Wirken aktualisiert hat.[178] Damit suchte er zentrale

---

176 Bezüglich dieser Schulordnung erkennt Hug (a.a.O., 66) drei Hauptziele: »Zum ersten wurde eine achtjährige, allgemeine Schulpflicht vor der Konfirmation und der Besuch von obligatorischen Fortbildungsschulen während drei Jahren nach der Konfirmation verordnet. Zum zweiten sollte der Stand der Schulmeister, auch Schuldiener oder Präceptoren genannt, gehoben werden, und als drittes Hauptziel versuchte Rambach mittels der Schulordnung eine Verbesserung der Lehrmethoden zu erreichen.«

177 Hug fasst diesbezüglich zusammen: »Rambach sieht sich in der Tradition derer stehen, die sich vor ihm um eine Reform des katechetischen Unterrichts bemüht haben. Seine Aufgabe besteht darin, zu sichten und zu prüfen, was an Ideen vorliegt, allenfalls etwas weiter zu entwickeln oder in eine andere, systematischere Ordnung zu bringen. Sein Hauptanliegen ist, das bereits vorhandene reformerische Gedankengut unter die Menschen zu bringen und so einen Beitrag zur Verbesserung der bestehenden Verhältnisse zu bewirken.« A.a.O., 83.

178 Freilich ist auch Hug zuzustimmen, dass das Interesse an einer Verbesserung der katechetischen Unterweisung nicht auf eine theologische Gruppierung wie den Pietismus allein zurückgeführt werden kann. Vgl. a.a.O., 31: »Das Anliegen einer Reform des katechetischen Unterrichts ist also nicht einer einzelnen theologischen Richtung zuzuordnen, sondern als ein grundsätzliches und übergreifendes Merkmal der katechetischen Situation um 1700 zu betrachten.«

Anliegen des Glauchaer Übervaters weiterzuentwickeln, um damit auf die jeweiligen zeitgenössischen Herausforderungen, die aus seiner Sicht an die zeitgenössische katechetische Unterweisung gestellt waren, produktiv zu reagieren. Inwiefern er dabei originell war,[179] könnten künftige Forschungen, möglicherweise auch unter Konsultation dieser Publikation, noch erzeigen.

3.4 Kurzbiographie zu Johann Jacob Rambach

* 24. Februar 1693	Geburt in Halle an der Saale als Sohn eines Tischlers
* Seit 1708	Schulbesuch auf der Latina der Franckeschen Stiftungen
* Seit 1712	Studium an der Friedrichs-Universität in Halle, u.a. bei A. H. Francke
* 1719 – 1723	Lehrtätigkeit in Jena
* 1723	Rückkehr nach Halle
* 1731	Dr. theol. und Wechsel nach Gießen
* 1733	Erlass einer neuen Schulordnung
* 17. April 1735	Tod mit 42 Jahren

3.5 Verzeichnis der wichtigsten Schriften von Johann Jacob Rambach

– Der wohl-informierte Catechet, Jena 1722.
– Institutiones hermeneuticae sacrae, Jena 1723.

179 Hug glaubt: »Seine eigentliche Leistung auf dem Gebiet der Katechetik und Pädagogik besteht darin, dass er die verschiedenen vorliegenden Ansätze zueinander in Beziehung bringt und eine Gesamtsicht von Katechismusunterricht, von Bildung und von Erziehung entwickelt.« A.a.O., 188.

- Das gantze Leiden Christi, Jena 1730.
- Der wohl-unterrichtete Catechet, das ist Deutlicher Unterricht Wie man der Jugend Auf die allerleichteste Art Den Grund der Christlichen Lehre beibringen könne [...], Jena 1730.
- Letzte Reden in Halle gehalten, Halle 1731.
- Hessen-Darmstädtische Schulordnung für die deutschen Schulen im Oberfürstenthum, auf hochfürstlichen Befehl publicirt den 14. August. 1733, Gießen 1733, in: Wohl unterwiesener Informator, Züllichau 1737, 345–360.
- Erbauliches Handbüchlein für Kinder, Gießen 1734.
- Das Leiden Jesu Christi, 4 Bde, Bielefeld 1988–1993.
- Der Rückfall aus der Gnade, Groß Oesingen 1995.

3.6 Ausgewählte Forschungsliteratur zu Rambach

- Ulrich Biester/Martin Ziem (Hrsg.), Johann Jakob Rambach. Leben – Briefe – Schriften. Gießen/Basel 1993.
- Christoph Bizer, Johann Jacob Rambach (1693–1735), in: Henning Schröer/Dietrich Zillessen (Hrsg.), Klassiker der Religionspädagogik, Frankfurt a. M. 1989, 85–97.
- Karl Dienst, Johann Jacob Rambach in Gießen (1731–1735). Ein bedeutender pietistischer Theologe, Prediger und Pädagoge. Festvortrag anlässlich des 300. Geburtstags (24.02.1693) am 26.02. 1993 im Alten Schloss in Gießen, in: JHKGV 44 (1993), 33–48.
- Walter Hug, Johann Jacob Rambach (1693–1735). Religionspädagoge zwischen den Zeiten, Stuttgart 2003.
- Martin Schian, Johann Jakob Rambach als Prediger und Predigttheoretiker, in: Beitrag zur hessischen Kirchengeschichte, Ergänzungsband IV, Darmstadt 1911, 89–149.
- Martin Ziem, Die pietistische Lyrik Johann Jacob Rambachs, in: PuN 18 (1992), 95–117.

4. Religionspädagogische Überlegungen

Das »Handbüchlein« wurde – besonders im Kurfürstentum Sachsen[180] – zwar verbreitet, doch der Einsatz in der Schule fand meist nur in Teilauszügen statt: So wurden die Gebete einzeln eingesetzt, z.B. in der Schulordnung von Worfeld 1789, und die Alsfelder Stadtschule schrieb im Jahr 1753 in der 3. Klasse die »Ordnungen des Heyls« als Lektüre vor. In Sachsen empfahl die Oberlausitzische Schulordnung (1770) in den ersten beiden Klassen die Exempelerzählungen einzusetzen, ebenso die Sitten- und Lebensregeln. Die letzteren beiden sollten – laut der »Erneuerten Schulordnung für Sachsen« (1773) – auch in den oberen Klassen eingesetzt werden. Einzig die Inspektionsordnung des Fürstentums Hessen-Darmstadt von 1777 empfahl das »Handbüchlein« komplett als Lesebuch,[181] da Rambach ohnehin die hessische Landgrafschaft mit seiner Volksschulordnung von 1733 maßgeblich beeinflusst hat, »indem er für den obligatorischen Schulbesuch eintrat und die schulische Unterweisung in der Religion durch einen sachkundlichen Unterricht ergänzt sehen wollte«[182].

4.1 Der hallesche Pietismus als Grundlage für das »Handbüchlein«?

Johann Jacob Rambach als Religionspädagoge ist ohne seine Tätigkeit an den Franckeschen Stiftungen nicht zu verstehen. Rambach zeichnet sich durch seine Schriften, durch »seine Beto-

180 Vgl. Hruby, Rambach, 279.

181 Vgl. ebd.

182 Wolfes, Art. Rambach, 128.

nung der ›Ordnung Gottes‹ – das Heil des Menschen überhaupt und die persönliche Heilserfahrung des einzelnen betreffend – [...] als Vertreter des durch August Hermann Francke maßgeblich geprägten Hallischen Pietismus«[183] aus. Die Unterrichtspraxis an den Schulen Franckes war geprägt durch ein bestimmtes religionspädagogisches Profil.[184] Die in der Theologie des Pietismus[185] selbstverständliche Verbindung von Glauben und Handeln[186] bildete die Grundlage für den Einsatz von Realien

183 Hruby, Rambach, 268.

184 Zum einen nimmt Francke einige pädagogische Gedanken von Comenius auf. Vgl. F. Hofman, A. H. Franckes Idee der »Universal-Verbesserung« und die Weltreformpläne des Comenius, in: August Hermann Francke, Festreden und Kolloquium über den Bildungs- und Erziehungsgedanken bei August Hermann Francke aus Anlaß der 300. Wiederkehr seines Geburtstages, 22. März 1963, Halle-Wittenberg 1964, 79–87; Erhard Peschke, Die Reformideen des Comenius und ihr Verhältnis zu A. H. Franckes Plan einer realen Verbesserung der ganzen Welt, in: Heinrich Bornkamm/Martin Schmidt/Friedrich Heyer/Alfred Schindler (Hrsg.), Der Pietismus in Gestalten und Wirkungen, Bielefeld 1975, 368–382. Zudem kannte Francke durch seinen eigenen Schulbesuch und durch seine Tätigkeit am Hofe Herzog Ernsts des Frommen den Gothaer Schulmethodus. Vgl. z.B. Heinrich Wilhelm Brandau, Die mittlere Bildung in Deutschland. Historisch-systematische Untersuchung einiger ihrer Probleme, Weinheim a. d. B./Berlin 1959, 107.

185 Francke rezipierte in Theologie und Wirken u.a. Philipp Jakob Spener (1635–1705). »Die Theologie, schrieb Spener, solle sich allein um dasjenige kümmern, was sich am Ende auf die Praxis des Glaubens anwenden lässt.« Albrecht Beutel, Kirchengeschichte im Zeitalter der Aufklärung. Ein Kompendium, Göttingen 2009, 78. Vgl. Philipp Jakob Spener, Aufklärung in Deutschland (Die Kirche in ihrer Geschichte, Bd. 4), Göttingen 2006, 214; überblicksartig zudem: Brecht/Deppermann/Gäbler (Hrsg.), Geschichte, 4 Bde; Albrecht Beutel/Volker Leppin/Udo Sträter (Hrsg.), Christentum im Übergang. Neue Studien zu Kirche und Religion in der Aufklärungszeit, (AKThG 19), Leipzig 2006; Hauschild, Lehrbuch, Bd. 2, § 18, 6.–16., 680–736; Jerouschek/Sames (Hrsg.), Aufklärung.

186 Peschke bezeichnet diese Verbindung als »die Kraft seines gläubigen Re-

im Unterricht, z.B. von Materialien, Modellen, Kunst- und Alltagsgegenständen sowie von anschaulichen Bildern und Lehrbüchern. Daher gab es eigene Schulwerkstätten, ein Schullaboratorium, eine Schulsternwarte und insbesondere die äußerst umfangreiche Naturaliensammlung in der 1698 eigens gegründeten Kunst- und Naturalienkammer. Die zahlreichen praktischen Unterrichtsfächer und das differenzierte Fachklassensystem mit den unterschiedlichen Realien-Fächern ermöglichten eine angemessene Berufsvorbereitung durch eine praxisnahe, berufsvorbereitende Schulbildung (Unterrichtsgänge, Anfertigen von Werkstücken, Praxiserfahrung, Umgang mit Materialien).[187] Im Zentrum der Lehrtätigkeit stand das didaktische Prinzip der Applikation – das heißt die Anwendung des Gelernten auf Lebensaufgaben und ein »nützlicher und rechtmäßiger Gebrauch«[188] des erworbenen Wissens – mit dem Erziehungsziel des Erwerbs der christlichen Klugheit. Vorbereitet wurde die Applikation durch die »beiden Stufen – recitation und explication«[189] im Unterricht, dann folgte die Übertragung, Anwendung sowie

alismus«, welche »aus den Tiefen der Wirklichkeit schöpft und zur Gestaltung des praktischen Lebens drängt«. Erhard Peschke, Die Theologie August Hermann Franckes. Ein Beitrag zu Struktur und prägenden Ideen der Gedankenwelt einer der zentralen Gestalten des Pietismus, Bad Wildbad 2007, 37.

187 Vgl. zum Begriff der Realien-Schule und zum Zusammenhang von Realien und Religion die Habilitationsschrift von Stefanie Pfister, Religion an Realschulen. Eine historisch-religionspädagogische Studie zum mittleren Schulwesen, masch. Exemplar, Münster 2013 (erscheint 2015 in der Reihe APrTh 58).

188 Francke, Schriften, 86–93.

189 Wolf Oschlies, Die Arbeits- und Berufspädagogik August Hermann Franckes (1663–1727). Schule und Leben im Menschenbild des Hauptvertreters des Hallischen Pietismus, Witten 1969, 100.

Überprüfung des Gelernten. Christliche Klugheit bedeutete bei Francke daher nicht nur einen vertieften Wissenserwerb, die »Schulung und den Gebrauch des eigenen Verstandes«[190], sondern insbesondere die Anwendung des erworbenen Wissens und Erfahrungen, welche sich »nur auf der Grundlage eines festen Glaubens« entwickeln konnten und »ohne die enge Verknüpfung mit dem Willen Gottes gar nicht mehr denkbar«[191] waren. Als Kompetenz erhielten die Schüler eine erworbene Handlungsfähigkeit, denn durch die praxisorientierte Applikation und die eigentätige Bewältigung von Aufgaben (z.B. Erfahrung, Handlung, Problemlösen, Anwendung) erwarb der Schüler tiefere – teilweise auch mühsam erworbene – Einsichten als bei den ersten beiden Stufen der recitatio und explicatio. Erst durch die Applikation konnte das zuvor erworbene Wissen adäquat zur Geltung kommen. Diese Handlungsfähigkeit erfolgte immer begründet und nachvollziehbar: »Die Kinder müssen sich die Begründung ihres Handelns bewußt machen [...].«[192] Da die christliche Klugheit u. a. darin bestand, dass der Schüler das Gelernte »am rechten Orte, zu rechter Zeit, bey den rechten Personen anwenden könne«[193], implizierte dies auch die »Erziehung zum gesellschaftsfähigen Menschen«[194] und führte zur Ausbildung

190 Thomas Müller-Bahlke, Naturwissenschaft und Technik. Der Hallesche Pietismus am Vorabend der Industrialisierung, in: Hartmut Lehmann (Hrsg.), Geschichte des Pietismus, Bd. 4, Göttingen 2004, 357–386, hier: 362.

191 Ebd.

192 Martin Brecht, August Hermann Francke und der Hallische Pietismus, in: Brecht/Deppermann/Gäbler (Hrsg.), Geschichte, Bd. 2, 439–531, hier: 492.

193 August Hermann Francke, Kurtzer und Einfältiger Unterricht. Wie die Kinder Zur Wahren Gottseligkeit und Christlichen Klugheit anzuführen sind. Zum Behuf Christlicher Informatorum entworffen, Halle 1702, 102.

194 Klaus Deppermann, Der hallesche Pietismus und der preußische Staat unter Friedrich III. (I.), Göttingen 1961, 96.

einer Urteilskompetenz, zu einem kritischen Hinterfragen von Sachverhalten und Gründen für Handlungen[195] sowie zur »Verhütung und Ausräumung von Vorurteilen«[196].

Die Applikation stellte gleichzeitig das Ziel der »Katechese« dar. Mit der »Katechese« sind nicht nur reine Bibel- und Katechismuslektionen gemeint, sondern »Katechese« fand umfassend in Familie, Kirche und im ganzen Tagesablauf statt.[197] Dazu gehörte auch die stringente Einbettung und Unterordnung aller Fächer und Aktivitäten unter das Ziel der Applikation, als »d[er] höchste[n] Stufe der Katechese«.[198] So wurde im Gesamtablauf des Schul- bzw. Internatsalltags die Applikation deutlich: Direkt nach dem Ankleiden fanden Gebetsstunden mit den Schülern statt, der Schulunterricht endete mit einem gemeinsamen Gebet aller Schüler, einem Lied, einem Kapitel aus der Bibel und einem Schlusslied[199], und vor dem Schlafengehen wurde wiederum eine Gebetsstunde abgehalten. Interessant ist nun insgesamt, inwiefern Rambach den Anregungen Franckes folgte und z.B. im Hinblick auf die Unterrichtspraxis das didaktische Prinzip der Applikation übernahm.

4.2 Theologische und pädagogische Aspekte

Der Aufbau des »Handbüchleins« folgt – wie bereits beschrieben – der pietistischen Theologie, und häufig finden sich identische Fragen und Antworten aus Franckes Kate-

195 Vgl. auch Loch, Pädagogik, 276.

196 Ebd.

197 Vgl. Lachmann, Frieden, 103.

198 Oschlies, Die Arbeits- und Berufspädagogik, 69.

199 Vgl. Lachmann, Frieden, 105.

chismuspredigten.[200] In der »Ordnung des Heyls« erkennt der Mensch seine Sündhaftigkeit, erfährt die Heilsabsicht Gottes und wird auf Jesus Christus, den Erlöser und die notwendige Bekehrung verwiesen. Im Unterschied zu Francke differenziert Rambach noch deutlicher zwischen den Kindern, die den Taufbund gebrochen haben und diesen daher erneuern müssen, und denjenigen, die im Taufbunde weiterhin stehen .[201] Rambachs theologische Grundannahmen wirken sich unmittelbar auf seine Pädagogik aus:[202] »Rambachs theologische Arbeit hat einen unmittelbaren Bezug zur Praxis und umgekehrt. Man kann von einer pädagogisch gewendeten Theologie und einer theologisch durchgebildeten Pädagogik sprechen.«[203] Insgesamt lässt sich Rambachs theologisch-pädagogisches Konzept wie folgt skizzieren:

»1. Der Mensch ist bei seiner Geburt mit der Erbsünde belastet.
2. In der Taufe, die möglichst bald nach der Geburt vollzogen werden soll, wird der Mensch durch den zwischen Gott und Mensch errichteten Bund wiedergeboren.
3. Erziehung erhält die Funktion, den wiedergeborenen Menschen vor bösen Einflüssen zu bewahren.
4. In der Regel (von wenigen Ausnahmen abgesehen) versagt die elterliche Erziehung. Schlechte Einflüsse lassen das Kind den Taufbund brechen oder aus dem Taufbund herausfallen. Das Kind wird erneut von der Erbsünde ergriffen.
5. Erziehung erhält nun die Funktion, den Menschen korrektiv

200 Vgl. dazu Hruby, Rambach, 271.

201 Vgl. Hug, Rambach, 13 (vgl. S. 35).

202 Vgl. ausführlich zur Pädagogik Rambachs: Hug,Rambach.

203 Karl Dienst, Johann Jacob Rambach in Gießen (1731–1735). Ein bedeutender pietistischer Theologe, Prediger und Pädagoge. Festvortrag anlässlich des 30. Geburtstages (24.02.1693) am 26.02.1993 im Alten Schloss in Gießen, in: JHKGV 44, 33–48, hier: 38.

> zur Busse, zur Wiedergeburt und in den Bund mit Gott zurückzuführen. Die erneute Wiedergeburt macht den Menschen zu einem wahrhaftigen Kind Gottes.«[204]

Auch Rambach betont wie Francke das Erziehungsziel der christlichen Klugheit.[205] »Als Teilziel auf dem Weg zur wahren Klugheit als Voraussetzung eines gottseligen Lebens gilt es neben der Verbesserung des Verstandes erzieherisch eine Verbesserung des Willens anzustreben.«[206] Da Rambach von der angeborenen Erbsünde ausgeht, betont er die pädagogische Formbarkeit von Kindern:[207] »Ihr seyd gleich den jungen Bäumlein / die noch gebogen und gezogen werden können. O daß ihr nur weniger böse Exempel sehen möchtet / wie herrlich würden sich die gesegnete Wirckungen des Geistes Gottes an euch offenbahren.«[208] Deshalb müsse früh das Böse ausgeräumt und der Eigenwille gebrochen werden und eine Gesinnung nach Gottes Willen eingepflanzt werden,[209] wie es im 6. Gebet des »Handbüchleins« heißt:

> »6. Gib / daß ich auch fein folgsam sey /
> Wenn mich die Lehrer [* In der Kirche und Schule] ziehen.
> Laß Widerspruch und Spötterey
> Mich wie den Teufel fliehen.
> Nimm allen Trotz und Eigensinn /
> Nimm allen Eigenwillen hin.
> Dein Wille sey mein Wille.«[210]

Dazu sollten die Kinder immer an die Allgegenwart Gottes erin-

---

204 Hug, Rambach, 134.

205 Vgl. besonders deutlich in Johann Jacob Rambach, Wohlunterwiesener Informator, Züllichau 1737, 237–238.

206 Hug, Rambach, 142.

207 Vgl. a.a.O., 131.

208 Rambach, Handbüchlein, Gießen ²1734, Vorrede, ohne Seite.

209 Vgl. Hug, Rambach, 142.

210 Rambach, Handbüchlein, Gießen ²1734, 110.

nert werden, der Abscheulichkeit ihrer Sünden bewusst sein und die entsprechenden Tugenden einüben.[211]

4.3 Didaktische und methodische Aspekte

> »Für die christliche Unterweisung [...] setzt Rambach aber auf drei traditionelle Hauptmethoden, [...]. Neben dem belehrenden katechetischen Unterricht, der sich der zergliedernden Frage- und Antwortmethode bedient, kommt nach Rambach insbesondere eine Belehrung durch Exempel in Frage. Und wenn motivierende Verheissungen und Drohungen nicht zum Ziele führen, gilt es, auf die Strafe als Methode zurückzugreifen.«[212]

Theoretisch stellt Rambach – in seinen pädagogischen Schriften[213] – neben inhaltlichen auch didaktisch-methodische Forderungen auf.[214]

Die »nach Spenerischen und Frankischen [sic!] Grundsätzen eingerichtete Catechetik«[215], die auch als »erste Katechetik im eigentlichen Sinne«[216] bezeichnet wird, der »wohl-informierte Catechet« bietet laut Lachmann »eine systematisierte Reflexion der Hauptfaktoren jedweden Religionsunterrichts: des Lehrers, der Kinder und Jugendlichen, des Inhalts und der

---

211 Vgl. Hug, Rambach, 143f.

212 A.a.O., 174.

213 Vgl. Rambach, Informator; sowie insbesondere Johann Jacob Rambach, Der wohl-informierte Catechet das ist Deutlicher Unterricht Wie man der Jugend auf allerleichteste Art Den Grund der Christlichen Lehre beybringen könne, darinnen Die wichtigsten Vortheile, die bey dem Catechisiren in acht zu nehmen sind, treulich entdecket werden, Jena 1724.

214 Vgl. insgesamt zu den theoretischen Forderungen Rambachs: Hruby, Rambach, 273f.; Bizer, Rambach, 92f.; Fraas, Katechismustradition, 109–111; Hug, Rambach, 59f.

215 Schuler, Geschichte, 195.

216 Fraas, Katechismustradition, 109.

Methode«.[217] Vor allem wegen dieser Schrift wurde Rambach – im Hinblick auf die Unterrichtsvorbereitung – bis in das 20. Jahrhundert hinein rezipiert.[218]

Den dort aufgestellten Forderungen wird Rambach im »Handbüchlein« jedoch nur teilweise gerecht: So sollten die Kinder laut des Katechets »hinsichtlich der Willenserziehung für Sünde sensibilisiert werden durch gute Beispiele, Ermahnungen, Verheißungen und Drohungen, die jedoch nur mit größter Vorsicht eingebracht werden sollen«[219]. In dem »Handbüchlein« überwiegen jedoch eher die Drohungen statt die Verheißungen, und der oftmals ernste und nüchterne Sprachgebrauch, in dem z.B. die unwirklich erscheinenden bis grausamen Exempel geschildert werden, scheint weniger mit gebotener Vorsicht formuliert zu sein, sondern eher mit dem Ziel, die Schüler von ihrer Bekehrung zu überzeugen.[220]

Zudem sollen die Kinder nicht durch eintönigen Unterricht ermüdet werden, sondern der Unterricht soll methodisch durch variierende Fragen erfolgen.[221] Dieser Forderung wird Rambach in seinem Büchlein in den ersten beiden Teilen zwar nicht gerecht, da die Fragen und Antworten wenig abwechslungsreich formuliert sind, doch die dann folgenden Gebete, Lieder, Exempel, die Lebens- und Sittenregeln mit dem »Güldenen Abc eines frommen Kin-

---

217 Lachmann, Frieden, 106. Vgl. zum Aufbau und Inhalt dieser Schrift: a.a.O., 106f.; sowie Hug, Rambach, 59f.

218 Vgl. Bizer, Art. Rambach, 128.

219 Hruby, Rambach, 273 in Bezug auf Rambach, Catechet, 27.

220 Vgl. auch Hruby, Rambach, 267f. Zudem die Exempel und der stete Vergleich mit einem vollkommenen Menschen konnten dazu führen, dass die Schüler ein strafendes Gottesbild erhielten und sich selbst als unwürdig und unzulänglich empfanden.

221 Vgl. Rambach, Catechet, 27.

des« bieten unterschiedliche Textarten und damit auch methodisch variierende Einsatzmöglichkeiten an wie Singen, Beten, Vorlesen, Nachlesenlassen, Auswendiglernen, Exempel-Nacherzählenlassen. Zudem besticht das »Handbüchlein« durch seine – in den Lehrstücken zwar sehr nüchterne – aber in den Antworten bzw. in den Gebeten und Liedern sehr emotionale Sprache, mit vielen anschaulichen Adjektiven (»hochmütiges Verlangen«;[222] die Erbsünde als »abscheuliche Verderbniß«[223]), Interjektionen (»Ach!, Ach Leyder!, O herrliche Früchte!«[224]) sowie anschaulich-emotionalen Äußerungen und bildlichen Vergleichen: » Gib mir / o lieber GOtt / das tiefe Verderben meiner Natur / samt allen meinen begangenen Jugend-Sünden / bußfertig zu erkennen«[225] oder »Ach, wer bin ich armes Kind / daß du mir den gantzen Schatz des Heyls / welches mein Erlöser erworben / in meiner *Taufe* geschencket«.[226]

Rambach fordert auch, dass zur Vermittlung Gleichnisse und Exempel notwendig seien,[227] so empfiehlt er explizit die belehrende, beispielhafte und biographisch aufgebaute Exempelerzählung,[228] doch in der »Ordnung des Heyls« und den »Schätzen des Heyls« sind keine Gleichnisse oder Beispiele zur Erläuterung zu finden. Beispielhafte Exempel werden dagegen zahlreich genannt, doch sie stehen nicht in Verbindung zu den beiden ersten Lehrstücken. Rambach schreibt

---

222 Rambach, Handbüchlein, Gießen ²1734, 9.

223 A.a.O., 13.

224 A.a.O., 3, 9, 13, 20, 21, 28, 33, 35 etc.

225 A.a.O., 35.

226 A.a.O., 93; vgl. Hruby, Rambach, 266f.

227 Vgl. Rambach, Catechet, 33.

228 Vgl. Cornelia Niekus Moore, Gottseliges Bezeugen und frommer Lebenswandel, in: Neumann/Sträter (Hrsg.), Kind, 133.

dabei dem Einsatz von Exempeln eine große erzieherische Wirkung zu:

> »Es ist eine bekante und durch lange Erfahrung bestättigte Wahrheit, dass Exempel mehr Eindruck in die Gemüther haben, als alle Gesetze, und andere Mittel der Unterweisung. Es sind zwey Sinne, durch welche wir zur Erkenntnis der Warheit gelangen, das Gehör, und das Gesicht. Es pflegt sich aber dasjenige, das wir durchs Gesicht erkennen, viel tiefer und lebhafter einzudrücken, als was durch die Ohren in die Seele eindringt, und die Einbildungs-Kraft ist viel empfindlicher durch Bilder, als durch Worte gerüheret.«[229]

So folgen auf das vollkommenste Exempel Gottes das Exempel Jesu Christi und dann erst das Exempel von Menschen.[230] Auch die von Rambach geforderten – für das Verständnis des Gelernten wichtigen ausführlichen und strukturierenden Erklärungen[231] – erfolgen im »Handbüchlein« nicht. Auffällig dagegen ist hier der sprachliche Einsatz von Bibelstellen: So verweisen viele Antworten sehr häufig auf einen Bibelvers (vgl. z.B. S. 99ff.) oder auf mehrere Verse (vgl. z.B. Frage 220, S. 88; Frage 268, S. 96) oder die Antwort wird direkt als biblisches Zitat genannt (vgl. z.B. S. 125: Zitat von Ps. 25,7; S. 34: Zitat von 1. Mose 6,5), sodass den Schülern »die unbestreitbare Autorität des Schriftwortes stets eingeprägt wurde«[232]. Auch in den praxisnahen Lebens- und Sittenregeln sowie in dem »Güldenen Abc« ist dieser – teilweise paraphrasierende –

229 Gründliche Abhandlung des seligen Herrn D. Joh. Jac. Rambach von den Pflichten eines Christen in Absicht auf gute Exempel, IV, in: Sammlung erbaulicher Lebens-Geschichte Gottseeliger Personen aus allerhand Ständen, Berlin 1754, III–XXXVIII.

230 Vgl. Hug, Rambach, 176.

231 Vgl. Rambach, Catechet, 37.

232 Hruby, Rambach, 267.

Gebrauch von Bibelversen stets zu finden,[233] sodass kein Lebensbereich der Schüler - Haus, Schule, Straße -, keine Tageszeit - morgens, mittags, abends - sowie keine Tätigkeit - Mahlzeiten, Unterhaltungen, Gehen auf der Straße, Aufenthalt in der Schule - ohne einen Bibelvers zu denken ist. Dabei erfolgen jedoch weder Erläuterungen der Antworten noch Ausführungen zu den Bibelversen, sondern beides steht nebeneinander. Die Fragestellungen eines Lehrbuches sollen laut Rambach »1. ordentlich,[234] 2. leicht und deutlich,[235] 3. kurtz, 4. gruendlich,[236] 5. erbaulich«[237] sein, häufig wiederholt werden,[238] inhaltlich reduziert,[239] dem Alter der Kinder angepasst[240] und so formuliert sein, dass jüngere Kinder die Fragen entweder bejahen oder verneinen oder in der Antwort den Inhalt der Frage wiederholen können. Eigene Antworten sollten nur selten gefordert werden.[241] Diesen Anforderungen wird Rambach weitgehend gerecht: So sind die Fragen und meist auch die Antworten knapp und deutlich formuliert

---

233 Vgl. auch ebd.

234 »Mit ›ordentlich‹ meint Rambach dabei eine Vorgehensweise, die in systematischer Folge jeden Aspekt eines Problems an dem ihm gebührenden Platz behandelt und dabei auch die natürlich-logische Ordnung nicht außer acht läßt«. A.a.O., 274, in Bezug auf Rambach, Catechet, 66.

235 »›Leicht und deutlich‹ meint konkret, daß man im Unterricht der Kinder auf poetisch-mythologische Umschreibungen, ungebräuchliche Redensarten, Fremdwörter und unbekannte Sprichwörter verzichten soll.« Hruby, Rambach, 274.

236 »Unter ›gründlich‹ versteht Rambach, daß man eine Frage durch Variation ›von allen Seiten‹ behandelt, mit biblischen Sprüchen beweist, durch Kontradiktion oder Einwurf problematisiert.« Ebd.

237 Rambach, Catechet, 65.

238 Vgl. a.a.O., 41f.

239 Vgl. Fraas, Katechismustradition, 110.

240 Vgl. Rambach, Catechet, 28.

241 Vgl. a.a.O., 54.

und haben einen inneren logischen Zusammenhang (Sünde, Notwendigkeit der Erlösung, Gnade, Bekehrung, auf Jesus Christus ausgerichtetes Leben). Die Fragen sind jedoch nicht immer »erbaulich« formuliert, sondern oft erhalten sie durch die nachfolgenden Antworten eine negativ-ermahnende, wenig erbauliche Wirkung, z.B. Frage 50: »Ist dann der Mensch in diesem seligen Zustande geblieben? Ach leyder! nein« oder Frage 65: »Blieb sein Leib unsterblich? Nein / er war dem Tode und mancherley Schmertzen unterworfen.« Zudem macht Rambach eine erbauliche Wirkung der Fragen und Antworten »von den geistlichen Qualitäten des Katechets« abhängig, sodass die »Empfänglichkeit des Katecheten für die geistlichen Gaben« auch »das zentrale Problem dieser Methodenlehre« darstellt: »Was er beibringen will, muß zuvor durch ihn hindurchgegangen sein und sich in ihm entfalten.«[242] Des Weiteren gibt es in der Tat zahlreiche Fragen, die nur bejaht oder verneint werden können (z.B. Frage 8: »Hat ein Geist Verstand und Willen?«) oder die den Inhalt der Frage aufgreifen, doch genauso häufig gibt es sehr komplexe Fragen (z.B. Frage 204: »Was wircket der heilige Geist in ihnen?«), wobei deren Antworten (Antwort zu Frage 204: »1) Allerley göttliche Kraft Christlich zu leben / gedultig zu leyden / und selig zu sterben. 2 Pet. 1/3. 2) Allerley göttlichen Trost in allen Trübsalen. Apost. 2/31. 2 Cor. 1/4«) keineswegs aus dem Text des »Handbüchlein« entnommen werden können,[243] sondern an Prüfungsfragen erinnern. Ein weiteres Beispiel soll zur Veranschaulichung dienen:

242 Bizer, Art. Rambach, 93, in Bezug auf Rambach, Catechet.

243 Vgl. Hruby, Rambach, 275.

»61. Was erfolgte auf diesen Abfall von GOtt?
Der Verlust des göttlichen Ebenbildes.
62. Was verlohr der Mensch aus seinem Verstande?
Die göttliche Weisheit und Erkentniß.
63. Was verlohr er aus seinem Willen?
Die Liebe und Heiligkeit / ja das gantze Leben aus Gott.
64. In was vor einen Zustand stürtzte er sich selbst?
In den unseligsten Zustand nach Leib und Seele.
65. Blieb sein Leib unsterblich?
Nein / er war dem Tode und mancherley Schmertzen unterworfen. 1 Mos. 3/16. 19. [11]
66. Blieb seine Seele aber unsterblich?
Ja / sie blieb zwar unsterblich; aber alle Kräfte derselben wurden aufs äusserste verdorben.
67. Wie ward sein Verstand verdorben?
Er ward gantz ungeschickt / GOtt und göttliche Dinge recht zu erkennen/ und hingegen voll Finsterniß / Blindheit und Torheit. 1 Cor. 2/14.«[244]

Um die »richtigen« Antworten geben zu können, war eine »vorausgehende, vom »Handbüchlein« unabhängige Erarbeitungsphase unabdingbar, die dem Kind den für dessen Verständnis der Fragen notwendigen Wissensstand vermittelt.«[245] Hinzu kommt, dass sich »Rambachs Fragen nicht auf einzelne, fest umrissene und vor Augen liegende Lehrtexte [beziehen], sondern auf den gesamten Komplex der christlichen Heilslehre; die Antworten [...] greifen auf Altes und Neues Testament zurück und setzen umfassende biblische und dogmatische Kenntnisse voraus, die von Kindern nicht erwartet werden können.«[246]

Damit stellt sich die Frage nach der Rolle des Lehrers bzw. nach der Funktion der Fragen. In dem »Catechet«

244 Rambach, Handbüchlein, Gießen [2]1734, 10 [s. 17/19 Anm. 35].
245 Hruby, Rambach, 275.
246 Ebd.

fordert Rambach zwar explizit für den Lehrer »guten und munteren Verstand, die Gabe der Deutlichkeit in der Darstellung und die Beherrschung der deutschen Sprache. Daneben stehen als geistliche Bedingungen göttliche Weisheit und rechte Erkenntnis der göttlichen Wahrheiten [...]. Theologische Erkenntnis, persönliche Frömmigkeit und katechetische Fähigkeit fallen weitgehend zusammen.«[247] Doch in dem vorliegenden »Handbüchlein« erfolgen keinerlei didaktische Hinweise für einen Lehrer, der das Schulbuch einsetzen und die Inhalte vermitteln soll.[248] »Vielmehr deuten häufige Anreden an die Kinder im Text sowie die in den Exempeln beigegebenen ›Lehren‹, die den applikativen Gehalt der beschriebenen vorbildlichen Verhaltensweisen thematisieren, darauf hin, daß das Werk zur Eigenlektüre der Kinder gedacht ist.«[249] Wenn das Schulbuch jedoch tatsächlich für den Eigengebrauch gedacht sein sollte, wiegen die nicht umgesetzten didaktisch-methodischen Vorgaben Rambachs umso schwerwiegender. Daher ist es nicht erstaunlich, dass sich Rambachs »Handbüchlein« – besonders im Hinblick auf den methodischen Einsatz – nicht mit der z.B. an den Franckeschen Stiftungen eingesetzten bebilderten Schul- und Hausbibel »Zweymahl zwey und funffzig Auserlesene Biblische Historien Aus dem Alten und Neuen Testamente, Der Jugend zum Besten abgefasset«[250]

247 Fraas, Katechismustradition, 110. Auch in weiteren Schriften betont Rambach die wichtige Funktion der Lehrerrolle: Vgl. Rambach, Catechet; Johann Jacob Rambach, Erste Reden in der Stadtkirche zu Gießen gehalten, Gießen 1732, 9–52.

248 Vgl. Hruby, Rambach, 262.

249 Ebd.

250 Vgl. Rainer Lachmann/Christiane Reents (Hrsg.), Zweymahl zwey und

von Johann Hübner messen konnte. »Dieses Werk eröffnete dem Religionsunterricht neue Wege«[251], da es ein Erarbeiten biblischer »Historien« anhand von Fragen ermöglichte, mit dem Ziel, dass das Kind mühelos innerhalb weniger Tage eine komplette Historie auswendig könne, indem es »das Ganze [...] Stückchen für Stückchen [...] durch Erfragen zusammengebaut«[252]. Dieses Erarbeiten war mit einer anschließenden Selbstkontrolle des Kindes möglich, weil vor den Fragen und entsprechenden Bibelversen (als Antworten) jeweils die gleichen Ziffern stehen.

Die »Hübnersche Methode« bestand darin, dass die Antworten aus einem abgedruckten Text gewonnen werden konnten und nicht über diesen hinausgingen,[253] auch andere Katechismen leiteten die Fragen entweder aus einem abgedruckten Text oder Luthers Kleinem Katechismus ab. Doch bei Rambach »bieten die in Frageform gestalteten Stücke des Handbüchleins einen Text, der sich auf ein nicht präsentes Lehrprogramm bezieht oder aber [...] selber als der zu erarbeitende Lehrtext anzusehen ist«[254]. Daher stellen die beiden ersten »katechetisch orientierten Stücke des Handbüchleins [...] keine Vorlage für ein wirkliches katechetisches Gespräch dar, sondern sind Lehrtexte, deren Einkleidung in

funffzig / Auserlesene Biblische Historien / Aus dem Alten und Neuen Testamente / Der Jugend zum Besten abgefasset, Leipzig 1731, Nachdruck, Hildesheim 1986; zudem Christiane Reents, Die Bibel als Schul- und Hausbuch für Kinder, Göttingen 1984.

251 Ernst Helmreich, Religionsunterricht in Deutschland von den Klosterschulen bis heute. Mit 54 Bilddokumenten, Hamburg 1966, 56.

252 Reents, Bibel, 51.

253 Vgl. Hruby, Rambach, 275.

254 Ebd. Anders Bizer, der Rambachs Frage-Antwort-Duktus als Anlehnung an Hübner versteht. Vgl. Bizer, Art. Rambach, 88.

Fragen und Antworten lediglich ein äußerer Habitus ist«[255]. Ohne eine angeleitete Unterrichts- und Lernphase war somit ein Einsatz des »Handbüchlein« von Rambach kaum denkbar.[256] Da Hübner zudem den Katechismus und die Bibel eng aufeinander bezog, erhielten die Katechismusworte einen nachvollziehbaren Sinn für die Lebenspraxis. Doch dieser Anwendungsbezug, dieses »›applicative[n]‹ Dringen auf Lebensbezogenheit«[257], was kennzeichnend für das didaktische Prinzip der Applikation in den Franckeschen Stiftungen war, ist bei Rambach ebenfalls nicht mehr in dieser ausgeprägten Form zu finden. Zwar werden in diesen ersten beiden Stücken des »Handbüchlein« immer wieder Bibelstellen genannt, diese sind aber weder erläuternd eingefügt, noch erbaulich formuliert, sondern wirken meist sehr mahnend und eindringlich. Es wird auch deutlich, dass bei Rambach das didaktische Prinzip der Applikation nicht mit Realien, z.B. durch praktische Anwendung erfolgt, sondern er versucht, anhand von schriftlichen Exempeln und mithilfe der konkreten Regeln die Schüler zur christlichen Klugheit anzuleiten. Die Lehren thematisieren zwar »den applikativen Gehalt der beschriebenen vorbildlichen Verhaltensweisen«[258], doch es ist kaum vorstellbar, wie die Schüler ohne praktische Anwendung und ohne didaktische Unterstützung des Lehrers die Verhaltensweisen einüben konnten.

---

255 Hruby, Rambach, 276.

256 Vgl. ebd. Es ist zu vermuten, dass Rambach angeregt wurde von Paul Felgenhauer, Informatorium Catecheticum, o.O. 1652. Denn hier beziehen sich die Einleitungsfragen ebenfalls auf Lehrinhalte, die selbst nicht im Katechismus stehen. Vgl. Hruby, Rambach, 276.

257 Lachmann, Frieden, 104.

258 Hruby, Rambach, 276.

Die Gebete stellen bei Rambach eine Zusammenfassung des zuvor Gelernten dar. So sollen die Schüler »dasjenige, was sie gehöret, kurtz und einfältig ins Gebet verfassen, und Gott vortragen lernen«[259]; dadurch konnten die Schüler Bezüge zu den Lehrstücken herstellen. Der Bezug zu dem eigenen Leben entstand dadurch, dass sich die Gebete, Lieder sowie die Lebens- und Sittenregeln umfassend auf den ganzen Tagesablauf, die Familie, Kirche und Schule bezogen und damit an die umfassende Katechese bei Francke erinnerten. Doch es erfolgte keine Übertragung, Anwendung oder gar eine Überprüfung der Sitten- und Lebensregeln. Vielmehr dienten die Gebete, Lieder und Regeln als Selbstkontrolle über die begangenen Sünden oder die zu unterlassenden Fehltritte.[260]

> »Methodisch wird so das Kind dazu angeleitet, sich selber zu beobachten und zu kontrollieren. So wie es nie äußerlich ›müßig‹ und untätig sein soll, soll es auch innerlich stets mit Gott [...] beschäftigt sein. Letzter Zielpunkt solcher Erziehung ist es, das Kind daran zu gewöhnen, das Leben nicht als in sich wertvoll, sondern einzig als Vorbereitung auf die Ewigkeit nach dem Tod zu betrachten.«[261]

4.4 Kritische Würdigung

Es wird daher insgesamt deutlich, dass Rambach sich von dem anwendungsbezogenen Einsatz der Realien in den Franckeschen Stiftungen distanziert hat. So schuf er zunächst mit

259 Rambach, Handbüchlein, Gießen ^{2}1734, 48.

260 Z.B. im Gebet um Bewahrung vor solchen Sünden (S. 199), der Gedanke an den zukünftigen Richter, der alles sieht (S. 203) oder die Erinnerung des Kindes an die Sanftmut Christi (S. 207 etc.). Vgl. Hruby, Rambach, 277f.

261 Ebd.

seinen beiden katechetischen Lehrstücken eine – teilweise modifizierte (vgl. Erneuerung des Taufbundes) – theologische Grundlage, erhoffte sich Motivation zu einem frommen Leben durch das Beten und Singen der Lieder, erbrachte in den Exempeln den »Beweis der Realisierbarkeit der in den Lebens- und Sittenregeln geforderten Verhaltensweisen«[262] und forderte in den nachstehenden Regeln die notwendige Eigenkontrolle. Doch es bleibt fraglich, inwiefern die Schüler dadurch eine selbsttätige Einsicht erwerben konnten, eine »Schulung und den Gebrauch des eigenen Verstandes«[263] erfuhren bzw. ob ihnen die Begründungen der Verbote und Gebote überhaupt bewusst waren. Auch die »Applikation an sich selbst in der Vorbereitung« auf die Fragen der Lehrstücke, z.B. durch intensive Gebete der Schüler, entspricht nicht derjenigen Applikation, die den Schulalltag in den Franckeschen Stiftungen prägte und die von einem Anwendungsbezug des im Unterricht Vermittelten ausging.

Auch wenn Rambachs »Handbüchlein« didaktisch-methodisch eher einen Rückschritt darstellt und einem Vergleich mit Hübners Werk nicht standhalten kann, wird dennoch deutlich, dass Rambach eine wohl durchdachte Schrift vorlegt, welche die Bibelverse thematisch ordnet und für die Schüler strukturiert aufbereitet. So erhalten die Schüler zu verschiedenen Lebensthemen und zu verschiedenen Fragen die jeweiligen Bibelstellen. Ebenso ist Rambachs Engagement für das Singen von Liedern und das Sprechen von Gebeten zu würdigen, ein wichtiger Aspekt für die Religionspädagogik sowie für die christliche und kirchliche Sozialisation: »Rambach dichtet unzählige Lieder und Poetereien, durch die das

262 A.a.O., 266.

263 Müller-Bahlke, Naturwissenschaft, 362.

christliche und gottesdienstliche Ich sich der theologischen Norm entsprechend lebendig-bewegt, manchmal geradezu dramatisch artikulieren kann.«[264] So ist Rambachs »Handbüchlein« »nicht nur Programm, sondern zugleich Instrument religiöser, damals kirchlicher Sozialisation.«[265]

---

264 Bizer, Art. Rambach, 89.

265 A.a.O., 86.

II. Johann Jacob Rambach: »Erbauliches Handbüchlein für Kinder«

D. Joh. Jacob Rambachs,
Hoch-Fürstl. Hessen-Darmst. ersten Superintendentis, Professoris Theol. Primarii und Consistorii Assessoris,
Erbauliches
Handbüchlein
für
Kinder,
In welchem

I. Die Ordnung des Heyls,
II. Die Schätze des Heyls,
III. Ein neues Gesang-Büchlein,
IV. Ein neues Gebet-Büchlein,
V. Exempel frommer Kinder,
VI. Christliche Lebens-Regeln,
VII. Nöthige Sitten-Regeln,

enthalten sind.
Andere Auflage.
Giessen,
Verlegts Johann Müller, 1734. [U 2]

In JEsu dem Geliebten
Hertzlich geliebte Kinder.

Je ich mich überhaupt des Evangelii von JEsu Christo nicht schäme / so schäme ich mich auch nicht / euch dasselbe vorzutragen / mich in eure Schwachheit herab zulassen / gantz einfältig mit euch zu lallen / und euch den Rath GOttes von eurer Seligkeit bekant zu machen. Ich erfahre je mehr und mehr / wie schwer es halte / diejenigen / die in ihren Sünden und bösen Gewohnheiten alt worden sind / auf einen andern und bessern Weg zu bringen. Kei[o. S.]ne von den dickesten Eichen in den Heßischen Wäldern kan so schwer gebeuget werden / als solche Hertzen / deren Neigungen zum bösen gantz erstarret sind / zum Guten gelencket werden mögen. An euch / ihr lieben Kinder / kan das Wort GOttes seine Kraft viel leichter beweisen. Ihr seyd gleich den jungen Bäumlein / die noch gebogen und gezogen werden können. O daß ihr nur weniger böse Exempel sehen möchtet / wie herrlich würden sich die gesegnete Wirckungen des Geistes Gottes an euch offenbahren.

Ich habe euch schon einmal in einer kleinen Schrift von etlichen Blättern öffentlich angeredet / [U 3] und euch sieben Ursachen vorgestellet / die euch zur Liebe des Wortes GOttes / und fleißiger Besuchung der Schule bewegen sollen. Hat es gleich den Teufel verdrossen / und hat er gleich daher Gelegenheit genommen / thörichte Lästerungen durch die Zungen seiner Werckzeuge auszuschäumen; so hoffe ich dennoch / GOtt werde dieselbe Anrede an euch / wenigstens an etlichen / die sie gelesen / nicht ungesegnet gelassen haben. Und diese Hofnung hat mich gereitzet / gegenwärtiges Hand-Büchlein zu euerm Besten zu verfertigen / und euch in die Hände zu geben. [o. S.]

Ihr findet darinn zuförderst

1) die gantze Ordnung des Heyls / oder den Weg durch Busse und Glauben zu GOtt zu kommen, und selig zu werden. Es ist dieselbe zu erst gantz kurtz in 24. Fragen zusammen gefasset; darauf aber in 237. Fragen weiter ausgeführet. Damit ihr aber desto williger werden möget / diesen Weg des Lebens zu betreten / und euch in diese Ordnung des Heyls zu begeben / so werden euch darauf 2) die herrlichen Schätze des Heyls gezeiget / deren ihr in dieser Ordnung in Zeit und Ewigkeit theilhaftig werden sollet. Ich bin darinn [U 4]

meistentheils gefolget demjenigen Entwurf / welchen der selige Herr D. Spener in einem kleinen Tractätgen / genannt lautere Milch des Evangelii, gemacht hat, ob ich gleich die Ordnung hin und wieder verändert habe. Beyde Stücke dieses Hand-Büchleins / die Ordnung des Heyls / und die Schätze des Heyls / sind um mehrerer Bequemlichkeit willen nicht nur in gewisse Abtheilungen, sondern auch in Frag und Antwort verfasset / dabey ich mich bemühet habe / die Antworten so kurtz / als möglich gewesen ist / zu machen / und sie meistentheils in [o. S.] eigene Worte der heiligen Schrift einzukleiden / damit sie desto würdiger seyn mögen / euerm Gedächtniß einverleibet zu werden. Ihr findet in diesen Antworten den allersüssesten Kern des Evangelii von den theuresten Wohlthaten / die euer himmlischer Vater euch von Ewigkeit her zugedacht / die der Sohn GOttes euch erworben / und die der heilige Geist euch zueignet und mittheilet. Erkennet daraus / wie selig ein wahrer Christ sey / und lasset euch dadurch zu euerm Heylande / der die Kinder so zärtlich lieb hat / freundlich locken. So wol der Ordnung / als [U 5] den Schätzen des Heyls ist ein Gebet beygefüget, in welchem die gantze Materie kürtzlich zusammengefasset ist.

Wenn ihr weiter fortblättert, so werdet ihr 3) ein kleines *Gesang-Büchlein,* und 4) ein kurtzes *Gebet-Büchlein* antreffen. Beyde sind gantz neu verfertiget, und auf eure Umstände gerichtet. Ihr findet hier *Schul-* und *Hauß-Gebete.* Jene sind auch besonders auf einem Bogen zum Gebrauch in den öffentlichen Schulen gedruckt. Diese fassen Bitte, Gebet, Für bitte und Dancksagung in sich; darunter auch einige erbauliche *Reim-Gebetlein* hin und wieder mit untergemenget sind. Bedienet euch dieser Anleitung in euern Unterredungen mit GOtt, bis ihr mit eignen Worten euer Verlangen ihm vortragen lernet.

Hierauf folgen 5) *Exempel* und 6) *Regeln* der Frömmigkeit. Die *Exempel* können euch überzeugen, daß es möglich sey, also zu leben, wie die Re-[o. S.]*geln* des Christenthums erfordern. Ihr findet da Exempel frommer, gehorsamer, ehrerbietiger, danckbarer, barmhertziger, keuscher, demüthiger, geduldiger, ja auch solcher Kinder, die um JEsu Christi willen sich haben zu tode martern lassen. Einige sind aus der heiligen Schrift selbst [SF selst], andere aus *Jacob Janeway* [SF *Janneway*] geistlichem *Exempel-Buch für Kinder* hergenommen, in welchem ihr von denen frommen Kindern, deren Namen ihr auf diesen Blättern leset, mehrere höchsterbauliche Nachricht von ihrem heiligen Leben und frölichen Tode finden könnet. Einige sind auch entlehnet aus *Friedrich Eberhard Collins* wundervollen *Schauplatz der heiligen Märtyerer / insonderheit der um des Namens Christi willen grausamlich getödteten Kinder /* welches Buch mit grossem Fleiß zum Gebrauch der Jugend eingerichtet ist. Machet euch dann diese 64. Exempel, [o. S.] die ihr in diesem Hand-Büchlein findet, wol bekant. Sie werden eine grosse Kraft haben, euch zur Nachfolge dieser lieben und frommen Kinder anzureitzen. Damit ihr aber wisset, wie und worin ihr ihnen nachfolgen sollet, so könnet ihr solches aus den darauf folgenden *Christlichen Lebens-Regeln* lernen, darin ihr angewiesen werdet, wie ihr gegen GOtt gottselig, gegen den *Nächsten* gerecht und liebreich, und gegen *euch selbst* keusch und züchtig euch verhalten sollet.

Weil endlich Paulus haben will, daß wahre Christen nicht nur in aller Gottseligkeit, sondern auch *in aller Ehrbarkeit* wandeln sollen, so sind 7) zum Beschluß hundert *Sitten-Regeln* angefüget, darin euch gezeiget wird, wie ihr in dem Hause eurer Eltern, in der Schule, auf der Gasse, in der Kirche, und in euerm gantzen Umgange, die gewöhnliche Unarten der Kinder vermeyden, und ordentlich, sittsam, [o. S., letztes

Blatt der Vorrede] schaamhaftig, still und artig euch bezeigen sollet.

Werdet ihr, lieben Kinder, diesen gegebenen Anweisungen folgen, werdet ihr in der Ordnung des Heyls zum Genuß der Schätze des Heyls in eurer Seele gelangen, werdet ihr nach dem Exempel andrer frommen Kinder, euch der wahren Gottseligkeit und Ehrbarkeit befleißigen: so versichre ich euch, daß ihr Gnade bey GOtt und den Menschen finden, und als Pflantzen der Gerechtigkeit der seligen Ewigkeit entgegen wachsen werdet. Der Herr JEsus mache aus euch allen solche liebenswürdige Kinder! Giessen, den 20. April, 1734.

D. Joh. Jac. Rambach. [o. S. (1)]

Die
Ordnung des Heyls,
anfänglich
In 24. Fragen kurtz zusam-
men gefasset;
nachgehends
In 237. Fragen /
Die meistentheils mit eignen Wor-
ten der heiligen Schrift beantwortet
werden /
weiter ausgeführet. [2]
Kurtzer Entwurf
von
der Ordnung des Heyls.
1. Glaubest du / daß ein Gott ist?
Ja / ich glaube / daß ein einiger wahrer Gott sey. Marc. 12/32.
2. Wie heist dieser einige wahre GOtt?

Er heist Vater / Sohn und heiliger Geist. Matth. 28/19.
3. Was hat der Vater insonderheit an dir gethan?
Er hat mich erschaffen.
4. Was hat der Sohn an dir gethan?
Er hat mich erlöset.
5. Was hat der heilige Geist an dir gethan?
Er hat mich geheiliget.
6. Wie hat GOtt den Menschen erschaffen?
GOtt schuf den Menschen ihm zum Bilde / weise / heilig und unsterblich. 1 Mos. 1/27.
7. Ist der Mensch in diesem seligen Zustande geblieben?
Nein / er ist / durch des Satans Verführung zum Ungehorsam / von GOtt abgefallen. 1 Mos. 3/13.
8. In was vor einen Zustand hat er sich durch solchen Abfall gestürtzet?
In einen höchst elenden und unseligen Zustand.
9. Worinn bestehet des Menschen Unseligkeit in diesem Leben?
Daß er sich von GOtt loßgerissen / und mit dem Satan vereiniget hat. Esa 59/2. Eph. 2/2. [3]
10. Was hat der Satan aus ihm gemacht?
Einen Sünder und Feind Gottes. Col. 1/21.
11. Was vor eine Unseligkeit hat ein Sünder und Feind GOttes in der Ewigkeit zu erwarten?
Eine unaufhörliche Pein und Marter. Matth. 25/46.
12. Hat denn GOtt den armen Menschen in diesem Elende ohne Hülfe liegen lassen?
Ach nein; er hat aus ewiger Erbarmung ihm einen Heyland versprochen und gesendet.
13. Wer ist dieser Heyland?
Sein einiger Sohn / wahrer Gott und Mensch. Gal. 4/4.
14. Wie heist dieser Heyland?

JEsus Christus.

15. Was hat dieser Heyland gethan / uns zu erlösen?

Er hat das Gesetz durch einen vollkommnen Gehorsam erfüllet / und unsere Sünden-Schuld mit seinem Blut und Tode am Stamm des Creutzes bezahlet. Heb. 10/7. 10.

16. Was hat er uns dadurch erworben?

Die Gnade GOttes und das ewige Leben.

17. Läßt er auch diese erworbene Seligkeit allen Menschen anbieten?

Ja / er läßt sie im Evangelio allen Menschen anbieten. Apost. 17/31.

18. Verlanget er / daß die Menschen ihm diese Seligkeit durch Wercke abverdienen?

Ach nein / er schenckt uns dieselbe umsonst in der heiligen Taufe. Tit. 3/5. [4]

19. Was fordert er aber von denen / die nach der Taufe wieder in muthwillige Sünden gefallen sind?

Daß sie ihre Sünden bußfertig erkennen / bereuen und hassen.

20. Was mehr?

Daß sie JEsum Christum im Glauben annehmen / und ihm nachfolgen.

21. Was widerfähret denen / die also die Sünde hassen / und Christo gläubig anhangen?

Sie werden um Christi willen gerecht und selig. Apost. 15/11.

22. Dürfen sie aber der Sünde ferner dienen?

Das sey ferne. Sie müssen Christlich leben und gedultig leyden. Rom. 6/1. 2.

23. Wenn sie dieses alles bis ans Ende des Lebens thun / was haben sie alsdenn zu gewarten?

Die Erlösung von allem Ubel durch einen seligen Tod. 2 Tim. 4/18.

24. Was haben sie aber am jüngsten Tage zu hoffen?
Eine fröliche Auferstehung von den Todten und ein ewiges Leben. Joh. 6/40.

Weitere Ausführung
dieses
kurtzen Entwurfs.

Erste Abtheilung.

1. Ist die Welt von Ewigkeit her gewesen?
Keinesweges. Psal. 90/2. [5]
2. Ist sie von sich selbst entstanden?
Nein. Kein Haus kan sich selber bauen. Hebr. 3/4.
3. Wer hat denn die Welt gemacht.
Im Anfange schuf *GOtt* Himmel und Erden. 1 Mos. 1/1.
4. Wer ist GOtt?
GOtt ist ein Geist. Joh. 4/24.
5. Ist deine Seele nicht auch ein Geist?
Ja / sie wird genennet der Geist des Menschen / der in ihm ist. 1. Cor. 2/11.
6. Was ist deine Seele vor ein Geist?
Ein erschaffener Geist.
7. Was ist aber GOtt vor ein Geist?
Ein unerschaffener / ewiger / allgegenwärtiger und vollkommner Geist.
8. Hat ein Geist Verstand und Willen?
Ja.
9. Hat GOtt einen Verstand?
Ja / sein Verstand ist unerforschlich. Esa. 40/20.
10. Welches sind die vornehmsten Eigenschaften des göttlichen Verstandes?
Die Allwissenheit und Weisheit.
11. Hat GOtt auch einen Willen?

Ja / denn er kan schaffen / was er *will.* Psal. 115/3.
12. Welches sind die vornehmsten Eigenschaften seines Willens?
Die Liebe / Gerechtigkeit und Allmacht. [6]
13. Wie heist dieser GOtt?
Er heist *Vater / Sohn / und heiliger Geist.* Matth. 28/19.
14. Ist denn mehr / als ein GOtt?
Er ist Ein GOtt / und ist kein andrer ausser ihm. Marc. 12/32.
15. Ist aber in diesem einigen göttlichen Wesen auch nur eine einige göttliche Person?
Nein; es besteht dasselbe aus drey gleichen / aber unterschiedenen Personen.
16. Wie viel sind Personen / oder Zeugen im Himmel?
Drey sind / die da zeugen im Himmel / der Vater / das Wort / und der heilige Geist / und die drey sind eins. 1. Joh. 5/7.
17. Wie heist also die erste Person?
Der Vater.
18. Wie heist die andre?
Der Sohn / oder das Wort. Joh. 1/14.
19. Wie heist die dritte Person?
Der heilige Geist.
20. Wo wohnet dieser dreyeinige GOtt?
GOtt wohnet in einem Licht / da niemand zu kommen kan. 1. Tim. 6/16.
21. Hat er sich dann niemals geoffenbahret.
Ja / er hat sich allerdings geoffenbahret?
22. Wie und wodurch hat er sich geoffenbahret?
Durch sein *Wort* und durch seine *Wercke.*
23. Durch was vor ein Werck hat sich sonderlich der Vater geoffenbahret?
Durch das Werck der Schöpfung und Erhaltung. [7]
24. Durch was vor ein Werck hat sich der Sohn geoffenbahret?

Durch das Werck der Erlösung.
25. Durch was vor ein Werck hat sich der heilige Geist geoffenbahret?
Durch das Werck der Heiligung.

Die andre Abtheilung.
26. Welches Werck wird also besonders dem Vater zugeschrieben?
Die *Schöpfung* Himmels und der Erden. Denn wir haben einen Gott / den Vater / von welchem alle Dinge sind. 1. Cor. 8/6.
27. Ist aber auch der Sohn und heiliger Geist mit dabey gewesen?
Ja. Denn der Himmel ist durchs *Wort* des Herrn gemacht / und alle sein Heer durch den *Geist* seines Mundes. Psal. 33/6.
28. Wie vielerley Geschöpfe hat GOtt erschaffen?
Zweyerley / sichtbare und unsichtbare. Col. 1/16.
29. Welches sind die unsichtbaren Geschöpfe?
Die Engel. Hebr. 1/7.
30. Hat GOtt zweyerley Engel erschaffen / gute und böse?
Nein, er hat sie alle gut und heilig erschaffen.
31. Sind sie aber alle gut geblieben?
Nein / etliche sind nicht bestanden in der Wahrheit. Joh. 8/44.
32. Wie heissen dieselbe?
Böse Engel / oder unsaubre Geister. Apost. 8/7. [8]
33. Wie heist ihr Oberhaupt?
Der Teufel und Satanas / der die gantze Welt verführet. Offenb. 12/9.
34. Welches ist das vornehmste unter den sichtbaren Geschöpfen GOttes?
Der Mensch / der aus Leib und Seele bestehet.
35. Wie viel Menschen hat GOtt im Anfange erschaffen?

Zwey. Anfänglich den Adam / nachgehends auch die Eva.
36. Woraus hat GOtt den Leib Adams gebildet?
GOtt der Herr machte den Menschen aus einem Erdenklos. 1. Mos. 2/7.
37. Woher hat aber der Mensch eine vernünftige und unsterbliche Seele bekommen?
GOtt hat ihm dieselbe eingeblasen. 1 Mos. 2/7.
38. Woraus hat GOtt das erste Weib gemacht?
GOtt nahm von Adams Ribben eine / und schloß die Stätte wieder zu mit Fleisch. 1. Mos 2/21.
39. Warum war der Mensch das edelste sichtbare Geschöpf?
Weil er nach GOttes Bilde erschaffen / und ihm gleichförmig war. 1 Mos. 1/27.
40. Ist GOtt ein weises und heiliges Wesen?
Ja.
41. War der Mensch denn auch weise und heilig?
Ja / GOtt hat den Menschen aufrichtig gemacht. Pred. 7/30.
42. Wie war sein Verstand?
Er war voll Licht / Weisheit und Erkentniß.
43. Wie war sein Wille beschaffen?
Er war voller Liebe / Heiligkeit und Gerechtigkeit. Ephes. 4/24. [9]
44. Was war also seine Seele?
Sie war ein heller Spiegel der göttlichen Herrlichkeit. 2 Cor. 3/18.
45. Wie war sein Leib beschaffen?
Er war schön / dauerhaft und unsterblich.
46. Wuste damals der Mensch nichts von der Sünde?
Nein.
47 Wuste er nichts vom Tod und Elend?
Nein. Denn der Tod ist erst durch die Sünde in die Welt kommen. Rom. 5/12.

48. In was vor einem Zustande befand sich also der Mensch?
In einem recht seligen und herrlichen Zustande.
49. Wie wird dieser Zustand sonst genennet?
Der Stand der Unschuld.

Die dritte Abtheilung.
50. Ist dann der Mensch in diesem seligen Zustande geblieben?
Ach leyder! nein.
51. Hat er das anerschaffne Ebenbild Gottes nicht bewahret?
Nein / er hat dasselbe verlohren. Rom. 3/23.
52. Wodurch hat er dasselbe verlohren?
Durch den betrübten Sünden-Fall.
53. Wer verführte den Menschen zu diesem Abfall von GOtt?
Der Satan / der nebst vielen Engeln schon von GOtt abgefallen war. Joh. 8/44.
54. Was erweckte der Satan in dem Menschen?
Ein hochmüthiges Verlangen / GOtt gleich zu seyn. 1 Mos. 3/5.
55. Worin wolte er GOtt gleich werden?
Sonderlich in der Allwissenheit und Freyheit / da GOtt keinen höhern über sich hat / dem er gehorchen müste. [10]
56. Wozu ließ sich der Mensch durch diesen Hochmuth verführen?
Zum Ungehorsam gegen GOtt und sein Verbot. Rom. 5/19.
57. Wie lautet dasselbe?
Von dem Baum der [SF des] Erkentniß gutes und böses solst du nicht essen. 1 Mos. 2/17.
58. Warum hatte GOtt ihm die Frucht eines gewissen Baums verboten?
Seinen Gehorsam in einer so geringen Sache auf die Probe zu setzen.
59. Enthielt sich aber der Mensch von dieser verbotenen Frucht?

Nein / er nahm und aß dieselbe auf Anrathen des Satans. 1 Mos. 3/6.
60 War denn das so eine grosse Sünde?
Ja / der Mensch fiel hiermit gantz von Gott ab / und versagte ihm allen Gehorsam. Hos. 6/7.
61. Was erfolgte auf diesen Abfall von GOtt?
Der Verlust des göttlichen Ebenbildes.
62. Was verlohr der Mensch aus seinem Verstande?
Die göttliche Weisheit und [SF uad] Erkentniß.
63. Was verlohr er aus seinem Willen?
Die Liebe und Heiligkeit / ja das gantze Leben aus Gott.
64. In was vor einen Zustand stürtzte er sich selbst?
In den unseligsten Zustand nach Leib und Seele.
65. Blieb sein Leib unsterblich?
Nein / er war dem Tode und mancherley Schmertzen unterworfen. 1 Mos. 3/16. 19. [11]
66. Blieb seine Seele aber unsterblich?
Ja / sie blieb zwar unsterblich; aber alle Kräfte derselben wurden aufs äusserste verdorben.
67. Wie ward sein Verstand verdorben?
Er ward gantz ungeschickt / GOtt und göttliche Dinge recht zu erkennen / und hingegen voll Finsterniß / Blindheit und Torheit. 1 Cor. 2/14.
68. Wie ward sein Wille verdorben?
Er ward ganz untüchtig / GOtt zu lieben und ihm zu vertrauen / widerspenstig zum guten / und geneigt zu allem bösen. Rom. 8/7.
69. Wem ist also der Mensch ähnlich worden / da er GOtt gleich werden wollen?
Dem Satan, seinem Verführer / ist er gleich worden. Joh. 8/44.
70. Worinnen insonderheit?
Im Haß und Feindschaft gegen GOtt / vor welchem er nach

dem Fall flohe / und sich versteckte / 1 Mos. 3/8.

71. Was hat er sich durch seinen Ungehorsam zugezogen?

Gottes Fluch und Zorn / samt dem zeitlichen / geistlichen und ewigen Tode. 1 Mos. 2/17.

72. Worinn besteht der leibliche Tod?

In einer Trennung Leibes und der Seelen.

73. Was gehöret mit dazu?

Alle Arten des leiblichen Elendes / alle Kranckheiten / Schmertzen / Plagen und Gerichte Gottes. [12]

74. Worinn bestehet der geistliche Tod?

In einer Trennung der Seele von der seligen Gemeinschaft Gottes / wie auch in einem Mangel aller geistlichen Kräfte / und wahren Trostes.

75. Was gehöret sonst mit dazu?

Die knechtische Furcht / Angst und Unruhe eines bösen Gewissens und Flucht vor GOtt. 1 Mos. 3/8. 10.

76. Worinn bestehet der ewige Tod?

In einem ewigen Mangel aller Seligkeit / und in einer ewigen Empfindung der äussersten Marter.

77. Hat dieses Elend allein die ersten Eltern betroffen?

Nein / sondern auch zugleich ihre Kinder und Nachkommen.

78. Haben denn im Adam zugleich alle Menschen mit gesündiget?

Sie haben alle gesündiget. Sie sind alle abgewichen und allesamt untüchtig worden. Rom. 3/12. 23.

79. Sind sie auch in ihm alle des Todes schuldig worden?

Der Tod ist zu allen Menschen durchgedrungen / dieweil sie alle gesündiget haben. Rom. 5/12. Und also ist durch eines Sünde die Verdammnis über alle Menschen kommen. V. 18.

80. Haben denn auch die erste Eltern ihre verdorbene Natur auf ihre Kinder fortgepflantzet?

Ja / Adam zeugte einen Sohn / der seinem Bilde ähnlich war. 1 Mos. 5/ 3.

81. Was haben wir also von unsern ersten Eltern geerbet?

Sünde und Tod. Rom. 5/12. [13] Ach eine elende und jämmerliche Erbschaft!

82. Was ist die Sünde?

Die Sünde ist das Unrecht / oder eine Abweichung vom Gesetz. 1 Joh. 3/4.

83. Wie mancherley ist die Sünde?

Zweyerley: die Erb-Sünde / und die wirckliche Sünde.

84. Was ist die Erb-Sünde?

Die angebohrne abscheuliche Verderbniß unsrer gantzen Natur / da wir untüchtig sind zu allem guten / und geneigt zu allem bösen. 1 Mos. 8/21.

85. Bringen wir diese Sünde alle mit auf die Welt?

Ja / wir sind von Natur Kinder des Zorns. Ephes. 2/3. Denn siehe ich bin aus sündlichem Saamen gezeuget / und meine Mutter hat mich in Sünden empfangen. Psal. 51/7.

86. Bleibt diese Sünde auch bey den Wiedergebohrnen noch übrig?

Ja / sie wohnet noch in ihnen / ob sie gleich nicht bey ihnen herrschet. Rom. 6/12. c. 7/18.

87. Was ist die wirckliche Sünde?

Alles / was innerlich in Gedancken und Begierden / oder äusserlich in Worten und Wercken von uns böses gethan / oder gutes unterlassen wird.

88. Ist das auch eine Sünde / wenn man etwas gutes unterläßt?

Ja. Denn wer da weiß / Gutes zu thun / und thuts nicht / dem ists Sünde. Jac. 4/17. [14]

89. Auf wie vielerley Weise kan man wircklich sündigen?

Entweder aus Unwissenheit / Schwachheit und Ubereilung / oder aus Vorsatz und Bosheit.

90. Kan man sich auch fremder Sünden theilhaftig machen?
Ja / 1 Tim. 5/22. durch Rath / Wohlgefallen / Befehl / unterlassene Anzeigung und Bestrafung / und dergleichen.
91. Was verdienen wir bey GOtt mit unsern Sünden?
GOttes Zorn und Ungnade / samt dem zeitlichen und ewigen Tode. Rom. 6/23.
92. Hat denn GOtt nach dem Fall das menschliche Geschlecht wieder vertilget?
Nein / er hat dasselbe fortgepflantzet werden lassen.
93. Hat er denn die Welt um des Menschen Sünde willen nicht wieder zerstöret?
Nein / sondern er träget / erhält und regiert dieselbe. Psal. 147/5. Hebr. 1/3.
94. Erhält und versorget er auch die sündhaften Menschen?
Ja / er hilfet beyde Menschen und Vieh / Psal. 36/7. und läßt seine Sonne über böse und gute aufgehen. Matth. 5/45.
95. Trägt er auch die Gefässe des Zorns in seiner Langmuth?
Ja / er trägt mit grosser Gedult die Gefässe des Zorns. Rom. 9/22.

Die vierte Abtheilung.

96. Hat denn GOtt gewollt / daß der arme Mensch in seiner Unseligkeit liegen bleiben und verderben solte?
Nein / er hat keinen Gefallen am Tode der Gottlosen. Ezech. 33/11. [15]
97. Will er / daß dem Menschen wieder geholfen werde?
Ja / er will / daß allen Menschen geholfen werde. 1 Tim. 2/4.
98. Konte denn der Mensch sich nicht selbst aus seinem Elende helfen?
Nein / was kan der Mensch geben / daß er seine Seele wieder löse? Matth. 16/26.
99. Kont auch sonst keine Creatur dem gefallnen Menschen wieder aufhelfen?

Nein / es kostet zu viel ihre Seele zu erlösen. Ps. 49/8. 9.
100. Konte denn GOtt dem Menschen wieder helfen?
An seinem Können ist nicht zu zweifeln. Den bey ihm ist kein Ding unmöglich [SF unmuglich]. Luc. 1/37.
101. Wolte er aber auch dem abtrünnigen Menschen wieder helfen?
Ja / er wolte ihm Gnade erzeigen.
102. Woher wissen wir dieses?
Aus dem gnädigen *Rathschluß* GOttes / den er von Ewigkeit her gefasset.
103. Hat er denn von Ewigkeit her unsern Fall vorher gesehen?
Ja. Denn vor seiner Allwissenheit ist nichts verborgen.
104. Was hat er denn nun in seinem ewigen Rathschluß beschlossen?
Er hat beschlossen / 1) sich des gantzen menschlichen Geschlechts zu erbarmen / 2) die Menschen durch seinen Sohn zu erlösen / 3) durch seinen Geist sie zu heiligen / und 4) die Glaubigen ewig selig zu machen. [16]
105. Hat er diesen seinen gnädigen Willen auch den gefallenen Menschen kund gemacht?
Ja / alsobald in der ersten Verheissung / 1 Mos. 3/15.
106. Was versprach er in dieser ersten Verheissung?
Einen Weibes-Saamen / der den Satan überwinden / und die Menschen aus seiner Gewalt erlösen solte. 1 Joh. 3/8.
107. Ward denn aber dieser versprochene Erlöser alsobald gesendet?
Nein / GOtt ließ viertausend Jahr verfliessen / ehe er denselben sendete.
108. Was that GOtt unterdessen?
Er ließ die erste Verheissung immer deutlicher erklären / und den blutigen Tod des Erlösers durch viele Opfer abbilden.

109. Was that er mehr?
Er erneuerte unterdessen sein *Gesetz* auf dem Berge Sinai / welches er dem ersten Menschen ins Hertz geschrieben hatte.
110. Was forderte er in diesem Gesetz?
Daß der Mensch so beschaffen seyn solle / wie er ihn anfänglich nach seinem Ebenbilde geschaffen / voll Liebe GOttes und des Nächsten.
111. Was drohete er denen / die diese Forderungen nicht erfüllen würden?
Er sprach: Verflucht sey / der nicht alle Worte dieses Gesetzes erfüllet. 5 Mos. 27/26.
112. Was verhieß er denen / die das Gesetz halten?
Er sprach: Welcher Mensch diß thut / der wird drinnen leben. Rom. 10/5. [17]
113. War denn der Zweck GOttes dieser / daß die Menschen durch die Haltung des Gesetzes gerecht und selig werden solten?
Nein / das war nicht seine Absicht.
114. Konte der gefallene Mensch das Gesetz GOttes nicht vollkommen halten?
Nein; dazu hatte er alle Kräfte durch den Fall verlohren. Rom. 8/3.
115. So konte er auch durch das Gesetz nicht gerecht werden?
Durch des Gesetzes Werck wird kein Fleisch gerecht. Rom. 3/20.
116. Warum muste denn das Gesetz vor der Erscheinung des Erlösers vorhergehen?
Damit die Menschen aus dem Gesetz ihre Sünde und Ohnmacht erkennen / Rom. 3/20. und durch dessen Fluch nach dem versprochenen Artzt und Seligmacher desto begieriger gemacht werden möchten. Gal. 3/24.

Die fünfte Abtheilung.

117. Wenn kam denn endlich der versprochene Heyland?

Da die Zeit erfüllet war / sandte GOtt seinen Sohn. Gal. 4/4.

118. So hat GOtt seinen eigenen Sohn zu unserm Erlöser hergegeben?

Ja / also hat GOtt die Welt geliebt / daß er seinen eingebohrnen Sohn gab. Joh. 3/16.

119. Wohin hat er ihn gesendet?

Ins Fleisch.

120. Wie ging es zu mit dieser Sendung?

Er ward vom heiligen Geist empfangen / und von Maria / der Jungfrauen / gebohren. Esa. 7/14. Luc. 2/7. [18]

121. Wie heist dieser Erlöser?

Jesus Christus.

122. Was bedeutet der Name Jesus?

Einen Erretter / *Heyland* und Seligmacher.

123. Warum heist er ein Heyland?

Weil er das wahre Heyl erwerben / verkündigen und mittheilen solte.

124. Was bedeutet der Name Christus / oder Meßias?

Einen / der mit dem heiligen Geist gesalbet ist. Apost. 10, 38.

125. Wer ist dieser Heyland?

Er ist wahrer GOtt und Mensch.

126. Beweise mir solches aus der Schrift?

Christus kommt her aus den Vätern nach dem Fleisch / der da ist GOtt über alles / gelobet in Ewigkeit / Amen. Rom. 9/5.

127. Haben wir also zwey Erlöser?

Nein / wir haben nur einen Erlöser / der da ist GOtt und Mensch in einer Person.

1 Tim. 2/5.

128. Warum muste er denn wahrer Mensch seyn?

Damit er für uns leiden und sterben könnte. Hebr. 2/14.

129. Warum muste er aber zugleich auch wahrer GOtt seyn?
Damit er seinem Leiden und Sterben eine unendliche Kraft beylegen / und durch sein Blut GOtt versöhnen könte. Heb. 1/3. c. 9/14.
130. Was hat unser Erlöser vor ein Amt?
Er ist der einige *Mittler* zwischen GOtt und den Menschen. 1 Tim. 2/5. [19]
131. Hat er nicht ein dreyfaches Amt?
Ja / er ist ein Hoherpriester / Prophet und König.
132. Was hat er als Hoherpriester zu unserm besten gethan?
Er hat uns mit GOtt versöhnet / und das wahre Heyl durch das Opfer seines Leibes erworben. Col. 1/22.
133. Was hat er als Prophet gethan?
Er hat das erworbene Heyl / nebst der Ordnung des Heyls / uns verkündiget / und verkündigen lassen. Ephes. 2/17.
134. Was thut er als ein König zu unserm besten?
Er beherrschet seine Erlösete in seinem Gnaden-Reiche / und macht sie des erworbenen Heyls theilhaftig. 1 Cor. 15/25.
135. Ist unser Erlöser immer in einerley Stande gewesen?
Nein; sondern erst in dem Stande der *Erniedrigung* / hernach in dem Stande der *Erhöhung*.
136. Warum muste er sich so tief erniedrigen?
Damit er unsern Hochmuth büssen / und uns aus unsrer Unseligkeit erretten möchte.
137. Worinn bestund unsere Unseligkeit?
In der Sünden-Schuld und Sünden-Strafe.
138. Hat er uns dann von beyden Ubeln befreyet?
Ja.
139. Wie hat er uns von der Sünden-Schuld befreyet?
Indem er dieselbe sich zurechnen lassen / und sie als unser Bürge bezahlet / Psal. 69/5. denn [20] der Herr warf unser aller Sünde auf ihn. Esa. 53/6.

140. Wie hat er uns von der Sünden-Strafe befreyet?
Indem er dieselbe an unser statt ausgestanden. Denn die Strafe liegt auf ihm / auf daß wir Friede hätten. Esa. 53/5.
141. Was ist die Strafe der Sünden?
Der Tod ist der Sünden Sold. Rom. 6/23.
142. So hat denn unser Erlöser auch den Tod ausgestanden?
Ja / er hat von GOttes Gnaden für alle den Tod geschmecket. Hebr. 2/9.
143. Hat er auch die Bitterkeit des ewigen Todes empfunden?
Ja / da er ausgerufen: Mein GOtt / mein GOtt / warum hast du mich verlassen? Matth. 27/46.
144. Hat er aber auch das gantze Gesetz für uns erfüllet?
Ja / er ist nicht kommen das Gesetz aufzulösen / sondern zu erfüllen. Matth. 5/17.
O ein treuer und vollkommner Heyland!
145. Was hat er durch seinen Gehorsam und Leiden uns verdienet?
Die Gnade Gottes / den heiligen Geist / und das ewige Leben. Hebr. 5/9.
146. Sind wir nun durch seinen Tod mit GOtt versöhnet?
Ja / wir sind GOtt versöhnet durch den Tod seines Sohnes. Rom. 5/10.
147. Sind wir nun von der Sünde und ihren Strafen erlöset?
Ja / Christus hat uns erlöset von dem Fluch des Gesetzes. Gal. 3/13.
148. Haben wir nun wieder ein Recht zum ewigen Leben erlanget? [21]
Ja / wir rühmen uns der Hoffnung der zukünftigen Herrlichkeit / die GOtt geben wird. Rom. 5/2.
O herrliche Früchte der Erniedrigung JEsu Christi!
149. Ist denn aber unser Erlöser im Tode geblieben?
Nein / GOtt hat JEsum auferwecket von den Todten und ihm die Herrlichkeit gegeben. 1 Pet. 1/21.

150. Wo ist er nun?
Er ist aufgefahren über alle Himmel / auf daß er alles erfülle. Ephes. 4/10.
151. Wo hat er sich hingesetzt?
Zur Rechten des allmächtigen Vaters / von dannen er wiederkommen wird / zu richten die Lebendigen und die Todten. Marc. 16/19. Apost. 1/11.
152. Was thut er zur Rechten Gottes?
Er herrschet mitten unter seinen Feinden. Psal. 110/1. 2.
153. Was thut er mehr?
Er machet selig alle / die durch ihn zu GOtt kommen / und lebet immerdar und bittet für sie. Hebr. 7/25. 1 Joh. 2/2.
O wie glücklich sind wir / daß wir einen solchen Vorsprecher bey dem Vater haben!

Die sechste Abtheilung.
154. Wer ist dann derjenige / der uns das durch Christum erworbene Heyl zueignet?
Der heilige Geist. [22]
155. Wer sendet denselben?
Der HErr Jesus hat ihn nach seiner Erhöhung vom Vater gesendet / nach seiner Verheissung Joh. 16/7. So ich hin gehe / will ich ihn zu euch senden.
156. Uber wen hat der Herr Jesus seinen heiligen Geist zuerst ausgegossen?
Uber seine Jünger und Apostel / die am ersten Pfingst-Fest mit Kraft aus der Höhe angethan wurden. Luc. 24/49. Apost. 2, 4.
157. Was that der heilige Geist durch die Apostel?
Er bestrafte die Welt um des Unglaubens willen. Joh. 16/8.
158. Was that er mehr?
Er verklärte oder verherrlichte den HErrn JEsum / durch die Lehre und Wunder der Apostel. Joh. 16/14. Apost. 4/30.

159. Thut er das noch durch alle treue Lehrer?
Ja. Denn sie sind nicht / die da reden / sondern des Vaters Geist ist es / der durch sie redet. Matth. 10/20. 1 Thes. 4/8.
160. Was predigten denn die Apostel?
Sie predigten / nach dem Befehl Christi / das Evangelium aller Creatur. Marc. 16/16.
161. Predigen es noch alle treue Lehrer?
Ja sie predigen noch immerdar Gesetz und Evangelium.
162 Was ist das Evangelium?
Die tröstliche Botschaft / daß GOtt durch Christum mit der Welt versöhnet sey / und [23] daß er alle / die an Christum glauben / selig machen wolle.
163. Gehet dann diß Evangelium alle Menschen an?
Ja / Col. 1/23. denn GOtt will / daß alle zur Erkentniß der Wahrheit kommen. 1 Tim. 2/4.
164. Hat GOtt seinen Sohn für alle Welt dahin gegeben?
Ja / er hat die Welt also geliebet / daß er ihr seinen eingebohrnen Sohn gegeben / Joh. 3/16. und der Sohn hat sich gegeben für alle zur Erlösung / 1 Tim. 2/6.
165. Will er auch allen seinen heiligen Geist geben?
Ja / der Vater im Himmel will den heiligen Geist allen geben / die ihn darum bitten. Luc. 11/13.
166. Gelangen denn nun alle Menschen zu der durch Christum erworbenen Seligkeit?
Nein. Der Weg ist schmal / der zum Leben führet / und wenig sind / die ihn finden. Matth. 7/14.
167. Warum werden aber nicht alle selig / wenn GOtt alle selig machen will?
Weil sie nicht alle sich in die Ordnung begeben / die GOtt denen vorgeschrieben hat, die selig werden wollen. Apost. 13/48.
168. Was ist das vor eine Ordnung?
Die Busse zu GOtt / und der Glaube an unsern HErrn JEsum.

Apost. 20/21. Marc. 1/15.
169. Wird uns nicht schon in der Taufe ein Recht zur Seligkeit mitgetheilet? [24]
Ja/ GOtt macht uns selig durch das Bad der Wiedergeburt. Tit. 3/5.
170. Was gehet aber mehr in der heiligen Taufe vor?
Es wird ein Bund zwischen GOtt und uns aufgerichtet. 1 Pet. 3/21.
171. Was verspricht GOtt in diesem Bunde?
Ich will euer Vater seyn / und ihr solt meine Söhne und Töchter seyn / spricht der allmächtige Herr. 2 Cor. 6/18. (Siehe p. 50.)
172 Was versprechen wir dem lieben GOtt in diesem Bunde?
Daß wir dem Teufel und seinen Wercken entsagen / und des dreyeinigen GOttes Eigenthum seyn wollen.
173. Wodurch wird dieser Tauf-Bund übertreten?
Durch wissentliche und vorsetzliche Sünden. Denn die scheiden uns und unsern GOtt voneinander. Esa. 59/2.
174. Was ist aber zu thun / wenn der Taufbund also übertreten worden?
Er muss durch Busse und Glauben wieder erneuert werden.
175. Was ist die Busse?
Sie ist eine innerliche Veränderung des Sinnes und Willens.
176. Wie war der Mensch vor seiner Busse gegen GOTT gesinnet?
Sein fleischlicher Sinn war eine Feindschaft gegen GOtt. Rom. 8/7.
177 Bleibt er nach seiner Busse auch noch ein Feind GOttes?
Nein / er wird ein Freund und Liebhaber GOttes. [25]
178. Wie war der Mensch vorhin gegen die Sünde gesinnet?
Er liebte die Sünde / und suchte alle Gelegenheiten zu sündigen.
179. Ist er nach seiner Busse noch also gesinnet?

Nein / er hasset die Sünde / und fliehet alle Gelegenheiten zu sündigen. Psal. 97/18.

180. Was zieht die innerliche Veränderung des Sinnes nach sich?

Eine äusserliche Veränderung des gantzen Wandels / in Geberden / Worten und Wercken. Rom. 12/2. Ephes. 4/17. 25. und folg.

181. Wovon bekehret man sich in der wahren Busse?

Von der Sünde und Gewalt des Satans. Apost. 26/18.

182. Zu wem bekehret man sich?

Zu GOtt und seiner Gemeinschaft.

183. Wenn man sich von der Sünde bekehren soll / was wird dazu erfordert?

Man muß aus dem Gesetz seine erb- und wirckliche *Sünde* mit Schaam und Wehmut *erkennen* lernen. Rom. 3/20.

184. Ists gnug / wenn man seine Sünde erkennet?

Nein / man muß sie auch hertzlich *bereuen* / *hassen* und verabscheuen.

185. Wodurch wird dieser Haß gewircket?

Durch die Empfindung des Zornes GOttes / Psal. 38/2. 3. sonderlich wie er sich im Leiden Christi geoffenbaret hat.

186. Was ziehet der Haß der Sünden nach sich?

Einen aufrichtigen *Vorsatz* / alle Sünden *abzulegen* / und aufs künftige zu vermeyden. [26]

187. Wodurch bekehret man sich aber zu GOtt?

Durch den *Glauben* an JEsum Christum. Denn niemand kommt zum Vater / denn durch ihn. Joh. 14/6.

188. Was ist der wahre Glaube?

Er ist ein göttlich *Licht* / durch welches eine bußfertige Seele JEsum Christum / als ihren einigen Heyland / mit Beyfall erkennet / und eine göttliche *Kraft* / durch welche sie mit hertzlicher Zuversicht Christi Verdienst ergreifet / und sich zueignet.

189. Wie viel Theile hat also der wahre Glaube?
Drey / Erkentniß / Beyfall und Zuversicht.
190. Woran wird der wahre Glaube erkant?
An seiner Kraft und an seinen Früchten.
191. Was hat der Glaube vor eine Kraft?
Er hat eine *rechtfertigende* Kraft / durch welche wir Vergebung der Sünde um Christi willen erlangen / Rom. 4/4. und eine *heiligende* Kraft / durch welche wir von der Herrschaft der Sünde befreyet werden / Apost. 15/9. und die Welt überwinden/1 Joh. 5/4.
192. Was bringet der wahre Glaube vor Früchte hervor?
Früchte des Geistes / oder gute Wercke / als Liebe / Gehorsam / Vertrauen gegen GOtt / und dergleichen. 1 Pet. 1/5.6.7.8. Gal. 5/22.
193. So ist der Glaube durch die Liebe thätig?
Ja / in Christo Jesu gilt nichts / als der Glaube / der durch die Liebe GOttes und des Nächsten thätig ist. Gal. 5/6. [27]

Die siebende Abtheilung.

194. Was hat man vor Nutzen davon / wenn man sich in die Ordnung der Busse und des Glaubens begiebet?
Man wird in dieser Ordnung von aller *Unseligkeit* befreyet / und aller durch Christum erworbenen *Seligkeit* theilhaftig.
195. Worinn bestehet die Unseligkeit / davon man durch den Glauben befreyet wird?
1) In der *Schuld* der Sünde / 2) In der *Herrschaft* der Sünde / und 3) In der *Strafe* der Sünde.
196. So wird ein Glaubiger von allen diesen Ubeln befreyet?
Ja / die *Schuld* der Sünde wird ihm vergeben / 2 Sam 12/13. die tyrannische *Herrschaft* der Sünde wird gebrochen / Rom. 6/14. und die zeitliche und ewige Strafe der Sünde wird erlassen / Zephan. 3/15.

197. Haben Glaubige gar keine Sünde mehr an sich?
So wir sagen / wir haben keine Sünde / so verführen wir uns selbst. 1 Joh. 1/8.
198. Was vor eine Sünde bleibt in ihnen noch übrig?
Die angebohrne Erbsünde. (Siehe Frage 84. 86.)
199. Werden sie nicht von derselben auch noch zuweilen übereilet?
Ja / wir fehlen alle mannigfaltiglich. Jac. 3/2.
200. Achten sie aber solche Fehler und Schwachheits-Sünden gering?
Nein / sie suchen sie in *täglicher Busse* zu bereuen / GOtt abzubitten / und immer [28] sorgfältiger zu wandeln. Psal. 19/13. Ephes. 4/15.
201. Werden ihnen denn solche Fehler zur Verdammniß zugerechnet?
Es ist nichts verdammliches an denen / die in Christo JEsu sind / die nicht nach dem Fleisch wandeln / sondern nach dem Geist. Rom. 8/1.
202. Sind die Glaubigen auch frey von dem Ubel / das auf die Sünde folget?
Ja sie sind frey vom Zorn GOttes / vom Fluch des Gesetzes / von bösem Gewissen / von Welt / Teufel / Hölle und Verdammniß. Joh. 8/36.
O wohl denen / die einer so herrlichen Freyheit geniessen!
203. Worinn bestehet ihre Seligkeit / die sie durch den Glauben erlangen?
Sie werden 1) Kinder *GOttes* durch den Glauben / Gal. 3/27. Sie werden 2) mit *Christo* vereiniget / und Glieder seines Leibes / Ephes. 5/30. Sie werden 3) Tempel des *heiligen Geistes* / der in ihnen wohnet und wircket. 1 Cor. 3/16.
204. Was wircket der heilige Geist in ihnen?
1) Allerley göttliche *Kraft* Christlich zu leben / gedultig zu

leyden / und selig zu sterben. 2 Pet. 1/3. 2) Allerley göttlichen *Trost* in allen Trübsalen. Apost. 2/31. 2 Cor. 1/4.

205. So ist denn ein wahrer Christ schon in dieser Welt selig?

Ja / er ist schon selig / doch in der Hoffnung einer noch grössern Seligkeit. Rom. 8/24. [29]

206. Kan aber ein Christ diese erlangte Seligkeit wieder verliehren?

Ja / er kan Glauben und gut Gewissen wieder von sich stossen / 1 Tim. 1/19. und also auch Christum und die Seligkeit wieder verliehren. Gal. 5/4.

207. Was muß derjenige thun / der die einmal erlangte Seligkeit bewahren will?

Er muß mit *Christo* durch den Glauben vereiniget bleiben / Joh. 15/5. und sich durch seinen *Geist* beständig regieren lassen. Gal. 5/18. Rom. 8/14.

208. Wornach muß er sein Leben einrichten?

Nicht nach dem Exempel der argen *Welt* / sondern nach GOttes Wort und dem Exempel des HErrn JEsu. Psal. 119, 9. Phil. 2/5.

209. Was muß er verleugnen?

Alles ungöttliche Wesen/ und alle weltliche Lüste. Tit. 2/12.

210. Wovon muß er sich täglich reinigen?

Von aller Befleckung des Fleisches und Geistes / 2 Cor. 7/1 . oder von denen noch anklebenden Schwachheiten.

211. Was muß er täglich creutzigen?

Sein Fleisch / samt den Lüsten und Begierden. Gal. 5/24.

212 Gegen wen muß er täglich kämpfen?

Gegen den Satan / 1 Pet. 5/8. die arge Welt / 1 Joh. 5/4 und sein eigen Fleisch / oder die inwohnende Sünde / Gal. 5/24. [30]

213. Was muß er mehr thun?

Er muß wachen und beten / daß er nicht in Anfechtung falle. Matth. 26/41.

214. Hat er auch Stärckung seines Glaubens nöthig?

Ja.

215. Durch was vor Mittel wird der Glaube gestärcket?
Durch das Wort GOttes und das heilige Abendmahl; dabey er oft seufzen mus: HErr / stärcke uns den Glauben. Luc. 17/5.
216. Wie muß er GOttes Wort gebrauchen?
Er muß es mit rechter Begierde und Andacht hören / lesen / betrachten und bewahren. 1 Pet. 2/2. Luc. 11/28.
217. Wie muß er das heilige Abendmahl gebrauchen?
Er muß es / nach angestellter sorgfältigen Prüfung / in wahrem Glauben / und mit einem heiligen Vorsatz öfters geniessen. 1 Cor. 11/28.
218. Warum hat ein Glaubiger solcher Stärckung nöthig?
Um der Schwachheiten und Leiden willen / die er noch erdulden muß.
219. Müssen denn wahre Christen in dieser Welt so vieles leyden?
Ja / der Gerechte muß viel leyden / Psal. 34/20. und durch viel Trübsal ins Reich GOttes eingehen. Apost. 14/22. Luc. 9/23.
220. Warum schickt aber GOtt seinen Kindern so viel Leiden zu?
Auf daß 1) ihr Glaube geübet und bewähret / 1 Pet. 1/7.2) die inwohnende Sünde entkräftet / 1 Pet. 4/1.3) ihre Heiligung beför[31]dert / Heb. 12/10. und sie 4) dem Ebenbilde Christi gleichförmig gemacht werden. Rom. 8/29.
221. Legt ihnen GOtt mehr Leiden auf / als sie ertragen können?
GOtt ist getreu / der sie nicht läßt versuchet werden über ihr Vermögen. 1 Cor. 10/12.
222. Läßt er sie ohne Trost in ihrem Leiden?
Nein. Denn gleichwie sie des Leidens Christi viel haben / so werden sie auch reichlich getröstet durch Christum. 2 Cor. 1/5.
223. Lässet er sie aber immer in dem Leiden stecken?
Nein / er wird sie endlich erlösen von allem Ubel. 2 Tim. 4/18.
224. Wodurch geschiehet solche Erlösung?
Durch einen seligen Tod.

225. Wer kan selig sterben?
Wer (in Glauben und Gottseligkeit) beharret bis ans Ende / der wird selig. Matth. 24/13. Offenb. 2/10.
226. Wo kommt die Seele eines Glaubigen im Tode hin?
Sie wird durch die Engel getragen in Abrahams Schooß / Luc. 16/22. allwo sie ruhet von ihrer Arbeit. Offenb. 14/13.
227. Wo kommt der Leib hin?
Er kommt ordentlich ins Grab / wo er zu Erde wird / 1 Mos. 3/19. [32]
228. Wird er aber immer im Grabe bleiben?
Nein. Christus wird ihn wieder auferwecken am jüngsten Tage. Joh. 6/40.
229. Wie wird er ihn auferwecken?
Er wird ihn ähnlich machen seinem verklärten Leibe. Phil. 3/21.
230. Wird denn Christus an dem jüngsten Tage wieder erscheinen?
Ja / des Menschen Sohn wird kommen in seiner Herrlichkeit. Matth. 25/31.
231. Was wird er alsdenn thun?
Er wird richten die Frommen und die Bösen. Apost. 17/31.
232. Wie wird er die Bösen richten?
Er wird sie als Verfluchte in das ewige Feuer weisen. Matth. 25/41.
233. Wie wird er die Frommen richten?
Er wird sie als Gesegnete seines Vaters in sein ewiges Reich einführen. Matth. 25/34.
234. Wen werden sie daselbst sehen?
Sie werden GOtt sehen / wie er ist 1 Joh 3/2. und insonderheit ihren herrlichen Heyland 1 Pet. 1/8.
235. Was wird auch solchem Anschauen GOttes bey ihnen entstehen?
Sie werden sich freuen mit unaussprechlicher und herrlicher

Freude. 1 Pet. 1/8. [33]
236. Wie lange wird diese herrliche Freude währen?
Ohne Aufhören / in alle Ewigkeit. Denn sie werden bey dem Herrn seyn allezeit. 1 Thes. 4/17.
237. Wohin gelanget man also endlich in der Ordnung des Heyls?
Man gelanget zu dem ewigen Genuß des Heyls / das Jesus Christus erworben hat.
GOtt verhelfe uns allen dahin / um JEsu Christi willen.

Gebet,
darinn die gantze Ordnung des
Heyls verfasset ist.
Heiliger GOtt / du hast meine ersten Eltern nach deinem Ebenbilde weise / heilig und unsterblich erschaffen / und ihnen gnugsame Kräfte mitgetheilet / dich zu lieben und dir zu gehorchen. Ach aber sie sind in diesem seligen Zustande nicht geblieben / sondern haben sich vom Satan verführen lassen / aus Begierde nach einer noch grössern Glückseligkeit und Freyheit / dein Gebot zu übertreten / und von dir abzufallen. Darüber haben sie dein schönes Ebenbild und alle Kräfte zum Guten gäntzlich verlohren / und sind elende Sünder [34] und Kinder des Todes worden. Dieses Verderben und erbärmliche Elend haben sie auch auf ihre Nachkommen fortgepflantzet; daher ich auch von ihnen eine verderbte Natur geerbet / die zu allem Guten untüchtig und zu allem Bösen geneigt ist. Ach wie ist das Tichten und Trachten meines Hertzens so böse von Jugend auf! Ach wie viele wirckliche Sünden hab ich begangen / und mich dadurch deines Zorns / und der ewigen Verdammniß schuldig gemacht.

Dir sey aber / lieber himmlischer Vater / Lob und Danck gesagt / daß du dich der armen gefallnen Menschen wieder erbarmet / und beschlossen / sie durch deinen eingebohrnen Sohn aus der Gewalt des Satans wieder erlösen zu lassen; ja daß du diesen deinen Sohn wircklich gesendet / und ihn zu unserem Heyl für uns in den Tod dahin gegeben.

Aber auch dir sey Lob und Danck gesagt / HErr JEsu / daß du aus Gehorsam gegen deinen Vater ins Fleisch gekommen / daß du an meiner statt das Gesetz vollkommen erfüllet / daß du meine Sünden-Schuld bezahlet / daß du meinen Fluch und Tod auf dich genommen und ausgestanden; aber auch durch deine Auferstehung den Tod überwun[35]den / mich mit GOtt versöhnet / mir Gerechtigkeit und ewiges Leben erworben / und / nachdem du gen Himmel gefahren / und dich zur Rechten GOttes gesetzet / deinen heiligen Geist herab gesendet / und auch mich zu deinem Reiche durchs Evangelium berufen lassen / ja, mir bereits den gantzen Schatz deines Verdienstes in meiner Taufe frey und umsonst geschencket hast. Ach laß mich diese theure Beylage bis ans Ende meines Lebens bewahren / alle Wercke des Satans hassen und fliehen / und dir bis in den Tod treu bleiben.

Solte ich aber allbereit aus Schwachheit meines Fleisches / oder durch Verführung der bösen Welt meine Tauf-Zusage gebrochen / und die Sünde wieder lieb gewonnen haben; ach so bringe mich durch die Zucht deines Geistes in die Ordnung der Busse und des Glaubens / in welcher ich wieder mit dir vereiniget / und deines Heyls theilhaftig werde. Gib mir / o lieber GOtt / das tiefe Verderben meiner Natur / samt allen meinen begangenen Jugend-Sünden / bußfertig zu erkennen / und laß mich deinen Sohn / den du mir zur Gerechtigkeit gemacht hast / in Glauben annehmen / und um seines [36] Blutes und Todes willen Gnade vor dir finden. Vergib mir alle meine

Sünden / und sprich mich loß von allen dadurch verdienten Strafen. Gib mir aber auch durch deinen heiligen Geist Kraft / über die Sünde zu herrschen / und Trost in allem Elende. Laß mich den alten Menschen und alle Unarten desselben / Eigensinn / Ungehorsam / Faulheit / Zorn / Lügen / samt aller Bosheit / in täglicher Reu und Busse immer mehr ablegen / und nach deinem Bilde wieder erneuert werden. Laß mich Glauben und gut Gewissen bewahren / dein Wort lieb haben / gegen die Sünde kämpfen und hertzlich beten. Laß mich Christlich leben / gedultig leiden / und endlich selig sterben; am Tage der Auferstehung aber unter deinen Gesegneten erfunden werden / und mit Leib und Seele deiner Seligkeit ewig geniessen. GOtt Vater / der mich erschaffen hat / GOtt Sohn / der mich erlöset hat / GOtt heiliger Geist / der mich geheiliget hat / dir sey Lob und Preis in Ewigkeit / Amen. [o. S., 37]

Die
Schätze des Heyls,
Dazu ein wahrer Christ in der
Ordnung des Heyls gelanget,
In 400. Fragen /
Die meistentheils mit eignen Worten der heiligen Schrift beantwortet
werden /
zusammen gefasset. [38]
Kurtzer Entwurf
von den vornehmsten
Schätzen des Heyls,
deren wahre Christen
in der
Ordnung des Heyls
theilhaftig werden.

1. Was werden durch Schätze des Heyls verstanden?
Diejenigen Gnaden-Gaben des dreyeinigen GOttes / die er denenjenigen / die an Christum glauben / zur Beförderung ihres ewigen Heyls mittheilet. 1 Cor. 1/4.5. Ephes. 1/3.
2. Wo wird uns von diesen Schätzen des Heyls Nachricht gegeben?
In dem Wort des Evangelii. Ephes. 1/13.
3. Was ist das Evangelium?
Die Trost-volle Lehre von der Gnade GOttes in Christo JEsu / und denen aus solcher Gnade hergeflossenen Heyls-Schätzen und Wohlthaten.
4. Wer hat diese Wohlthaten uns zugedacht?
Der himmlische Vater.
5. Wer hat uns dieselben verdienet?
Der Sohn Gottes.
6. Wer ists / der uns derselben fähig machet?
Der heilige Geist. [39]

Die erste Abtheilung.
7. Wo ist der erste Ursprung aller göttlichen Gnaden-Wohlthaten zu suchen?
In der Ewigkeit / vor Erschaffung der Welt.
8. Was finden sich daselbst vor Quellen aller Schätze des Heyls?
Sonderlich diese drey:

I. Die ewige Liebe GOttes,
II. Der Vorsatz des himmlischen Vaters, der Welt seinen Sohn zu schencken.
III. Die ewige Gnaden-Wahl.

9. Wer hat die Menschen von Ewigkeit her geliebet?
Der dreyeinige GOtt / von welchem Moses ausrufet 5 Mos. 33/3. *Wie hat er die Leute so lieb!*

10. Welche Menschen hat er geliebet?
Ohne Unterschied alle Menschen / wie ein Vater alle seine Kinder liebet. Joh. 3/16.
11. Zu welchem Ende hat er sie geliebet?
Daß er sie durch seine Liebe wieder an sich ziehen / und sie gerecht und selig machen möchte. Jer. 31/3.
12. Welches ist die erste und nächste Wirckung der Liebe GOttes?
Der Vorsatz, der Welt seinen Sohn zu schencken. 1 Joh. 4/10. [40]
13. Wenn hat GOtt diesen Vorsatz gefasset?
Ehe der Welt Grund geleget worden. 1 Pet. 1/20.
14. Zu welchem Ende hat er diesen Vorsatz gefasset?
Damit er das menschliche Geschlecht / dessen Abfall er vorher sahe / aus der Gewalt des Satans wieder befreyen / und mit sich wieder vereinigen möchte.
15. Ließ sich denn der Sohn diesen Vorsatz des Vaters gefallen?
Ja / er war willig alles einzugehen / was der Vater zum Heyl des menschlichen Geschlechts von ihm forderte. Ps. 40/8. 9.
16. Was forderte der Vater von dem Sohne?
Daß er zur bestimmten Zeit menschliche Natur annehmen / und in derselben dasjenige thun und leyden solte / was der Sünder zu thun und zu leyden schuldig gewesen wäre.
17 Was versprach hingegen der Vater seinem Sohne?
Daß er ihn wieder von den Todten auferwecken / die Erlöseten ihm zum Eigenthum schencken / und seine Feinde zum Schemel seiner Füsse legen wolle. Es. 53/10. Ps. 110/1.
18. Wie erklärte sich hierauf der Sohn?
Er war willig alles zu thun und zu leiden was die Gerechtigkeit GOttes von dem Sünder fordern konte.
19. Was bewegte ihn hierzu?
Die Liebe zu den armen Menschen / und die Begierde ihnen zu helfen. Gal. 2/20. [41]

20. Was fassete GOtt in der Ewigkeit weiter vor einen Vorsatz?
Er faste den Vorsatz / alle diejenigen selig zu machen / die seinen Sohn für ihren Heyland erkennen / und an ihn glauben würden.
21. Wie wird dieser Vorsatz genennet?
Die ewige Gnaden-Wahl.
22. Wer hat diese Wahl verrichtet?
Der dreyeinige GOtt / insonderheit der himmlische Vater / welcher uns erwehlet hat in Christo / ehe der Welt Grund geleget war. Ephes. 1/4.
23. Wen hat er erwehlet?
Diejenigen / von welchen er vorher gesehen / daß sie seine in Christo angebotene Gnade annehmen / an seinen Sohn glauben / und in solchem Glauben bis ans Ende beharren würden.
24. Worauf hat er bey der Wahl gesehen?
Allein auf JEsum Christum / den der Glaube ergreifet. Denn er hat uns erwehlet im Glauben der Wahrheit. 2 Thes. 2/13.
25. Wozu hat er diese Glaubigen erwehlet?
Zur Kindschaft und Erbschaft aller seiner Seligkeit. Ephes. 1/5.11.
26. Warum ist diese Gnaden-Wahl ein theurer Schatz unsers Heyls?
Weil 1) unsre Seligkeit dadurch gewiß gemacht wird / und weil 2) alle übrige Gnaden-Gaben und Wohlthaten daraus fliessen. [42]

Die andre Abtheilung.
27. Hat denn GOtt diese in der Ewigkeit gefaßte Rathschlüße auch in der Zeit vollstrecket?
Ja. Denn was er beschließt und zusaget / das hält er gewiß. Psal. 33/4.
28. Womit ist er nun zuförderst in der Zeit beschäftiget gewesen?

Mit denen Wohlthaten / welche auf die *Erwerbung und Anschaffung unsers Heyls* abzielen.
29. Was gehören dahin vor Wohlthaten?
I. Die Sendung des Sohnes ins Fleisch.
II. Das Werck der Erlösung und Versöhnung.
III. Die Einführung Christi in die Herrlichkeit.
IV. Die Aufrichtung und Regierung seines Gnaden-Reichs.
30. So hat denn GOtt seinen Sohn wircklich gesendet?
Ja / da die Zeit erfüllet war / sandte GOtt seinen Sohn / Gal. 4/4.
31. Wohin sandte er ihn?
Daran ist erschienen die Liebe GOttes gegen uns / daß er seinen eingebohrnen Sohn gesandt hat *in die Welt.* 1 Joh. 4/9.
32. War denn nicht schon der Sohn vorher in der Welt?
Der Sohn GOttes war nach seiner Göttlichen Allgegenwart schon vorher in der Welt. [43] Aber er wurde in die Welt gesandt 1) auf eine neue Art in derselben gegenwärtig zu seyn / nemlich in angenommener menschlichen Natur / 2) ein neues Werck in der Welt zu verrichten / nemlich das Werck unsrer Erlösung.
33. Was folgte auf diese Sendung?
Die Zukunft des Sohnes ins Fleisch.
34. Was nahm er an bey dieser Ankunft?
Eine wahre menschliche Natur / mit allen natürlichen Schwachheiten. Hebr. 2/14.
35. Hat er auch die Sünde mit angenommen?
Er ist versucht in allem / gleichwie wir / doch ohne Sünde. Heb. 4/15. 1 Joh. 3/5.
36. Was legte er aber ab bey dieser Zukunft ins Fleisch?
Den völligen und beständigen Gebrauch seiner göttlichen Herrlichkeit / dessen er sich auf eine Zeitlang entäussert hat. Phil. 2/7.
37. Zu welchem Ende ist er in die Welt kommen?

Das Werck der Erlösung zu vollenden / und die Wercke des Satans in seinem Hohenpriesterlichen / Prophetischen und Königlichen Amt zu zerstören. 1 Joh. 3/8.
38. Wie in seinem Hohenpriesterlichen Amt?
Durch Leiden des Todes. Hebr. 2/14.
39. Wie in seinem Prophetischen Amt?
Durch seine heilige Lehre / Wunder und Exempel.
40. Wie in seinem Königlichen Amt?
Durch die Kraft seines Geistes / der die Hertzen verändert und beherrschet. [44]
41. Was war also der eigentliche Zweck seiner Zukunft?
Das Werck unsrer Erlösung.
42. Was heist eine Erlösung?
Eine Versetzung aus der Dienstbarkeit in den Stand der Freyheit.
43. Waren wir denn Gefangene und Knechte / daß wir eine Erlösung nöthig hatten?
Ja / wir waren Knechte der Sünden und des Satans. Joh. 8/34. 2 Tim. 2/26.
44. Konte uns denn aus diesem Elende kein Mensch noch Engel befreyen?
Nein / es kostete zu viel unsere Seelen zu erlösen / daß ers muste anstehen lassen ewiglich. Ps. 49/9.
45. Wer hat uns denn erlöset?
Jesus Christus / wahrer GOTT und Mensch.
46. Hat er uns mit Gewalt erlöset / oder durch ein Lösegeld?
Er hat ein gewisses Lösegeld für uns bezahlet.
47. Was war das vor ein Lösegeld?
Sein theures Blut / 1 Pet. 1/19. und Leben / Matth. 20/28. welches er unter einem vollkommnen Gehorsam für uns aufgeopfert.
48. Wem hat er dieses Lösegeld bezahlet?

Nicht dem Satan / sondern der Gerechtigkeit GOttes.
49. Was ist hierdurch geschehen?
1) Eine Gnugthuung für unsre Sünde [45] dadurch wir uns in die Gefangenschaft gestürtzet / 2) eine Erwerbung der Freyheit.
50. Was ist darauf erfolget?
Unsere Versöhnung mit GOtt.
51. Sage mir davon einen Spruch?
GOtt hat uns mit ihm selber versöhnet durch JEsum Christ. Denn GOtt war in Christo und versöhnte die Welt mit ihm selber. 2 Cor. 5/18. 19.
52. So hat denn GOtt das Opfer und Lösegeld seines Sohnes als eine vollgültige Bezahlung angenommen?
Ja.
53. Hat er seinen gerechten Zorn gegen uns fallen lassen?
Ja / er hat geschworen / daß er nicht mehr mit uns zürnen will. Esa. 54/9.
54. Ist er bereit und willig / uns unsre Sünden zu vergeben?
Ja / er will aller zugefügten Beleidigungen nicht mehr gedencken. Esa. 43/25. Hebr. 8/12.
55. Ist er auch bereit und willig / uns wieder gutes zu thun?
Ja. Es soll meine Lust seyn / spricht er / daß ich ihnen gutes thun will. Jer. 32/41.
56. Ist denn nun also die vorige Feindschaft zwischen GOTT und uns gehoben?
Ja / der Mittler hat durch sein Fleisch weggenommen die Feindschaft. Ephes. 2/14.
57. Ist die vorige Freundschaft wieder hergestellet?
Ja / er hat Friede gemacht durch das Blut an seinem Creutze / durch sich selbst. Col. 1/20.
58. Was ist auf unsre Erlösung und Versöhnung erfolget?
Die Einführung Christi in die Herrlichkeit. [46]

59. Hat er also die um unsert willen angenommene niedrige Knechts-Gestalt wieder abgeleget?
Ja / er hat zwar nicht die menschliche Natur / aber doch die Schwachheiten der menschlichen Natur wieder abgeleget.
60. Was hat er hingegen angenommen [SF fehlender Punkt].
Den völligen Gebrauch seiner göttlichen Herrlichkeit.
61. Wer hat unsern Mittler also erhöhet?
GOtt hat ihn / zur Bezeugung seines Wohlgefallens an seiner Gnugthuung / also erhöhet. Phil. 2/10.
62 Wie hat er ihn erhöhet / und in die Herrlichkeit eingeführet?
1) Durch die Auferweckung von den Todten / 1 Pet. 1/21. 2.) durch die Himmelfahrt / da er ihn in die Herrlichkeit aufgenomen / 1 Tim. 3/16. 3) Durch das Setzen zu seiner Rechten / Psal. 110/1.
63. Warum hat er ihn in die Herrlichkeit eingeführet?
Damit er ihn in den Stand setzen möchte / das erworbene Heyl uns mitzutheilen / und uns in dem Besitz desselben gegen unsre Feinde zu beschützen. Apost. 5/31. Rom. 14/9.
64 Was ist das vornehmste Geschäft des erhöheten Heylandes?
Seine Fürbitt für uns bey dem Vater.
65. Beweise solches?
Christus ist zur Rechten GOttes und vertritt uns. Rom. 8/34.
66. Für wen bittet er?
Für alle Menschen / doch besonders für seine Glaubigen. Esa. 53/12. Joh. 17/20. [47]
67. Was bittet er den Unglaubigen aus?
Raum und Gnade zur Busse / und Vergebung der Sünden. Luc. 23/34.
68. Was bittet er den Glaubigen aus?
Allerley göttliche Gnaden-Kräfte zum Wachsthum im guten /

und zur Beständigkeit bis ans Ende / Joh. 17/10.15.
69. Wie geschicht seine Vorbitte?
Er stellet dem himmlichen Vater sein Verdienst dar / und verlanget / daß um desselben willen die erworbnen Heyls-Güter den Menschen mitgetheilet werden. Joh. 17/24.
70. Wes hat er mehr nach seiner Erhöhung vorgenommen?
Die Aufrichtung und Regierung seines Gnaden-Reichs auf Erden.
71. Was vor ein Reich hat er durch seinen Tod zerstöret?
Das Reich des Satans. 1 Joh. 3/8.
72. Was vor ein Reich hat er hingegen aufgerichtet?
Das Reich GOttes. Luc. 11/20.
73. Durch wen?
Durch seine Apostel / welche er mit seinem Geist dazu ausgerüstet.
74. Führet er auch selbst die Herrschaft in diesem Reiche?
Ja / er ist der Stifter und auch der König desselben. Psal. 103/19.
75. Uber wen herrschet er?
Uber die Glaubigen aus allen Völckern. Die sind sein Volck des Eigenthums / das fleißig ist zu guten Wercken / Tit. 2/14. [48]
76. Was geniessen sie unter seinem Regiment?
Gerechtigkeit / Friede und Freude in dem heiligen Geist. Rom. 14/17.
77. Wie regieret er dieses sein Reich?
Nicht auf eine weltliche / sondern geistliche Art / durch das Wort / welches ist das Scepter seines Reichs / Ps. 110/2. und die heilige Sacramenta.

Die dritte Abtheilung.

78. Würde uns aber das was helfen / wenn wir wüsten / daß uns der Vater in der Ewigkeit so viel gutes zugedacht / und daß der Sohn GOttes in der Zeit uns das zugedachte gute wircklich erworben habe?

Das würde uns so wenig helfen / als es einem armen Mann etwas hilft / wenn er weiß / daß ihm eine reiche Erbschaft zugedacht ist; er aber derselben nicht theilhaftig wird.

79. Was wird denn also weiter erfordert?

Daß wir der Wohlthaten und Heyls-Schätze / die uns der Vater zugedacht / und der Sohn erworben hat / wircklich theilhaftig werden.

80. Welches ist das Mittel / dadurch wir in unsrer ersten Kindheit zum Genuß aller dieser Wohlthaten gelangen?

Die heilige Taufe.

81. Wie ist dieselbe anzusehen?

Nicht nur als eine Gnaden-Wohlthat / sondern auch als die Thür zu allen Gnaden-Wohlthaten in Zeit und Ewigkeit. Joh. 3/5. [49]

82. So werden wir in der Taufe wahrhaftig selig gemacht?

Ja / nach seiner Barmhertzigkeit machet er uns selig durch das Bad der Wiedergeburt. Tit. 3/5.

83. Was wird durch die Taufe in uns gewircket?

Der heilige Geist / der in diesem Bade der Wiedergeburt über uns ausgegossen wird / wircket in uns ein neues *geistliches Leben* / dessen Ursprung ist der *Glaube* an Christum.

84. Was erlanget dieser Glaube?

Er erlanget in Christo / den er anziehet / Gal. 3/27. Vergebung der Sünden.

85 Beweise mir dieses?

Petrus spricht Apost. 2/38. Lasse sich ein jeglicher *taufen* auf den Namen Christi *zur Vergebung der Sünden.*

86. Was erlanget der Glaube weiter?

Eine vollkommne Erlösung vom Tod und Teufel / welcher alles Recht an den Getauften verliehret.

87. Was erlanget er noch weiter?

Ein vollkommnes Recht zu aller Seligkeit und Herrlichkeit GOttes.

88. Woher entsteht dieses alles?

Daher / weil wir durch die Taufe eintreten in die Gemeinschaft des dreyeinigen GOttes / auf dessen Namen wir getauft werden.

89. Was heist das: getauft werden auf den Namen des Vaters / und des Sohnes / und des heiligen Geistes?

Es heist / zu dem Ende getauft werden / daß [50] wir mit dem Vater / Sohn und heiligen Geist Gemeinschaft haben sollen.

90. Richtet nicht auch der dreyeinige GOtt einen Bund mit uns in der heiligen Taufe auf?

Ja / GOtt richtet mit uns einen Bund der Gnaden auf / darinn er uns alle Gnaden-Güter zusaget und übergiebt; wir aber ihm Glauben und Gehorsam zusagen / und uns zu seinem Eigenthum übergeben.

91. Was verspricht insonderheit der himmlische Vater?

Daß er unser Vater seyn, und uns als seine Kinder annehmen/ lieben und segnen wolle. 2 Cor. 6/17.18.

92. Was verspricht insonderheit der Sohn?

Daß er uns alle Früchte seines Todes und seiner Auferstehung / nemlich Gerechtigkeit / Freyheit und ewiges Leben / schencken wolle.

93. Was verspricht der heilige Geist?

Daß er in uns wohnen / uns regieren / leiten und trösten wolle.

94. Wie lassen sich die Schätze des Heyls / die uns in der Taufe beygeleget werden / am besten abtheilen?

Nach den drey Personen der hochgelobten Gottheit / auf deren Namen wir getauft werden.

95. Welches sind also die drey Haupt-Güter / daraus alle übrige fliessen?

I. *Die Gemeinschaft des Vaters.*

II. *Die Gemeinschaft des Sohnes.* [51]

III. *Die Gemeinschaft des heiligen Geistes.*

Die vierte Abtheilung.

96. Welches ist das erste Haupt-Gut / dessen wir in der heiligen Taufe theilhaftig werden?

Die Gemeinschaft des Vaters.

97. Was fliessen aus derselben für Wohlthaten und Schätze des Heyls?

I. *Die Kindschaft GOttes.*

II. *Die väterliche Vorsorge GOttes für seine Kinder.*

III. *Die Erbschaft in Zeit und Ewigkeit.*

98. Wer in der Gemeinschaft des Vaters stehet / was hat der vor ein Gut zu geniessen?

Die Kindschaft GOttes.

99. Wem haben wir dieses zu dancken?

GOtt hat uns verordnet zur Kindschaft *durch JEsum Christ.* Ephes. 1/5.

100 Ist Gott nicht schon wegen der Schöpfung unser Vater?

Ja. Mal. 2/10.

101. Haben wir aber diese anerschaffne Kindschaft bewahret?

Nein / wir haben sie durch den Fall verlohren.

102. Was sind wir nun von Natur?

Kinder des Zorns / Ephes. 2/1. und des Satans / dessen Bild und Art wir an uns haben. Joh. 8/44. 1 Joh 3/10. [52]

103. Wer hat uns aber das Recht zur Kindschaft wieder erworben?

Der eingebohrne Sohn GOttes. Joh. 1/12. Gal. 4/4.5.

104. Wie werden wir dieses erworbenen Rechts theilhaftig?

Wir werden GOttes Kinder durch den Glauben an JEsum Christum. Gal. 3/27.

105. Wo wird dieser Glaube gewircket?

In einer neuen Geburt / in welcher man an Hertz und Sinn verändert / und göttlicher Art und Natur theilhaftig gemacht wird. 2 Pet. 1/4.

106. Woran erkennet man die wahrhaftige Kinder GOttes?

Daran / daß sie 1) ihres himmlischen Vaters Sinn und Art haben / barmhertzig / langmüthig seyn / ihre Feinde lieben etc. Luc. 6/35.36/2) Daß der Geist GOttes sie zu allem guten treibet / und in ihnen Abba / lieber Vater / rufet / Rom. 8 / 14.15. 3) Daß sie von der Welt gehasset werden. 1 Joh. 3/1.2.13.

107. Was haben Kinder GOttes zu geniessen?

Die väterliche Vorsorge GOttes.

108. Was treibt GOtt an / für seine Kinder zu sorgen?

Seine väterliche Liebe.

109. Wo versichert der Herr Jesus derselben seine Jünger?

Joh. 16/27. *Er selbst der Vater hat euch lieb.*

110. Liebet Gott nicht alle Menschen?

Ja / er liebet sie alle / und hasset nichts / was er gemacht hat. Weish. 11/25. [53]

111. Liebet er aber seine Kinder besonders?

Ja / er liebet sie / gleichwie er seinen Sohn liebet. Joh. 17/23.

112. Wie ist diese Liebe beschaffen?

Es ist 1) eine *freye* und unverdiente Liebe / Hos. 14/4. 2) eine *unveränderliche* Liebe / Jer. 31/3. 3) eine *brünstige* und hertzliche Liebe / Jer. 31/20. 4) eine *thätige* Liebe / die in unzehligen Wohlthaten sich offenbahret.

113. Wozu treibt den himmlischen Vater diese Liebe an?

Väterlich für seine Kinder zu sorgen. 1 Pet. 5/7. Psal. 55/23.

114. Sorget er für ihre leibliche Nothdurft?

Ja / er schaffet ihnen Nahrung und Kleidung. Matth. 6/31.32.

115. Sorget er auch für ihre geistliche Nothdurft?

Ja noch vielmehr / weil die Seele edler ist / als der Leib.

116. Wozu soll uns das bewegen?

Daß wir die ängstlichen Sorgen einstellen. Phil. 4/6.

117. Verschonet er auch seiner Kinder?

Ja / er *schonet ihrer* / wie ein Mann seines Sohnes schonet / der ihm dienet. Mal. 3/17.

118. Findet er denn noch was an ihnen / das Zorn und Strafe verdienet?
Ja / sie haben noch die Erbsünde an sich / sie straucheln oft / ihr Gutes ist unvollkom[54]men; aber er läßt an statt der richterlichen Strenge ein väterliches Verschonen über sie walten. Esa. 63/8.9.
119. Erbarmet er sich auch seiner Kinder?
Ja / wie sich ein Vater über seine Kinder erbarmet / so *erbarmet* sich der HErr / über die / so ihn fürchten. Psal. 103/13.14.
120. Worüber erbarmet er sich?
Uber ihr geistliches und leibliches Elend.
121. Erhöret er auch ihr Gebet?
Ja / das ist die Freudigkeit / die wir haben zu ihm / daß so wir etwas bitten nach seinem Willen / so *höret* er uns. 1 Joh. 5/14.15.
122. So dürfen sie von ihm bitten / was sie wollen?
Ja / wenn es nur seinem Willen nicht zuwider ist.
123. Haben Sie ein Recht / mit kindlichem Vertrauen zu ihm zu nahen. [SF fehlender Punkt]
Durch Christum haben sie Freudigkeit und Zugang in aller Zuversicht / durch den Glauben an ihn. Ephes. 3/12.
124. Wie erhöret er ihr Gebet?
Also / daß er ihnen entweder die Sache giebt / darum sie gebeten / oder doch etwas bessers an dessen statt.
125. Giebt er nicht zuweilen noch mehr / als sie gebeten haben?
Ja. Salomo bat nur um Weisheit / und Gott gab ihm noch dazu Reichthum und Ehre. 1 Kön. 3/12.13. [55]
126. Läßt er ihnen auch zuweilen eine Versicherung der Erhörung wiederfahren?
Ja / zuweilen giebt er ihnen *vor* dem Gebet einen süssen kräftigen Trieb zum beten; zuweilen macht er *unter* dem Gebet mitten in der Noth ihr Hertz ruhig / getrost und freudig; endlich läßt er auch *nach* dem Gebet die Erhörung zu seiner Zeit offenbar werden.

127. Stehen Kinder GOttes auch in einer Freundschaft mit den Engeln?
Ja / sie stehen mit den guten Engeln in Freundschaft / und können sich ihres Schutzes getrösten.
128 Beweise mir solches aus der Schrift?
Psal. 34/8. heists: Der Engel des Herrn lagert sich um die her / so ihn fürchten / und hilft ihnen aus. Und Psal. 91 / 11. Hebr. 1/14.
129. Haben die Kinder GOttes auch ein Recht zu dem seligen Gebrauch aller Creaturen?
Ja / Christus / als der andre Adam / hat ihnen wieder erworben / was der erste Adam verlohren hatte.
130. Wozu dürfen sie die Creaturen brauchen?
Nicht nur zur äusersten Nothdurft / sondern auch zur Bequemlichkeit / Erquickung und Ergötzung.
131. Wie müssen sie aber die Creaturen gebrauchen?
1) Mit Dancksagung. 1 Tim. 4/4. 2) Mit Vergnügsamkeit und Mäßigkeit / 1 Tim. [56] 6/8. In der Ordnung der Arbeit; denn wer nicht arbeit / der soll auch nicht essen / 2 Thes. 3/2.
132. Was geniessen dabey Kinder GOttes vor ein Vorrecht?
Daß der himmlische Vater alles zu ihrem besten regieret.
133. Wer versichert uns dessen?
Paulus Rom. 8/28. Wir wissen aber / daß denen / die GOtt lieben / alle Dinge zum besten dienen.
134. So kan keine Creatur den Kindern GOttes schaden?
Nein / GOtt läßt ihnen nichts begegnen / das zu ihrem Verderben gereichen könte. 1 Pet. 3/13.
135. Müssen denn auch die bösen Dinge zu ihrem besten dienen?
Ja / alle Leiden dieser Zeit / alle Versuchungen der Welt und des Satans / ja selbst ihre Sünden und Fehltritte / müssen ihnen zum guten dienen.
136. Wie können ihre Sünden ihnen zum besten dienen?

Weil sie dadurch demüthig / mitleidig und vorsichtig werden.
137. Werden sie auch zu ihrem besten von GOtt gezüchtiget?
Ja / ihr himmlischer Vater züchtiget sie zu ihrem Nutz / auf daß sie seine Heiligung erlangen. Hebr. 12/10.
138. Wie züchtiget er sie?
Bald innerlich / durch die Bestrafungen [57] des Gewissens / bald äusserlich / entweder durch sein Wort / oder durch schmertzliche Empfindungen der Seele / oder des Leibes.
139. Was hat er vor Absichten bey seinen Züchtigungen?
Er will sie dadurch 1) von Sünden reinigen / 1 Pet. 4/1.2. 2) ihre Heiligung befördern. Hebr. 12/10.
140. Wie befördert er durch die Züchtigungen ihre Heiligung?
Indem er dadurch ihren Glauben übet und bewähret / 1 Pet. 1/6.7. sie zum Gebet treibet / Jac. 5/13. Ihr Wachsthum in der Sanftmuth / Gedult und Demuth befördert / und sie dem Ebenbilde Christi gleichförmig machet. Rom. 8/29.
141. Haben die Kinder GOttes auch eine Versicherung / daß GOtt ihre Arbeit segne?
Ja / er segnet ihre geistliche und leibliche Arbeit / und fördert das Werck ihrer Hände. Psal. 90/17.
141. Hat er ein Wohlgefallen an ihren Wercken?
Der HErr hat Wohlgefallen an denen / die ihn fürchten / Psal. 147/11. und an allen ihren Verrichtungen / Pred. Sal. 9/7.
142. Gefallen ihm die Wercke ihres Christenthums?
Glaube und Gedult gefallen GOtt wohl. Sirach 1/33. 1 Joh. 3/22.
143. Ihre guten Wercke sind aber unvollkommen?
Die Unvollkommenheit derselben wird mit dem Verdienst JEsu Christi zugedecket. [58]
144. Gefallen GOtt auch die Wercke ihres äusserlichen Berufs?
Wenn erst die *Person* GOtt wohlgefället / so gefallen ihm auch

die geringsten *Wercke* / welche die Person verrichtet; als / wenn ein frommer Knecht ackert / wenn eine fromme Magd das Haus auskehret / wenn ein Kind den Eltern zur Hand gehet / etc. Col. 3/22.23.24.

145. Belohnet er denn auch ihre Wercke?

Ja / er *belohnet* ihr Thun und Leyden. Matth. 10./41.42.

146. Wie belohnet er dieselben?

Mit leiblichen / geistlichen und ewigen Belohnungen.

147. Fliessen alle diese bisher erzehlte Gnaden-Schätze aus der Kindschaft GOttes und dessen väterlicher Vorsorge?

Ja / sie fliessen alle daraus.

148. So hats denn wol ein Kind GOttes recht gut;

Ja / niemand hats besser / als ein Kind GOttes.

149. Was ist noch vor ein besonderer Vortheil mit der Kindschaft verknüpfet?

Die Erbschaft *in Zeit und Ewigkeit*. Denn sind wir Kinder / so sind wir auch Erben. Rom. 8/17.

150. Haben die Kinder GOttes schon in dieser Welt ein Erbtheil zu geniessen?

Ja / es heist von ihnen 1 Cor. 3/21. Alles ist euer / *das Gegenwärtige* und Zukünftige.

151. Worinn besteht ihr gegenwärtiges Erbe?

Zuförderst ist GOtt selbst ihr Gut und ihr [59] Erbtheil/ Klagl. 3/24. Dann aber auch die Gaben und Güter ihres himmlischen Vaters im Reich der Natur und der Gnaden. Siehe Frage 129. 130. 131.

152. Worinn bestehet ihr zukünftiges Erbe?

In der Herrlichkeit des ewigen Lebens / 1 Pet. 1/4.5.

153. Werden die Gottlosen keinen Antheil an diesem Erbe haben?

Die Gottlosen werden das Reich GOttes nicht ererben. 1 Cor. 6/9.

154. Sind dieses nun alle die Gnaden-Schätze / die aus der Gemeinschaft mit dem himmlischen Vater fliessen?

Diß sind wenigstens die vornehmsten.

Die fünfte Abtheilung.

155. Welches ist das andre Haupt-Gut / dessen wir in der heiligen Taufe theilhaftig werden?

Die *Gemeinschaft des Sohnes GOttes.* 1 Cor. 1/9.

156. Was fliessen aus derselben für Wohlthaten und Schätze des Heyls?

I. Die *Gerechtigkeit Jesu Christi.*

II. Die *geistliche Freyheit.*

III. Die *geistliche Stärcke.*

157. Welches ist die erste Wohlthat?

Die Gerechtigkeit Christi, die den Glaubigen zu eigen geschencket wird. Esa. 45/24. [60]

158. Was wird durch die Gerechtigkeit Jesu Christi verstanden?

Sein gantzer *Gehorsam* / den er an unser statt dem himmlischen Vater geleistet / so wol da er sein Gesetz erfüllet / als da er unsre Strafen getragen.

159. Warum heist dieser Gehorsam eine Gerechtigkeit?

Weil uns dadurch ein *Recht* zu der verschertzten Seligkeit wieder erworben worden.

160. Wie wird diese Gerechtigkeit sonst mehr genennet?

Die Gerechtigkeit GOttes / Rom. 1/17. und die Gerechtigkeit des Glaubens. Phil. 3/9.

161. Warum heist diese Gerechtigkeit eine Gerechtigkeit des Glaubens?

Weil der Glaube an Christum diese Gerechtigkeit ergreifet und sich zueignet.

162. Hat denn der Sünder vor GOtt keine eigne Gerechtigkeit?

Nein / alle seine eigne Wercke reichen nicht hin / sich dadurch ein Recht zum ewigen Leben zu erwerben. Esa. 64/6.

163. Wodurch muß er denn ein Recht dazu erlangen?
Durch Christi Gerechtigkeit.
164. Sind Christo unsere Sünden zugerechnet worden?
Ja / GOtt hat den / der von keiner Sünde wuste / für uns zur Sünde gemacht. 2 Cor. 5/21. Esa. 53/6.
165. Was wird dann hingegen den Glaubigen zugerechnet?
Christi Gerechtigkeit und gantzer Gehorsam wird ihnen also zugerechnet / als ob sie ihn selbst geleistet hätten. [61]
166. Warum kan Christi Gehorsam den Sündern zugerechnet werden?
Weil Christus im göttlichen Gericht ihre Stelle vertreten hat. Denn er ist *uns* von GOtt zur Gerechtigkeit gemacht. 1 Cor. 1/30.
167. Was erlangen wir bey GOtt um der zugerechneten Gerechtigkeit Christi willen?
Die Vergebung der Sünden.
168. Wer vergiebt die Sünde?
Niemand kan Sünde vergeben / denn allein GOtt. Marc. 2/7.
169. Welche Sünden vergiebt er?
Alle und jede / die bußfertig erkant und bereuet werden. 1 Joh. 1/7.
170. Was ist die Sünde?
Eine Ubertretung des göttlichen Gesetzes. 1 Joh. 3/4.
171. Was zieht die Sünde nach sich?
GOttes zeitliche und ewige Strafen.
172. Worinn bestehet nun die Vergebung der Sünde?
In einer gnädigen Erlassung der Schuld und Strafe / um Christi willen / der Schuld und Strafe auf sich genommen.
173. So werden denen / die in Christo sind / die Sünden nicht mehr zugerechnet?
Nein. Denn wohl dem Menschen / dem der HErr die Missethat nicht zurechnet. Psal. 32/2.

174. Werden ihnen auch die noch anklebende Schwachheiten nicht zugerechnet?
Nein / sie werden denen / die darüber Leyde [62] tragen / und sich im Blute Jesu Christ davon zu reinigen suchen / nicht zugerechnet.
175. Verdienet nicht auch die kleinste Schwachheits-Sünde GOttes Zorn und Ungnade?
Ja / an sich ist jede Sünde verdammlich.
176. Aber kommts bey denen Glaubigen zur wircklichen Verdammung?
Nein.
177. Warum nicht?
Weil sie durch den Glauben in Christo JEsu sind / an welchem keine Verdammniß haftet. Rom. 8/1.
178. Erläßt GOtt den Glaubigen auch alle Strafen der Sünde?
Ja / die zeitlichen / geistlichen und ewigen Strafen.
179. Warum thut er solches?
Weil die Strafen auf Christo gelegen / damit sie Friede hätten / Esa. 53/5. darum heist es nun: Der HErr hat deine Strafen weggenommen. Zephan. 3/15.
180. Werden denn die Glaubigen um ihrer Sünden willen nicht mehr gezüchtiget?
Ja / aber nicht im Zorn / sondern aus väterlicher Liebe. Denn welchen der HErr lieb hat / den strafet und züchtiget er. Offenb. 3/19.
181. So sind ihre Leiden und Trübsalen keine eigentliche Strafen ihrer Sünden?
Nein / sondern es sind väterliche Züchtigungen / die von GOtt / als einem versöhnten Vater / zu ihrem besten ihnen zugeschicket werden. [63]
182. Wie verhält sich GOtt gegen sie in solchen Züchtigungen?

Er versichert sie seiner Gnade / 2 Cor. 12/9. er giebt ihnen Kraft / das Leiden zu tragen / und Gedult darunter auszuhalten / er versüsset es durch seinen Trost / und erfreut sie endlich mit seiner Hülfe.

183. Welches ist die andre Wohlthat / die aus der Gemeinschaft Christi fliesset?

Die geistliche Freyheit.

184. Sind die Glaubigen frey?

Weil sie der Sohn frey machet / so sind sie recht frey. Joh. 8/36.

185. Wovon sind sie frey?

Sie sind *los vom Gesetz* / das sie gefangen hielt. Rom. 7/6.

186. Von welchem Gesetz sind sie los?

Zuförderst von dem Jüdischen Kirchen-und Policey-Gesetz.

187. Wie lange solte diß Gesetz währen?

Bis auf Christum / welcher abgebrochen hat den Zaun / nemlich das Gesetz / das in Geboten gestellet war. Ephes. 2/14.

188. Sind die Glaubigen auch von dem Zucht-und Sitten-Gesetz frey / das in den Zehn Geboten verfasset ist?

Sie sind frey von dem Fluche / Gal. 3/13. und von dem Zwange des Gesetzes / Rom. 6/14. Weil sie die Pflichten / die das Gesetz erfordert / freywillig verrichten. 1 Tim. 1/9. [64]

189. Bleibt aber das Gesetz doch noch die Regel und Richtschnur ihres Lebens?

Ja / es bleibet ihres Fusses Leuchte / und ein Licht auf ihren Wegen. Psal. 119/105.

190. Müssen sie aber durch dessen vollkommene Haltung gerecht und selig werden?

Nein / Christi vollkommner Gehorsam wird ihnen zu eigen geschencket. Wer an den glaubet / der ist gerecht. Apost. 13/38.39.

191. Wovon sind die Glaubigen mehr frey?

Sie sind *los von dem bösen Gewissen.* Hebr. 10/22.

192. So werden sie nicht mehr von dem Gewissen angeklaget /

gerichtet und verdammet?
Nein / ihr Gewissen giebt ihnen das Zeugniß / daß sie Christo angehören.
193. Wie geschieht die Befreyung von dem bösen Gewissen?
Durch die *Rechtfertigung* / da Schuld und Strafe erlassen wird / und durch die *Heiligung* / da das Gewissen von dem heiligen Geiste erleuchtet und regieret wird.
194. So wird denn auch mit dem bösen Gewissen die knechtische Furcht aufhören?
Ja / die knechtische Furcht vor GOtt und seinen zeitlichen und ewigen Strafen höret alsdenn auf. Denn die völlige Liebe treibet die Furcht aus. 1 Joh. 4/18.
195. Höret aber auch die kindliche Furcht GOttes auf?
Keinesweges. Ein Kind GOttes liebet [65] seinen Vater / und fürchtet sich daher / ihn zu beleidigen.
196. Sind die Glaubigen auch frey vom Zorn GOttes?
Ja / er hat geschworen / daß er nicht über sie zürnen / noch sie schelten will. Esa. 54/9.
197. Wer hat sie vom Zorn befreyet?
Durch Christum werden sie behalten vor dem Zorn / nachdem sie durch sein Blut gerecht worden sind. Rom. 5/9.
198. Sind sie auch frey vom Tode?
Ja / vom zeitlichen / geistlichen und ewigen Tode. Joh. 8/51.
199. Müssen sie nicht so wohl / als die Unglaubigen sterben?
Sie müssen zwar sterben; aber der Tod ist verschlungen in den Sieg. 1 Cor. 15/55.
200. Kan der Tod sie nicht mit seinem Stachel verletzen?
Der Stachel des Todes ist die Sünde / 1 Cor. 15/56. die ist ihnen vergeben.
201. Kan sie auch der Tod nicht ewig behalten?
Nein / er muß in der Auferstehung ihre Leiber wieder herausgeben. Daher werden sie leben / ob sie gleich sterben. Joh. 11/25.

202. Wie ist der Tod der Glaubigen anzusehen?
Als ein sanfter Schlaf und Hingang zum Vater.
203. Fürchten sie sich also vor dem zeitlichen Tode?
So wenig / als ein Müder sich fürchtet / zu Bette zu gehen. [66]
204. Sind sie auch vom ewigen Tode / Höll und Verdamniß frey?
Es soll ihnen kein Leid geschehen vom andern Tode. Offenb. 2/11.
205. Wer hat sie davon befreyet?
Jesus hat sie von dem zukünftigen Zorn erlöset. 1 Thes. 1/9.
206. Sind sie aber auch frey vom Teufel?
Ja / sie sind von der Obrigkeit der Finsterniß errettet. Col. 1/13.
207. Sind sie frey von allen seinen Nachstellungen und Anfechtungen?
Nein / er gehet noch herum sie zu verschlingen. 1 Pet. 5/8.
208. Sind sie aber frey von seiner Anklage?
Ja / seine Anklage wird im göttlichen Gericht um ihres Vorsprechers willen verworfen. Offenb. 12/10.
209. Sind sie frey von seiner Macht und Herrschaft?
Ja / er kan weder ihren Verstand noch ihren Willen / weder ihren Leib noch dessen Glieder mehr beherschen.
210. Können Sie ihn überwinden?
Ja / sie haben ihn überwunden durch des Lammes Blut. Offenb. 12/11.
211. Wer hat den Grund zu diesem Siege geleget?
Jesus Christus / welcher der Schlangen den Kopf zertreten. 1 Mos. 3/15.
212. Wodurch überwinden sie ihn?
Durch den Glauben / 1 Pet. 5/8. durch das [67] Wort GOttes / 1 Joh. 2/14. und das Gebet. Matth. 17/21.
213. Welches ist die dritte Wohlthat / die aus der Gemeinschaft Christi fliesset?

Die geistliche Stärcke.

214. Wie gelangen die Glaubigen dazu?

Durch *die Vereinigung mit Christo.* Denn *im* HErrn haben sie Gerechtigkeit und Stärcke. Esa. 45/24.

215. Sind denn die Glaubigen mit Christo vereiniget?

Nachdem sie ihn in der Taufe angezogen haben / so sind sie in Christo / und Christus in ihnen. Joh. 15/4.

216. Wohnet Christus in ihnen?

Ja / er wohnet durch den Glauben in ihrem Hertzen. Ephes. 3/17.

217. Wo aber Christus wohnet / wohnet da nicht auch der Vater und der heilige Geist?

Ja. Er selber spricht Joh. 14/23. *Wir* wollen zu ihm kommen / und Wohnung bey ihm machen.

218. Wo nun Christus wohnet / was theilet er dem Glaubigen mit?

Sein Leben / seine Gnade / Geist / Kraft und Stärcke.

219. Wodurch wird der Mensch solcher Stärcke theilhaftig?

Durch den Glauben / 2 Pet. 1/3. und das Gebet. Psal. 138/3.

220. Wozu braucht ein Glaubiger seine geistliche Stärcke?

Zum Wachsthum in allem Guten / zur [68] Uberwindung der geistlichen Feinde / zur Ausrichtung seines Berufs / und zur geduldigen Ertragung des Creutzes.

221. Wird ein Glaubiger durch diese Stärcke allmächtig?

Nein / aber er vermag doch alles / was er in der Ordnung des Heyls zu thun hat / durch den / der ihn mächtig machet / Christum / Phil. 4/13.

222. Wird er dadurch auch im Tode getrost?

Ja / er wird so starck / daß ihn weder Marter noch Tod von Christo scheiden kan. Rom. 8/37.38.39.

223. Was vor ein Mittel hat Christus sonderlich verordnet / die Glaubigen zu stärcken?

Die Geniessung seines eigenen Leibes und Blutes.

224. Auf wie vielerley Art können sie dasselbe geniessen?
Auf eine *geistliche* Art durch den Glauben / Joh. 6/47.54. und auf eine *sacramentliche* Art unter dem Brod und Wein im heiligen Abendmahl.
225. Was wird durch die würdige Geniessung gestärcket?
Der Glaube / die Liebe / und die Hoffnung.
226. Sind das die vornehmsten geistlichen Güter / die aus der Gemeinschaft mit Christo fliessen?
Ja.
227. Was bringet diese Gemeinschaft mit sich?
Zweyerley / 1) daß Christus sich zueignet / was seinen Glaubigen gutes oder böses wiederfahret. Matth. 25/40. Apost. 9/4. [69] 2) daß die Glaubigen Theil nehmen an allem / was Christi ist.
228. Worin haben sie insonderheit mit Christo Gemeinschaft?
In seinem Leyden und in seiner Herrlichkeit. 2 Tim. 2/11.12. Rom. 6/5.

Die *sechste Abtheilung.*
229. Welches ist das dritte Haupt-Gut / dessen wir in der heiligen Taufe theilhaftig werden?
Die *Gemeinschaft des heiligen Geistes.*
230. Wird uns dann der heilige Geist in der Taufe mitgetheilet?
Ja / er wird in dem Bade der Wiedergeburt reichlich über uns ausgegossen durch JEsum Christum unsern Heyland. Tit. 3/6. Apost. 2/38.
231. Zu welchem Ende wird er uns mitgetheilet?
Daß er in uns wohne / Rom. 8/9. 1 Cor. 3/16. und in uns wircke.
232. Wie mancherley sind die ordentlichen Wirckungen des heiligen Geistes?
Einige zielen auf unsre *Heiligung*; andre auf unsre *Erquickung.*
233. Welche Wirckungen zielen auf unsre Heiligung?

I. Die Erleuchtung.
II. Die Wiedergeburt.
III. Die stete Reinigung von den anklebenden Sünden. [70]
IV. Die Würckung vieler Früchte des Geistes.
V. Der Antrieb zum Gebet.
234. Von wem kommt die Erleuchtung?
Der heilige Geist hat mich mit seinen Gaben erleuchtet. 1 Cor. 2/10.
235. Wodurch erleuchtet uns der heilige Geist?
Durchs Wort Gottes / welches ist ein Licht auf unsern Wegen. Psal. 119/105.
236. Was wird eigentlich an dem Menschen erleuchtet?
Der finstre Verstand / und das Gewissen des Menschen. Ephes. 1/18. c. 4, 18.
237. Was wird dem Verstande durch die Erleuchtung mitgetheilet?
Ein geistliches Vermögen / geistliche Wahrheiten mit einem göttlichen Beyfall recht zu erkennen / und zu beurtheilen / 1 Cor. 2/15. und alles nach der Regel des Wortes GOttes zu prüfen. Rom. 12/2.1 Joh. 4/1.
238. Welche Menschen werden vom Geist GOttes innerlich erleuchtet?
Allein diejenigen / die sich in die Ordnung der Wiedergeburt und Erneurung begeben.
239. Kan keiner / der im geistlichen Tode liegen bleibt / erleuchtet werden?
Es heist Ephes. 5/14. Stehe auf von den Todten / so wird dich Christus erleuchten.
240. Woran erkennet man die wahrhaftig Erleuchtete [SF]?
An dem mercken wir / daß wir ihn kennen / so wir seine Gebot halten. 1 Joh. 2/3 4.
241. Was ist die Wiedergeburt?

Es ist dieselbe wichtige Veränderung / da ein Mensch aus dem geistlichen Tode in das geistliche Leben versetzet wird. 1 Joh. 3/14.

242. Was ist der geistliche Tod?

Ein solcher Zustand / da man zu allem geistlich Guten untüchtig und erstorben / hingegen zu allem Bösen geneigt und geschäftigt ist. Ephes. 2/1. c. 4/18.

243. Was ist das geistliche Leben?

Ein solcher Zustand / da man willig und tüchtig ist / GOtt zu erkennen und zu lieben / und das böse zu unterlassen.

244. Wer wircket die Wiedergeburt?

Der heilige Geist. Joh. 3/5.

245. Durch was vor Mittel?

Bey Kindern / durch die heilige Taufe / als das Bad der Wiedergeburt / Tit. 3/5. bey Erwachsenen durch den lebendigen Saamen des Evangelii. 1 Pet. 1/23. 1 Cor. 4/15.

246. Woran erkennet man einen Wiedergebohrnen?

Wer aus Gott gebohren ist / der thut nicht vorsätzlich Sünde. 1 Joh. 3/9. Und was aus GOtt gebohren ist / überwindet die Welt. 1 Joh. 3/5.

247. Was wird in der Wiedergeburt geschaffen?

Ein *neuer Mensch*. Ephes. 4/22.

248. Was wird dadurch verstanden?

Die neue geistliche Art und Natur / die aus dem Glauben an Christum entstehet. [72]

249. Wie wird dieser neue Mensch sonst in der Schrift genennet?

Er heist der Geist / Joh. 3/6. der Sinn Christi / 1 Cor. 2/16. die neue Creatur / 2 Cor. 5/17. ein neues Hertz und ein neuer Geist. Ezech. 36/26. Psal. 51/12.

250. Was ist die vornehmste Eigenschaft des neuen Menschen?

Daß er GOtt und das Gute liebet / und das Böse hasset. Rom. 12 9. Psal. 97/16.

251. Muß dieser neue Mensch auch wachsen und zunehmen?

Ja / die neue geistliche Art / die in der Wiedergeburt gewircket worden / muß immer stärcker werden.

252. Woran muß der neue Mensch wachsen?

An allen seinen Eigenschaften / an Erkentniß / Glaube / Liebe / Hoffnung / Sanftmut / Demut / Gedult etc.

253. Ist dieses auch eine Wirckung des heiligen Geistes?

Ja / wenn Christus durch den Glauben im Hertzen wohnet / so werden wir *starck durch seinen Geist* an dem inwendigen Menschen. Ephes. 3/16.

254. Was braucht GOtt vor Mittel / diß Wachsthum zu befördern?

Wohlthaten und Züchtigungen.

255. Was müssen wir aber vor Mittel gebrauchen?

Wir müssen die geistliche Nahrung in Wort und Sacramenten begierig geniessen / 1 Pet. 2/2. im Gebet den Mund öffnen / [73] Psal. 81/11. und aus der Fülle Christi Gerechtigkeit und Stärcke nehmen. Joh. 1/16.

256. Was gehet bey diesem Wachsthum des neuen Menschen ferner vor?

Eine stete Reinigung von den anklebenden Sünden.

257 Kleben dann denen Glaubigen noch Sünden an?

Ja / es stecket in ihnen noch die Wurtzel der Erbsünde / ob sie gleich ihrer Herrschaft beraubet ist. Rom. 7/18. 1 Joh. 1/8. Hebr. 12/1.

258. Werden sie auch noch zuweilen von der Erbsünde übereilet?

Ja / sie werden zuweilen in Gedancken / Worten und Wercken übereilet.

259 Hängen ihnen auch noch unordentliche Neigungen an?

Ja / einige sind noch zum Zorn / andre zur Trägheit / andre zum geistlichen Hochmut / andre zum Eigennutz / Eigensinn / Ungedult etc. geneiget.

260. Wie reinigen sie sich aber von solchen anklebenden Unarten?

1) Durch tägliche glaubige Zueignung des Blutes JEsu Christi / 1 Joh. 1/7. 2) Durch einen steten Kampf gegen die inwohnende Sünde. Hebr. 12/1. 2 Cor. 7/1.

261. Was richten sie durch diesen Kampf aus?

Daß die Reitzungen zur Sünde immer schwächer / und die Ubereilungen immer seltner werden. [74]

262. Wer verrichtet diese Reinigung?

Der heilige Geist giebt dazu Trieb und Kräfte. Die Glaubigen aber müssen diese Kräfte treulich gebrauchen. 1 Joh. 3/3.

263. Was folget auf die tägliche Reinigung und Entkräftung der sündlichen Unart?

Die Wirckung vieler Früchte des Geistes.

264. Was heissen Früchte des Geistes?

Die guten Wercke / oder innerliche und äusserliche Handlungen der Wiedergebohrnen / welche sie durch die Wirckung des heiligen Geistes verrichten.

265. Was gehöret zu einem guten Werck?

Dreyerley / 1) daß es aus einem glaubigen und gereinigten Hertzen fliesse / 2) daß es GOttes Befehl und Willen vor sich habe / 3) daß es zur Ehre GOttes und des Nächsten Nutzen geschehe.

266. Warum werden solche gute Wercke Früchte des Geistes genennet?

Weil der heilige Geist gleichsam der Saft ist / der diese Früchte in den Bäumen der Gerechtigkeit / Esa. 61/3. hervortreibet.

267. Nenne mir einige von solchen Früchten?

Die Frucht des Geistes ist Liebe / Freude / Friede / Gedult /

Freundlichkeit / Gütigkeit / Glaube / Sanftmut / Keuschheit. Gal. 5/22. 2 Pet. 1/5.6.7. [75]

268. Was wircket der heilige Geist mehr in den Glaubigen?

Einen Trieb zum Gebet.

269. Wie wird der heilige Geist daher genennet?

Ein Geist der Gnaden und des Gebets. Zach. 12/10.

270. Was ist das Gebet?

Ein Gespräch eines Kindes GOttes mit seinem himmlischen Vater. Psal. 19/15.

271. Was thut nun der heilige Geist bey dem Gebet?

Er *treibet* zum Gebet / und *wircket* das Gebet.

272. Wie treibet er die Seele zum Gebet?

Bald durch ernstliche Bestrafungen ihrer Trägheit / bald durch liebreiche Reitzungen zum Eyfer im Gebet. Joh. 16/24.

273. Was stellt er der Seele vor / wenn er sie zum Gebet reitzet und treibet?

Bald ihre eigne Dürftigkeit / bald GOttes Gütigkeit / Befehl und Verheissung / bald den Nutzen des Gebetes. Matth. 7/7.

274. Wircket er aber auch das Gebet?

Ja / er wircket nicht nur das Gebet / sondern auch alles / was zu einem erhörlichen Gebet gehöret / Aufmercksamkeit / Andacht / Inbrünstigkeit / Demut / Vertrauen und Beständigkeit.

275. Was thut er insonderheit im Stande schwerer Anfechtungen / und im letzten Todes-Kampf?

Er vertrit die Glaubigen mit unaussprechlichen Seufzen. Rom. 8/26. [76]

276. Wohin zielen alle diese bisher erzehlten Wirckungen des heiligen Geistes?

Auf die *Heiligung* des Menschen.

Die siebende Abtheilung.

277. Welches sind diejenigen Wirckungen des heiligen Geistes / die auf die Erquickung der Glaubigen abzielen?

I. Die Versicherung der Kindschaft und Erbschaft.
II. Der Trost in aller Trübsal.
III. Der Friede Gottes.
IV. Die geistliche Freude.
V. Die geistliche Salbung.

278. Wie erlangen denn die Glaubigen eine Versicherung ihrer Kindschaft?

Der heilige Geist giebt Zeugniß ihrem Geist / daß sie GOttes Kinder sind. Rom. 8/16.

279. Wie gehet das zu?

Indem er die Eigenschaften wahrer Kinder GOttes / Liebe / Vertrauen / Ehrfurcht / Gehorsam etc. in ihnen wircket / sie zum guten treibet / Rom. 8/14. und Abba / lieber Vater / in ihnen rufet. Rom. 8/15.

280. Versichert er sie auch ihrer künftigen Erbschaft?

Ja / er ist das Pfand ihres Erbes. Ephes. 1/13.14. [77]

281. Die Glaubigen müssen doch aber noch vieles in dieser Welt leiden?

Sie haben aber auch kräftigen *Trost in aller Trübsal*. 2 Cor. 1/4.5.

282. Was heist Trost?

Eine Empfindung der Gnade GOttes in Christo / die der heilige Geist denen Glaubigen zur Beruhigung ihres Hertzens kräftig zueignet.

283. Welches ist die Quelle des wahren Trostes?

Das Wort GOttes / Psal. 119/50. 92. insonderheit das Evangelium von JEsu Christo. Apost. 13/15.

284. Wer ist aber des Trostes fähig?

Wer fromm ist / der bekommt Trost vom Herrn / Sprüchw. 12/2. und die in der Nachfolge Christi Leide tragen / die sollen getröstet werden. Matth. 5/4.

285. Was ist mit dem Genuß des göttlichen Trostes verknüpft?

Der Friede GOttes. Phil. 4/7.
286. Wer hat uns den Frieden mit GOtt erworben?
Der HErr JEsus / welcher Friede gemacht durch das Blut an seinem Creutze. Col. 1/20.
287. Wer eignet uns aber den erworbenen Frieden zu?
Der heilige Geist.
288. Was ist der Friede mit GOtt?
Er ist eine kräftige Uberzeugung und süsse Empfindung der Versöhnung / die durch JEsum Christum gestiftet ist. [78]
289. Was ist der Friede in GOtt?
Die heilige Zufriedenheit des Gemüths / da die Seele in GOtt und seiner Liebe ruhet.
290. Leben die Glaubigen auch im Friede mit andern Menschen?
Ja / so viel an ihnen ist / haben sie mit allen Menschen Friede. Rom. 12/18.
291. Haben die Gottlosen keinen Frieden?
Die Gottlosen haben keinen Frieden spricht mein GOtt. Esa. 57/20.
292. Was ist mit dem Frieden GOttes verbunden?
Die *geistliche Freude*, oder die Freude im heiligen Geist. Rom. 14/17.
293. Warum nennest du es eine geistliche Freude?
Sie zu unterscheiden von der natürlichen und sündlichen Freude über das Böse / oder über andrer Menschen Unglück.
294. Wer wircket diese sündliche Freude?
Der böse Geist / der sein Werck hat in den Kindern des Unglaubens. Ephes. 2/2.
295. Wer wircket aber die geistliche Freude?
Der heilige Geist / 1 Thess. 1/6.
296. In welcher Ordnung wircket er dieselbe?
In der Ordnung der Busse und des Glaubens / da man unter

einer göttlichen Traurigkeit der Sünde abstirbet / und sich mit Christo vereiniget.

297. Was ist die Freude?

Eine sanfte und liebliche Bewegung des Gemüths. [79]

298. Woher entsteht dieselbe?

Theils aus dem Genuß der *gegenwärtigen* Heyls-Güter / theils aus dem Vorgeschmack der zukünftigen Güter / die im Himmel aufbehalten sind.

299. Was entstehet aus dieser Freude?

Ein Lob GOttes / Freundlichkeit gegen den Nächsten / und ein Wachsthum in allem Guten. Psal. 119/32.

300. Wo wird diese Freude vollkommen werden?

Im Himmel / Matth. 25/21. Wo Freude die Fülle / und lieblich Wesen zur Rechten Gottes immer und ewiglich. Psal. 16/11.

301. Was haben die Glaubigen noch mehr in der Gemeinschaft des heiligen Geistes?

Sie haben die Salbung von dem / der heilig ist. 1 Joh. 2/20. Psal. 23/4.

302. Womit sind sie gesalbet?

Mit dem heiligen Geist / und dessen vortrefflichsten Gaben.

303. Wie heissen sie daher?

Gesalbte GOttes / Psal. 105/15. oder Christen.

304. Was hat diese Salbung vor eine Kraft?

1) Sie *stärcket* die Seele / 2) Sie *heilet* ihre Gebrechen / 3) Sie *erquicket* und erfreuet das Hertz / 4) Sie macht die Glaubigen zu einem *guten Geruch* Christi vor GOtt und Menschen. 2 Cor. 2/12. [80]

305. Was werden die Glaubigen durch diese Salbung?

Sie werden Könige und Priester vor GOtt. Offenb. 1/6.

306. Was opfern sie / wenn sie Priester sind?

Ihre Leiber / Rom. 12/1. ihre Gebete / Dancksagungen und Allmosen. Hebr. 13/15.16.

307. Worüber herrschen sie / wenn sie Könige sind?
Uber den Satan / die Welt / und die Sünde. Rom. 6/12.14. Joh. 5/4.

Die achte Abtheilung.

308. Da nun die Glaubigen in der Gemeinschaft mit dem Vater / Sohn und heiligen Geist stehen / sind sie denn itzo schon wahrhaftig selig?
Ja / es heißt von ihnen: Aus Gnaden seyd ihr selig worden / Ephes. 2/5.8. Und sie können sagen: *Wir sind wohl selig* / doch in der Hoffnung einer noch grösseren Seligkeit. Rom. 8/24.
309. Ist ihnen die Seligkeit schon erworben?
Ja / durch Christum.
310. Ist ihnen aber auch die Seligkeit schon wircklich mitgetheilet?
Ja / sie sind selig gemacht / durch das Bad der Wiedergeburt. Tit. 3/5.
311. Haben sie ein Recht zum ewigen Leben?
Ja.
312. Haben Sie aber auch schon das ewige Leben?
Wer an den Sohn glaubet / der hat das ewige Leben. Joh. 3/36. Joh. 5/11.12.13. [81]
313. Sind sie auch schon herrlich?
Welche er hat gerecht gemacht / die hat er auch *herrlich* gemacht. Rom. 8/30. Joh. 17/22. 1 Pet. 4/15.
314. Bestehet die wahre Seligkeit in Ehre / Reichthum / und guten Tagen?
Nein / diese vergängliche Dinge können die Seele nicht selig machen.
315. Worinn bestehet sie denn?
In dem Besitz und Genuß des höchsten Gutes / welches ist der dreyeinige GOtt.

316. Wird denn darinn auch die Seligkeit des Himmels bestehen?
Ja / man wird da GOtt erkennen / lieben und geniessen.
317. Haben die Glaubigen von diesem allen schon hier einen Anfang?
Ja / das geistliche Leben / darinn man GOtt erkennet / liebet und geniesset / ist ein wahrer Anfang des ewigen Lebens / da dieses alles vollkommner geschehen wird.
318. Wenn also die Glaubigen schon selig sind / was haben sie denn noch in der Welt zu thun?
Sie haben sich ihres Heyls zu erfreuen / es zu bewahren / und der Offenbahrung desselben mit Gedult zu erwarten.
319. Ist diese Seligkeit allen wahren Christen gemein?
Ja / doch fasset einer mehr davon / als der andre.
320. So haben die Glaubigen einerley Vorrechte und Güter der Seligkeit mit einander zu geniessen?
Ja. [82]
321. Wie wird dieses sonst genannt?
Die Gemeinschaft der Heiligen.
322. Wo wird davon im Catechismo gehandelt?
Im dritten Articul des andern Hauptstücks /.
323. Mit wem stehen die Heiligen auf Erden in Gemeinschaft?
Nicht nur mit dem dreyeinigen GOtt und den heiligen Engeln; sondern auch mit ihren Mit-Brüdern im Himmel und auf Erden.
324. Welches sind ihre Mit-Brüder im Himmel?
Die Seelen der vollendeten Gerechten / die schon in die Herrlichkeit eingegangen sind. Hebr. 12/23.
325. Stehen sie mit denselben in Gemeinschaft?
Ja / sie stehen mit einander unter Einem Haupte / Ephes. 1, 10. dienen Einem HErren / und tragen eine hertzliche Liebe gegen einander.

326. Stehen sie auch in einer Gemeinschaft mit andern glaubigen Mit-Brüdern auf Erden?
Ja / sie sind nicht nur Kinder Eines Vaters / sondern auch Glieder eines geistlichen Leibes. Rom. 12/4.5.6. 1 Joh. 1/3.
327. Was haben Sie also mit einander gemein?
Einen HErren / Einen Glauben / Eine Taufe / Einen GOtt und Vater unser aller. Ephes. 4/5.6.
328. Sind sie wegen dieser Gemeinschaft schuldig einander zu lieben?
Ja / nach der Ermahnung 1 Pet. 1/22. Habt euch unter einander brünstig lieb aus reinem Hertzen. [83]
329. Sind sie schuldig Mitleiden mit einander zu haben?
Ja. Denn wenn ein Glied leidet / so leiden alle Glieder mit. Cor. 12/26.
330. Sind sie schuldig / ihre leiblichen und geistlichen Wohlthaten einander mitzutheilen?
Ja. Denn es heißt: *Dienet* einander / ein jeglicher mit der Gabe / die er empfangen hat. 1 Pet. 4/10.
331. Sind sie auch schuldig für einander zu beten?
Ja. Denn es heißt: Bekenne einer dem andern seine Sünde / und *betet* für einander. Jac. 5/16.
332. Sind sie auch schuldig / in öffentlichem Gottesdienst sich mit einander zu vereinigen?
Ja / im Lobe GOttes / in der Absingung geistlicher Lieder / im Gehör des Wortes / im Gebrauch der heiligen Sacramenten.
333. Ist diese Gemeinschaft der Heiligen auch ein Stück ihrer Seligkeit?
Allerdings. Denn wo Brüder also eins sind / da verheisset der HErr Leben und Segen immer und ewiglich. Psal. 133/1.3.
334. Haben denn aber auch die Glaubigen Versicherung / daß sie in dem angefangenen Guten bis ans Ende beharren werden?

Sie können desselben in guter Zuversicht seyn / daß der in ihnen das gute Werck angefangen / es auch vollführen werde. Phil. 1/6.

335. Worauf gründet sich diese Versicherung?

Auf des *Vaters* Wahrheit / Treue und Allmacht / 2 Thess. 3/3. 1 Pet. 1/5. auf des [84] *Sohnes* Verdienst und Fürbitte / Luc. 22/32. Joh. 17/20. auf des *heiligen Geistes* beständige Einwohnung und Versiegelung / Joh. 14/16.17. Ephes. 1/13.14.

336. Was müssen aber die Glaubigen thun / wenn sie bis ans Ende beharren wollen?

Sie müssen die Gnaden-Mittel treulich gebrauchen / wachen / kämpfen / beten / vorsichtig wandeln / insonderheit an Christo bleiben / und dem Triebe seines Geistes gehorchen.

337. Wenn sie das thun / was bleibet ihnen noch übrig?

Ein sehnliches Warten auf die Vollendung ihres Heyls.

338. Ist denn ihr Heyl oder ihre Seligkeit in diesem Leben noch verborgen und unvollkommen?

Ja / sie sind nun GOttes Kinder / aber es ist noch nicht erschienen / was sie seyn werden. 1 Joh. 3/1.

339. Wird aber ihre Seligkeit noch offenbaret und vollendet werden?

Ja / sie wird nicht immer verborgen und unvollkommen bleiben.

340. Wenn wird solches geschehen?

Am Tage der Erscheinung Jesu Christi. Col. 3/4.

341. Warten also die Glaubigen auf die Erscheinung Christi?

Ja / sie warten auf die Erscheinung der Herrlichkeit des grossen GOttes. Tit. 2/13. Phil. 3/21. 1 Cor. 1/7. [85]

342. Wie warten sie darauf?

Gedultig / Rom. 8/25. sehnlich / 2 Cor. 5/2. und frölich. 2. Cor. 5/8.

343. Warum warten sie denn so sehnlich auf ihre Vollendung?

1) Weil sie hier noch die Wurtzel der Sünde in sich haben / 2) vielem Leiden noch unterworfen sind / 3) noch gewisse Güter zu erwarten haben / die ihnen in jenes Leben versparet sind.

Die neunte Abtheilung.

344. Wird denn diese Erwartung und Hofnung der Glaubigen endlich erfüllet werden?

Ja / denn Hofnung läßt nicht zu Schanden werden. Rom. 5/4.

345. Was gehören dahin vor Wohlthaten?

I. *Der selige Tod.*

II. *Die herrliche Zukunft Christi.*

III. *Die Auferstehung zum Leben.*

IV. *Das Bestehen vor dem letzten Gericht.*

V. *Die ewige Herrlichkeit.*

346. Welches ist die erste Stufe zur Vollendung der Seligkeit?

Der selige Tod der Glaubigen.

347. Was ist der Tod an sich selbst?

Der Tod ist der Sünden Sold. Rom. 6/23.

348. Wie kan er denn unter die Wohlthaten der Glaubigen gerechnet werden?

Das haben wir JEsu Christo und seinem Tode zu dancken. [86]

349. Was hat der HErr Jesus mit dem Tode vorgenommen?

Christus hat dem Tode die Macht genommen / 2 Tim. 1/10. ihn im Sieg verschlungen / 1 Cor. 15/55. und ihn in einen sanften Schlaf verwandelt. Matth. 9/24.

350. Was gehet im Tode der Glaubigen vor?

Leib und Seele wird von der Wurtzel alles Ubels / der Sünde / und von allen schmertzlichen Empfindungen / die aus der Sünde herrühren / erlöset. 2 Tim. 4/18.

351. Wo wird ihre Seele hin versetzet?

Sie wird von den Engeln getragen in *Abrahams Schooß*. Luc. 16/22.

352. Was ist der Schooß Abrahä?

Derselbe Ehr-und Freuden-volle Zustand / in welchem sich dieser Vater der Glaubigen mit seinen Kindern befindet.

353. Wie nennet Christus noch anderswo diesen Zustand?

Das Paradis. Luc. 23/43.

354. Ist der Seele daselbst wohl?

Ja / der Gerechten Seelen sind in GOttes Hand / und keine Quaal rühret sie an. Weish. 3/1.

355. Worinn bestehet ihre Seligkeit?

Darinn / daß sie von dem Ubel der Sünde frey sind / Ruhe und Freude geniessen / und in der angenehmen Gesellschaft JEsu Christi / der auserwehlten Engel / und anderer seligen Geister sich befinden. [87]

356. Was wiederfähret unterdessen dem Leibe?

Er wird durch die Verwesung in Staub und Erde verwandelt / in welchem Zustande er bis an den jüngsten Tag bleibet.

357. Was wird am jüngsten Tage geschehen?

Die herrliche Zukunft Christi.

358. Wer wird kommen und erscheinen?

Eben derselbe Sohn GOttes / der ins Fleisch kommen ist / die Welt zu erlösen. Apost. 1/11.

359. Wie wird er erscheinen?

Des Menschen Sohn wird kommen in seiner Herrlichkeit / und alle heilige Engel mit ihm. Matth. 25/31.

360. Wozu wird er erscheinen?

Zu seiner Offenbahrung. 2 Thess. 1/7. 1 Cor. 1/7.

361. Was wird alsdenn offenbar werden?

So wol die Majestät seiner göttlichen Natur / als die Herrlichkeit seiner verklärten menschlichen Natur.

362. Wer wird aber zugleich mit ihm offenbar werden?

Wenn Christus / unser Leben / sich offenbaren wird / so werden auch seine Glaubigen offenbar werden mit ihm in der Herrlichkeit. Col. 3/4.

363. Was wird mit der Erscheinung Christi verbunden seyn?
Die *Auferstehung zum Leben.*
364. Werden alsdenn alle Todten auferstehen?
Alle / die in den Gräbern sind / werden [88] seine Stimme hören / und werden hervorgehen. Joh. 5/28.
365. Werden aber alle zum ewigen Leben auferstehen?
Etliche zum ewigen Leben / etliche zu ewiger Schmach und Schande. Dan. 12/2.
366. Werden die Glaubigen eben dieselben Leiber wieder bekommen / die sie hier gehabt haben?
Ja / eben die Leiber / in welchen sie gutes gethan / und böses gelitten. 2 Cor. 5/10. Und so werden sie in ihrem Fleische GOtt sehen. Hiob 19/ 26.
367. Wird aber nicht eine grosse Veränderung an diesem Leibe vorgehen?
Ja. Christus wird ihren nichtigen Leib verklären / daß er ähnlich werde seinem verklärten Leibe. Phil. 3/21.
368. Wird dieser verklärte Leib der Glaubigen noch einige Schmertzen empfinden?
Es wird kein Leid / kein Geschrey / kein Schmertz mehr seyn. Offenb. 21/4.
369. Wird einige Ungestalt an ihm zu finden seyn?
Nein / er wird eine vollkommne Schönheit besitzen und vortrefflich gläntzen. Matth. 13/43.
370. Werden alle verklärte Leiber einerley Glantz haben?
Nein. Wie ein Stern den andern an Klarheit übertrift / so wird auch unter den verklärten Leibern einer den andern übertreffen. 1 Cor. 15/41. 42.
371. Welche werden wol am herrlichsten gläntzen?
Die viele zur Gerechtigkeit gewiesen / und [89] um der Gerechtigkeit willen vieles erlitten haben. Dan. 12/3. Luc. 6/22.23.
372. Wird denn nun mit diesem verklärten Leibe in der Aufer-

stehung die Seele wieder vereiniget werden?
Ja / sie wird ewig wieder in demselben wohnen / und in demselben alle himmlische Ergetzungen geniessen / und alle himmlische Geschäfte verrichten.
373. Was wird zu nächst auf die Auferstehung der Glaubigen folgen?
Das Bestehen vor dem letzten Gericht.
374. Werden dann die Glaubigen auch mit vor den Richter-Stul Christi gestellet werden?
Ja / wir müssen alle offenbar werden vor dem Richter-Stul Christi. 2 Cor. 5/10.
375. Ich meynte / wer an den Sohn glaube / der komme nicht ins Gericht. Joh. 5/24.
Er kommt nicht also ins Gericht / daß er als ein Schuldiger in demselben verurtheilet werde.
376. Wie werden die Glaubigen vor ihrem Richter stehen?
1) Mit verklärtem Leibe. 2) Mit frölichem Gewissen / Weish. 5/1. 3) Von den Bösen abgesondert. Matth. 25/32. 4) Zur rechten Hand des Richters / V. 33. der sie als seine Brüder öffentlich ehren wird.
377. Wornach werden sie gerichtet werden?
Nicht nach der Strenge des Gesetzes / sondern nach dem Evangelischen Gnaden-Bunde. [90]
378. Was wird der Richter öffentlich rühmen?
Ihre Wercke der Liebe / insonderheit die sie ihm in seinen Gliedern erwiesen haben / Matth. 25/35. und ihre Gedult im Leiden.
379. Was wird er aber verschweigen?
Ihre einmal vergebene Sünden. Denn sie sollen nicht zu Schanden werden in seiner Zukunft. 1 Joh. 2/28.
380. Was wird ihnen in diesem letzten Gericht zuerkant werden?

Die ewige Herrlichkeit.

381. Worinn wird eigentlich die Herrlichkeit des ewigen Lebens bestehen?

In der Aehnlichkeit mit GOtt / oder in der völligen Herstellung des göttlichen Ebenbildes. Denn Johannes sagt 1 Epist. 3/2. Wir wissen / daß wir ihm gleich seyn werden. Psal. 17/15.

382. Werden denn die Auserwehlten allmächtig / allwissend / allgegenwärtig werden?

Nein. Aber sie werden doch frey / weise / und heilig werden.

383. Wovon werden sie frey werden?

Von allen Unvollkommenheiten / sonderlich von der Sünde / von allen Ursachen der Sünde / und von allen Strafen der Sünde.

384. Werden sie gantz von der Erbsünde befreyet seyn?

Ja / es wird keine Sünde mehr in ihnen seyn. Sie werden vor dem Angesicht GOttes stehen unsträflich. Jud. V. 24. [91]

385. Werden sie auch keine wirckliche Sünde mehr thun?

Nein / sie werden nicht mehr sündigen / sondern / wie die Engel GOttes / allezeit den Willen GOttes vollbringen.

386. Werden sie von allen Versuchungen des Satans auf ewig frey seyn?

Ja. Dieser Verführer wird alsdenn in dem Abgrunde verschlossen liegen.

387. Werden sie auch keine Strafen der Sünde mehr empfinden?

Nein / da wird weder Schmertz noch Tod mehr seyn. Offenb. 7/16.17.

388. Wie wird ihr Leib alsdenn beschaffen seyn?

Rein / schön / subtil / herrlich und geschickt zum ewigen Umgange / Dienst und Lobe GOttes.

389. Wie wird ihre Seele beschaffen seyn?

Verstand / Wille und Gewissen wird sich in dem vollkommensten Zustande befinden.

390. Was wird in dem Verstande seyn?
Die herrlichste Erkentniß und Weisheit. Joh. 17/3. 1 Cor. 13/10.12.
391. Was wird in dem Willen seyn?
Eine vollkommne Liebe und Heiligkeit.
392. Was wird in dem Gewissen seyn?
Die reineste Freude und Vergnügung.
393. Wer sich zu solcher Seligkeit Hofnung machet / was muß derselbe thun?
Wer solche Hofnung hat / der reiniget sich / gleich wie er rein ist. 1 Joh. 3/3. Denn da [92] hin wird nichts kommen / das Greuel thut und Lügen / Offenb. 21/27.
394. Kan man denn von dieser Erkentniß der Heyls-Schätze einen Nutzen haben?
Allerdings einen sehr grossen Nutzen.
395. Was kan ein noch unbekehrter Mensch vor Nutzen davon haben?
Er kan zur wahren Bekehrung gelocket werden / wenn er höret / was er dadurch vor einen Schatz des Guten erlangen könne.
396. Wer hat die Menschen also zur Bekehrung gelocket?
Johannes und Christus / welche beyde geprediget haben: Thut Busse / denn das Himmelreich ist nahe herbey kommen. Matth. 3/2. und Cap. 4/17.
397. Was wird da durch das Himmelreich verstanden?
Der gantze Schatz der Heyls-Güter / die bisher betrachtet worden.
398. Was kan ein glaubiges Kind GOttes vor Nutzen von dieser Betrachtung haben?
Es kan daraus erkennen lernen / wie selig es sey. Esa. 3/10.
399. Wozu kan ihm die Erkentniß dienen?
Die elenden Schein-Güter der Welt zu verleugnen / und sei-

nem Heylande / der ihm diese Gnaden-Güter erworben hat / treulich und beständig anzuhangen.

400. Wilst du dir diese Betrachtung hierzu dienen lassen?

Ja / durch GOttes Gnade. [93]

Gebet,
darinn die bisher betrachtete
Schätze des Heyls kurtz zusammen
gefasset sind.

Lieber himmlischer Vater / ich dancke dir / daß du mich von Ewigkeit her geliebet / und den *Vorsatz* gefasset / der Welt deinen Sohn zu schencken / und alle diejenigen selig zu machen / die an ihn glauben würden. Gelobet sey dein heiliger Name / daß du deinen Sohn wircklich ins Fleisch gesendet / und denselben / nachdem er das Werck der *Erlösung* vollbracht / und die Welt mit dir ausgesöhnet / wiederum *in die Herrlichkeit eingeführet* / allwo er uns *vertrit* zu deiner Rechten / und sein *Gnaden-Reich* / das er auf Erden angerichtet hat / regieret.

Ach wer bin ich armes Kind / daß du mir den gantzen Schatz des Heyls / welches mein Erlöser erworben / in meiner *Taufe* geschencket / und daß ich daselbst in die Gemeinschaft des Vaters und des Sohnes / und des heiligen Geistes aufgenommen worden. O der grossen Seligkeit/ daß du mich für [94] *dein Kind erkennet* / und mir eine so herrliche *Erbschaft* zubereitet hast / und daß du mich Lebenslang *lieben* und für mich *sorgen* / dich meiner erbarmen / mir einen Zutrit zu dir verstatten / mein Gebet erhören / meine Arbeit segnen und belohnen / mich zu meinem Besten züchtigen / alles zu meinem Heyl lencken / mir ein Recht zum Gebrauch deiner Creaturen geben / ja selbst der Freundschaft und des Dienstes deiner Engel mich würdigen wilst. O daß ich mich doch auch als ein frommes und gehorsames Kind gegen einen so guten Vater Lebenslang verhalten möchte.

Wie groß / HErr Jesu / ist der Schatz deiner *Gerechtigkeit* / *Freyheit* und *Stärcke* / die du mir erworben hast. Um deiner *Gerechtigkeit* willen wilst du mir alle meine Sünden vergeben / und auch die noch anklebenden Schwachheiten mir nicht zurechnen. Du hast mir die *Freyheit* von Sünde und Strafe / von Gesetz / Fluch und bösen Gewissen / von Zorn / Tod / Hölle und Satan verdienet / und allerley göttliche *Kraft* zum Wachsthum im Guten erworben / und willst / daß ich mit dir im Leiden und in der Herrlichkeit Gemeinschaft haben soll. O laß mich doch deine *Gerechtigkeit* im Glauben [95] ergreifen / in der *Freyheit* / die du mir zu wege gebracht / bestehen/ und durch deine *Kraft* alles überwinden / thun und leiden/ was mir gebühret.

O heiliger Geist / du hast mich in meiner Taufe *geheiliget* / und willst mich noch ferner heiligen. Ach *erleuchte* meinen Verstand. Laß mich in der Kraft der *neuen Geburt* wandeln. *Reinige* mich von denen noch anklebenden Sünden / und wircke in mir viele *Früchte* des Geistes. *Treibe* mich beständig *zum Gebet* an / ja rufe selbst in mir Abba / lieber Vater. Laß mich aber auch deine *erquickende* Wirckungen / o guter Geist / erfahren. *Versichre* mich meiner Kindschaft und Erbschaft. *Tröste* mich in aller Trübsal. Laß mich den *Frieden* GOttes und eine heilige *Freude* schmecken / und laß deine *Salbung* / die Könige und Priester vor GOtt machet / mich stärcken / heilen und erfreuen. Laß mich aber deine Wirckungen / die auf meine *Heiligung* und *Erquickung* abzielen / niemals verhindern / noch deiner Zucht und Leitung widerstreben.

Laß mich also meine Seligkeit / die ich schon itzo habe / in der Gemeinschaft aller Glaubi-[96]gen / bis ans Ende bewahren / und auf die Vollendung meines Heyls sehnlich warten. Endlich versetze meine Seele durch einen seligen *Tod* in deine Ruhe. Erwecke aber am Tage deiner *Erscheinung* meinen Leib /

und laß mich der *Auferstehung* zum Leben theilhaftig werden / *vor* deinem *Gericht* freudig *bestehen* / und endlich in deine *ewige Herrlichkeit* eingeführet werden / wo ich dich / meinen Vater / Erlöser und Tröster / schauen / anbeten / und ewig loben werde. Amen. [97]

Neues

Gesang-Büchlein,

für

Kinder.

[98]

1. Lied/

bey dem Anfange eines neuen Jahrs.

Luc. 13/6-9.

Mel. Machs mit mir GOtt etc.

1. Ein Jahr geht nach dem andern hin
Der Ewigkeit entgegen.
Ach möchte doch der träge Sinn
Diß fleißiger erwegen [* *Psalm 90/12*]
Ach brächte doch ein jedes Jahr
Viel neue gute Früchte dar!

2. Allein wo ist / wo ist die Frucht /
Die wir bisher getragen?
Wie oft hat GOtt umsonst gesucht!
Wie hat er müssen klagen! [* Esa. 5/2]
Es that ihm weh / wenn seine Hand
Anstatt der Frucht nur Blätter fand. [** Matth. 21/19.]

3. Haut ab / spricht er / den kahlen Baum /
Der keine Früchte träget. [* Matth. 7/19.]
Was nimmt er andern Saft und Raum?
Komm / Tod / der alles schläget /
Komm / leg die Axt der Wurtzel an /
Thu einen Streich / so ists gethan.

4. Allein der treue Heyland spricht:
Laß ihn diß Jahr noch stehen.
Trägt er noch keine Früchte nicht:
Ich hoff sie noch zu sehen. [99]
Ach halt des strengen Urtheils Lauf
Doch diß Jahr noch / mein Vater / auf.
5. So gib denn / lieber Heyland / Kraft /
Diß Jahr viel Frucht zu bringen. [* Joh. 15/ 8.]
Ach laß doch deines Geistes Saft
In unsre Zweige dringen.
Schütt auch auf unsrer Eltern Hauß
Viel Gnade / Kraft und Segen aus.

2. Lied /
bey dem Anfange einer neuen Woche.
Mel. Allein GOtt in der Höh.
1. Die alte Woch ist nun vorbey /
Die neu ist angegangen.
Danck sey dir / HErr / für deine Treu /
Die uns bisher umfangen.
Ach fahre fort mit Lieb und Huld /
Mit Langmut / Güte und Gedult /
Uns Tag vor Tag zu tragen.
2. Ach schencke deiner kleinen Schaar
Ein Hertz / das JEsum liebet /
Das heilig ist / wie seines war /
Das Zucht und Tugend übet /
Das Lügen / Trotz und Faulheit flieht /
Und sich mit gantzem Ernst bemüht
In deiner Furcht zu wandeln. [100]
3. Geuß deinen reichen Segen aus
Auf unser Thun und Lernen.

Laß sich von unsrer Eltern Hauß
Gefahr und Noth entfernen.
Soll diese Woch die letzte seyn /
So führ uns in die Freude ein /
Die du uns hast erworben.

3. Schul-Lieder.
1) Lied vor der Schule.
Mel. Vater unser / im Himmelreich.
1. O Vater / der so viel zu gut
Uns / seinen armen Kindern / thut /
Wir dancken dir durch deinen Sohn /
Als unsern lieben Gnaden-Thron / [* Rom. 3/24.]
Daß uns die Schulen offen stehn /
In welche wir mit Freuden gehn.
2. Wir kommen blind in diese Welt /
Und wissen nicht / was dir gefällt.
Wir kennen ohne Unterricht
Den allerliebsten Heyland nicht /
Der Sinn versteht nicht / was er soll /
Und unser Hertz ist Bosheit-voll.
3. Drum giebst du uns Gelegenheit /
O Vater der Barmhertzigkeit / [101]
Zu lernen / was ein wahrer Christ
Von dir zu wissen schuldig ist /
Und lenckst den Thorheit vollen Sinn
Durch kluge Zucht zum Guten hin.
4. HErr JEsu / grosser Kinder-Freund /
Du warst dem Müßiggange feind /
Du sassest bey den Lehrern dort / [* Luc. 2/46.]
Und hörtest gerne GOttes Wort:
Drum nahmst du auch an Weisheit zu. [** Luc. 2/52.]

Ach gib / daß ich desgleichen thu.
5. O *heilger Geist* / treib meinen Sinn
Mit Freud und Lust zur Schule hin.
Laß mich fein still und fleißig seyn /
Flöß meinem Hertzen Weisheit ein.
Gib/ daß ich fromm auf dieser Erd /
Und dort des Himmels Erbe werd.
2) Lied nach der Schule.
Mel. Freu dich sehr / o meine Seele.
1. Vater / dir sey Lob gegeben
Für den Segen deiner Hand /
Den du mir in meinem Leben /
Und auch itzo / zugewandt.
Habe Danck / o höchstes Licht /
Für den treuen Unterricht /
Den ich auch in diesen Stunden
Hab aus deinem Wort gefunden. [102]
2. Ach vergib mir meine Sünden /
Die ich in der Schul gethan.
Laß vor dir mich Gnade finden /
Siehe meinen Bürgen an.
Hab ich nicht dein Wort geliebt /
Hab ich Muthwill ausgeübt;
So laß meiner Jugend Flecken
Meines JEsu Blut [* 1 Joh. 1/7.] bedecken.
3. Schreibe / was ich guts gehöret /
Tief in mein Gedächtniß ein.
Laß dem / was man mich gelehret /
Meinen Wandel ähnlich seyn.
Segne meines Lehrers Zucht /
Laß mich bringen gute Frucht.
Laß mich deinen Geist regieren /

Wenn die Welt mich will verführen.
4. Nimm mich / o du höchstes Wesen /
Gantz zu deinem Eigenthum.
Du hast mich dir auserlesen;
Laß mich leben dir zum Ruhm.
Ich entsage / HErr / aufs neu
Aller Sünd und Heucheley.
Ich vertrau auf deinen Namen /
Mach mich fromm und selig / Amen. [103]

4. Morgen-Lied.
Mel. GOtt des Himmels und der Erden.
1. GOtt / ich preise deine Güte
Für den Schutz verwichner Nacht /
Da mein Leib und mein Gemüthe
Von dem süssen Schlaf erwacht /
Und da deiner Sonnen Licht
Wieder durch die Schatten bricht.
2. Es hat mich und auch die Meinen
Weder Angst noch Furcht erschreckt /
Weil die Grossen mit den Kleinen
Deiner Liebe Schild [* 1 Mos. 15/1.] bedeckt /
Und dein Engel uns bewacht.
Dir sey Lob und Preis gebracht.
3. Mache nun mit diesem Morgen /
Vater / deine Güte neu. [* Klagl. 3/22.23.]
Laß mich heute redlich sorgen /
Wie ich dir recht danckbar sey /
Damit dieser neue Tag
Neuen Segen bringen mag.
4. Dir empfehl ich Seel und Glieder /
Dir empfehl ich Leib und Geist. [104]

Nimm zu einem Opfer wieder /
Was mit Recht dein eigen heist.
Laß mich/ als dein Eigenthum /
Leben dir allein zum Ruhm. [* Rom. 14/8]
5. Schencke deinem armen Kinde
Deinen Geist / der mich regier;
Daß mich nicht zu Schand und Sünde
Jener arge Geist verführ /
Der durch böse Buben lockt, [* Sprüch. Sal. 1/10.]
Und zuletzt das Hertz verstockt.
6. Laß mich gern zur Schule gehen /
Gib mir Lust zu deinem Wort.
Werd ich Aergernisse sehen /
So bewahre mich / mein Hort:
Sonst reißt meinen schwachen Sinn
Dieser Strom zum bösen hin.
7. Laß mich meine Eltern ehren /
Und erhalte sie gesund.
Laß mich deine Stimme hören /
Die mich straft durch ihren Mund.
Segne sie / und segne mich
Zeitlich hie / dort ewiglich. [105]

5. Abend-Lied.
Mel. Nun ruhen alle Wälder etc.
1. Der Tag ist nun zu Ende /
Drum heb ich Hertz und Hände
Zu dir / mein Schöpfer / auf /
Und preise deine Güte
Mit frölichem Gemuthe.
Mein Dancken steigt zu dir hinauf.
2. Du hast mir Kleid und Speise

Nach väterlicher Weise
Und ander Guts beschert.
Du hast an diesem Tage
Schmertz / Kranckheit / Noth und Plage
In Gnaden von mir abgekehrt.
3. Du hast es meiner Seelen /
Mein GOtt / nicht lassen fehlen
An gutem Unterricht.
Dein Wort / das ich gehöret /
Hat treulich mich gelehret /
Was dein Befehl und meine Pflicht [* Mich. 7/8.]
4. Ach hätt ich nur mein Leben
Mit eyfrigem Bestreben
Nach deinem Wort geführt. [106]
Ach aber mein Gewissen
Wird leyder! zeugen müssen,
Daß nicht geschehn / was sich gebührt.
5. Drum fall ich dir zu Fusse
Mit Zuversicht und Busse /
Vergib mir meine Schuld.
Vergib / was ich versehen /
Laß Gnad für Recht ergehen /
Und trage noch mit mir Geduld.
6. Schließ mich in deine Armen /
Und decke mit Erbarmen
Mich / dein Geschöpfe/ zu.
In meines JEsu Wunden
Hab ich mein Bettlein funden.
Hier such und find ich meine Ruh.
7. Laß meine Eltern leben.
Erfreue sie darneben
Durch meine Frömmigkeit.

Wir legen uns nun nieder.
Erweck uns morgen wieder /
Zu deinem Lob und Dienst bereit.

6. Tägliche Erneuerung des
Taufbundes.
Mel. Wer nur den lieben GOtt etc.
1. Ich bin getauft auf deinen Namen /
GOtt Vater / Sohn und heilger Geist. [* Matth. 28/18.] [107]
Ich bin gezehlt zu deinem Saamen /
Zum Volck / das dir geheiligt heißt.
Ich bin in Christum eingesenckt / [** Rom. 6/5.]
Ich bin mit seinem Geist beschenckt.
2. Du hast zu deinem Kind und Erben /
Mein lieber *Vater* / mich erklärt.
Du hast die Frucht von deinem Sterben / [* Rom. 6/4.]
Mein treuer *Heyland* / mir gewährt. [** Zu eigen geschenckt.]
Du wilst in aller Noth und Pein /
O guter *Geist* / mein Tröster seyn.
3. Doch hab ich dir auch Furcht und Liebe /
Treu und Gehorsam zugesagt.
Ich habe mich aus reinem Triebe
Dein Eigenthum zu seyn gewagt.
Hingegen sagt ich bis ins Grab
Des Satans schnöden Wercken ab.
4. Mein treuer GOtt / auf deiner Seite
Bleibt dieser Bund wohl feste stehn. [* Esa. 54/10.]
Wenn aber ich ihn überschreite /
So laß mich nicht verlohren gehn.
Nimm mich / dein Kind / zu Gnaden an /
Wenn ich hab einen Fall gethan.
5. Ich gebe Dir / mein GOtt / aufs neue

Leib / Seel und Hertz zum Opfer hin. [108]
Erwecke mich zu neuer Treue /
Und nimm Besitz von meinem Sinn.
Es sey in mir kein Tropfen Blut /
Der nicht / HERR / deinen Willen thut.
6. Weich / weich / du Fürst der Finsternissen /
Ich bleibe mit dir unvermengt.
Hier ist zwar ein befleckt Gewissen/
Jedoch mit JEsu Blut besprengt.
Weich / eitle Welt / du Sünde weich!
GOtt hört es / ich entsage euch.
7. Laß diesen Vorsatz nimmer wancken /
GOtt Vater / Sohn und heilger Geist.
Halt mich in deines Bundes Schrancken
Bis mich dein Wille sterben heist.
So leb ich dir / so sterb ich dir / [* Rom. 14/8.]
So lob ich dich dort fur und für.

7. Um ein gehorsam Hertz.
Mel. Aus tiefer Noth schrey ich etc.
1. Eins hab ich / liebster Vater / dir
Itzt bittend vorzutragen.
Ich weiß gewiß / du schenckst es mir / [* 1 Joh. 5/14.15.]
Du kanst mirs nicht versagen. [109]
Wohl mir / wenn deine Hand mir giebt
Ein Hertz / das den Gehorsam liebt /
Und sich darinnen übet.
2. Diß wars / was Davids frommer Sohn [* Salomo / 1 Kön. 3/9.]
Von dir sich ausgebeten /
Als er auf seines Vaters Thron
Vor kurtzen war getreten.
Und diß war dir so angenehm /

Daß du sein Haupt noch überdem
Mit Ehr und Reichthum cröntest. [** 1 Kön. 3/13.]
3. Gehorsam war der schönste Schmuck
An deinem liebsten Kinde / [* Esa. 50/5.]
Das unter Armut/ Schmach und Druck
Gebüßt die Zauber-Sünde / [** Den Ungehorsam Adams / 1 Sam. 15/23. Rom. 5/19.]
Die uns um unsern Schmuck [*** Des göttlichen Ebenbildes.] gebracht /
Und uns dem Satan gleich gemacht /
Dem Vater der Rebellen.
4. Wie willig war diß theure Lamm /
O Vater / deinen Willen
Bis zu dem Tod am Creutzes-Stamm [* Phil. 2/8. Heb. 10/7.]
Gehorsam zu erfüllen. [110]
Ach gib mir einen gleichen Sinn.
Nimm Hertz und Geist zum Opfer hin /
Im Thun und auch im Leyden.
5. War mein Erlöser unterthan [* Luc. 2/51.]
Den mütterlichen Händen:
So laß mein Ohr von Kindheit an
Zu guter Zucht sich wenden. [** Sprüchw. 4/1.13.20.]
Laß meiner Eltern ihr Gebot /
Laß ihren Rath bis in den Tod
Mich durch Gehorsam ehren.
6. Gib / daß ich auch fein folgsam sey /
Wenn mich die Lehrer [* In der Kirche und Schule.] ziehen.
Laß Widerspruch und Spötterey
Mich wie den Teufel fliehen.
Nimm allen Trotz und Eigensinn /
Nimm allen Eigenwillen hin.
Dein Wille sey mein Wille. [111]

Neues
Gebet-Büchlein
für
Kinder.
[112]

1. Schul-Gebete.

1. Bey dem Anfang einer neuen Woche.

Herr / höre meine Worte / mercke auf meine Rede / vernimm mein Schreyen / mein König und mein GOtt / denn ich will vor dir beten.

Himmlischer Vater / du Vater über alles / was Kinder heißt im Himmel und auf Erden / wir deine arme Kinder beten dich an bey dem Anfange einer neuen Woche / und kommen vor dein Angesicht mit loben und dancken. Denn es ist ein köstlich Ding dem HErrn dancken / und lobsingen deinem Namen / du Höchster. Wir preisen dich / daß du uns *erschaffen* / und uns bisher mit den Unsrigen erhalten hast. Wir preisen dich / daß du uns *erlöset* / und unsre verlohrne Seelen durch das Blut deines Sohnes erkaufet hast. Wir preisen dich / daß du uns in unsrer Taufe *geheiliget* / uns zu deinen Kindern angenommen / und durch dein Wort an dem gestrigen Tage erbauet hast.

Bis hierher hast du uns gebracht / lieber himmlischer Vater / bis hierher hast du uns unzehlige Wohlthaten an Leib und Seele er [113]wiesen. Vergib uns alle unsre Sünden / dadurch wir eitel Zorn und Ungnade verdienen / verschone unser nach deiner Barmhertzigkeit / und laß mit dieser Woche deinen Segen über uns erneuert werden.

Wir haben uns aufs neue in dieser Schule vor deinem Angesicht versammlet. Ist es nicht mit der Freude und Willigkeit des Hertzens / und mit der Begierde nach deinem Wort geschehen / als es billig hätte geschehen sollen; so wollest du solches unserm Unverstande zu gut halten / und diese Unart von uns nehmen / auf daß wir die gantze Woche hindurch mit Lust und Freude zur Schule kommen / und zur Seligkeit weise gemacht werden mögen.

Regiere unsern Lehrer durch den Geist der Liebe und der Sanftmuth / damit er uns treulich unterrichte / mit unsern Schwachheiten Gedult trage / in Lehren / Warnen / Strafen und Ermahnen / an uns unachtsamen Kindern nicht müde werde / und uns allezeit mit einem guten Exempel vorgehe. Gib uns aber auch gehorsame Hertzen / die allen guten Unterricht und Ermahnung gerne annehmen. Gib / daß wir uns der Züchtigung willig unterwerfen / und unsern Lehrer niemals durch Trotz / Faulheit und Wider [114] spenstigkeit zum Zorn reitzen / sondern ihn kindlich lieben und ehren / damit wir den Segen des vierten Gebotes ererben mögen.

Erleuchte uns durch dein göttlich Licht / damit wir insonderheit unsern lieben Heyland / JEsum Christum / aus deinem Wort immer besser kennen lernen / und gib uns Kraft seinen Fustapfen nachzufolgen. Bewahre uns vor falscher Lehre / vor gottlosem Leben / vor Aergernissen und Verführung zum bösen. Laß uns hingegen auch in dieser Woche an Weisheit / Alter und Gnade bey GOtt und Menschen zunehmen / und dir zum Lobe / unsern Lehrern und Eltern zur Freude / und unserm Nächsten zum Nutzen / als die Pflantzen GOttes aufwachsen.

Segne in dieser Woche deine gantze Christenheit und alle Stände derselben. Segne insonderheit unser Land und unsre Gemeine / und laß Feuer / Krieg / Aufruhr / schädliche Seuchen und andre Land-Plagen von uns entfernet bleiben. Regiere unsre liebe Obrigkeit durch deinen Geist / und vergilt ihr alle ihre Vorsorge vor Kirchen und Schulen. Laß die Lehrer

unsers Landes mit reiner Lehre und unsträflichem Wandel ihren Gemeinen vorgehen / und laß viele Seelen durch sie bekehret und in Gutem gestärcket werden. Nimm auch unsre Eltern in deinen Schutz / [115] laß sie dich fürchten/ lieben und dir vertrauen ihr Lebenlang / und segne alle Wercke ihrer Hände; auf daß wir dich mit ihnen in Zeit und Ewigkeit loben mögen / durch JEsum Christum / deinen Sohn / unsern Herrn / Amen.
Vater Unser etc.

2. Bey dem Beschluß einer Woche.
Herr GOtt himmlischer Vater / wir dancken dir durch deinen Sohn / JEsum Christum / daß du in dieser gantzen Woche uns Leben und Gesundheit verliehen / daß wir haben zusammen kommen und etwas nützliches lernen können. Wir befehlen dir nun das Gute / das wir aus deinem Wort in unser Hertz und Gedächtniß gesammlet haben. Bewahre es / daß es der Satan nicht wieder hinwegnehme / und laß den guten Saamen nicht durch die Lüste der Jugend ersticket werden. Erinnere uns wieder zu rechter Zeit an diesen und jenen herrlichen Spruch / den wir gelernet haben / und laß uns dadurch kräftig von der Sünde zurück gehalten und zum Guten angetrieben werden. Mache unser Hertz zu einem feinen und guten Acker / der seine Frucht bringe in Gedult. [116]

Vergib uns aber auch, du Vater aller Barmhertzigkeit / alle unsre Sünden / die wir in dieser Woche / in der Schule und auser der Schule / begangen haben. Sind wir träge zu deinem Wort gewesen / haben wir das Schulgehen als eine beschwerliche Last angesehen / haben wir uns gegen unsern Lehrer / oder auch gegen unsre Eltern ungehorsam und widerspenstig bezeiget / haben wir andre durch Worte oder Wercke geärgert / haben wir dich nicht hertzlich geliebet und gefürchtet / sondern deinen Namen gemißbrauchet und ander böses ausgeübet / oder auch viel gutes unterlassen; ach so ist uns solches von Hertzen leid / und wir bitten dich um der Wunden JEsu willen / du wollest nicht mit uns ins Gericht gehen / sondern uns unsere Ubertretungen vergeben / unsern Sinn verändern / und uns deinen heiligen Geist zur Besserung unsers Lebens verleihen.

Gib / daß wir uns heute auf den morgenden Ruhe-Tag Christlich zubereiten / an demselben willig zur Kirche kommen / und dein Wort gerne hören und lernen. Laß es an unserm Orte und im gantzen Lande lauter und rein verkündiget / aber auch gehorsamlich zu Hertzen genommen werden / und uns als die Kinder GOttes heilig darnach leben. Dein [117] Name sey von uns allen gelobet und gebenedeyet von nun an bis in Ewigkeit / Amen.

Vater Unser / etc.

Nun dancket alle GOtt / mit Hertzen / Mund und Händen. etc.

3. Bey dem Anfange der Morgen-Schule.

Das walte GOtt Vater / Sohn und heiliger Geist / Amen.

Ich dancke dir / mein himmlischer Vater / durch JEsum Christum / deinen lieben Sohn / unsern HErrn / daß du mich diese Nacht vor allem Schaden und Gefahr behütet hast; Und bitte dich / du wollest mich diesen Tag auch behüten für Sünden und allem Ubel / auf daß dir alle mein Thun und Leben möge wohlgefallen. Denn ich befehle mich / mein Leib und Seele / (meine Eltern / Lehrer und Geschwister) und alles in deine Hände. Dein heiliger Engel sey mit mir / daß der böse Feind keine Macht an mir finde / Amen.

Abba / lieber Vater/ dir sey Lob und Danck gesagt / daß du uns diesen Tag gesund erleben lassen / und uns wieder die Gnade verleihest / daß wir in der Schule zusammen kommen können. Dein lieber Sohn hat verspro[118]chen / daß er mitten unter denen seyn wolle / die in seinem Namen versammlet sind. Laß euch itzo diese seine gnädige Verheissung an uns erfüllet werden / und uns seine kräftige Gegenwart erfahren. Weil du aber nur bey denenjenigen nahe bist / die dich fürchten / so gib eine kindliche Furcht vor deiner heiligen Majestät in unsre Hertzen / damit du dich mit deiner Gnade zu uns nahen und uns in JEsu Christo / deinem geliebten Sohne / segnen könnest. Wir sind von Natur untüchtig zu allem Guten / und geschickt zu allem Bösen. Du wollest durch deinen Geist unsern Verstand erleuchten / damit wir deine göttliche Wahrheiten recht fassen mögen. Du wollest unser Gedächtniß stärcken / damit wir das Gute behalten mögen. Du wollest aber auch unsern Willen zum Gehorsam lencken / damit wir deinen Willen nicht nur wissen / sondern auch ausüben mögen / auf daß wir nicht gedoppelte Streiche leiden müssen. Gib Gnade zu unsrer Unterrichtung und Auferziehung in der Zucht und Vermahnung zum HErrn. Gib unsern Eltern und Lehrern Weisheit / und Gedult mit unsrer Schwachheit / und vergilt ihnen alle Liebe / die sie an uns beweisen. Segne unsre liebe Obrigkeit / und laß uns unter ihrem Schutz ein stilles Leben führen in aller Gott[119]seligkeit und Ehrbarkeit / um JEsu Christi willen. Amen.

Vater Unser etc.

4. Bey dem Beschluß der Morgen-Schule.

Getreuer Vater / du hast in diesen Morgen-Stunden viele Barmhertzigkeit an uns bewiesen. Wir erkennen / daß wir derselben nicht würdig sind / und dancken dir dafür von gantzer Seelen. Schreib alles Gute / das wir gehöret und gelernet haben / durch den Finger deines Geistes in unsre Hertzen / und gib / daß wir täglich frömmer / weiser und gehorsamer werden. Laß uns fein still und sittsam nach Hause gehen / und deine Allgegenwart nicht nur in der Schule / sondern auch ausser der Schule mit kindlicher Ehrerbietigkeit scheuen. Behüte uns vor Aergerniß und Verführung, und wenn uns böse Buben locken / so laß deine Furcht uns zurück halten / daß wir ihnen nicht folgen. Laß uns unsern Eltern gehorchen in allen billigen Dingen / und uns also verhalten / daß wir dir wohlgefällig und den Menschen lieb und angenehm seyn mögen / durch unsern HErrn JEsum Christum / Amen. [120]

Der Name des HErrn sey gelobet und gebenedeyet von nun an bis in Ewigkeit / Amen.

Der Friede GOttes / welcher höher ist denn alle Vernunft / bewahre unser Hertz und Sinne in Christo JEsu zum ewigen Leben / Amen.

Unsern Ausgang segne GOtt / unsern Eingang gleichermassen. Segne unser täglich Brod / segne unser Thun und Lassen. Segne uns mit selgem Sterben / und mach uns zu Himmels-Erben.

5. Bey dem Anfang der Nachmittags-Schule.

HErr GOtt / Vater im Himmel / HErr GOtt Sohn / der Welt Heyland / HErr GOtt heiliger Geist/ erbarme dich über uns / hilf uns / und erhöre uns / Amen.

Wir dancken dir / gnädiger und barmhertziger GOtt / daß du

nicht allein in dieser Mittags-Stunde unsern Leib durch die Speise gesättiget / sondern daß du nun auch unsre Seele mit dem Wort des Lebens zu speisen fortfährest. Laß uns darnach recht begierig seyn / und laß uns nicht müde werden / es zu hören und zu lernen / da du nicht müde [121] wirst / uns dasselbe durch unsre Lehrer vortragen zu lassen. Laß uns aber auch andre nützliche Dinge fassen und behalten / damit wir geschickt werden / unserm Nächsten dermaleins zu dienen. Gib uns ein stilles / aufmercksames und gehorsames Hertz / und bewahre uns / daß wir dich / und deine guten Engel / die unter uns gegenwärtig sind / nicht durch Bosheit und unartiges Wesen beleidigen. Laß uns / o lieber GOtt / diese Nachmittags-Stunden nicht durch Faulheit und Unachtsamkeit verderben / sondern etwas nützliches in denselben lernen / und dabey dich fürchten und vor Augen haben / um JEsu Christi willen / Amen.

Der GOtt des Friedens heilige uns durch und durch, und unser Geist gantz / samt Seel und Leib / müsse behalten werden unsträflich auf die Zukunft unsers HErrn JEsu Christi / Amen. (1 Thes. 5/23.)

6. Bey dem Beschluss der Nachmittags-Schule.

Dancket dem HErrn / denn er ist freundlich / und seine Güte währet ewiglich. HErr GOtt / himmlischer Vater / der du dir aus dem Munde der jungen Kinder und Säuchlinge ein Lob zubereitet / laß dir um [122] JEsu Christi / deines Sohnes willen / unser Lob wohlgefallen / welches wir dir bringen für deinen gnädigen Beystand / den du an diesem Tage zu unsrer Schul-Arbeit verliehen hast. Dir gebühret Lob und Danck für alles Gute; wir aber müssen uns schämen / wenn wir bedencken / wie viel böses wir begangen / und wie viel gutes wir versäumet haben. Vergib uns alle unsre Sünden / und reinige unsre Hertzen durch den Glauben. Laß uns täglich weiser und frömmer werden / und segne dazu alle Lehre und Zucht / die an uns gewendet wird. Züchtige uns in unserm Gewissen / wenn wir deine Furcht aus den Augen setzen wollen. Bewahre uns vor böser Gesellschaft und Verführung/ und laß uns beständig eingedenck seyn / daß du alles sehest und hörest / und alle unsre Gedancken / Worte und Wercke vors Gericht bringen werdest. Wir befehlen dir unser Leib und Seele / unsre Eltern und Geschwister / unsre Pathen und Anverwante / Nachtbarn und Freunde / unsre Obrigkeit / und alle Lehrer in Kirchen und Schulen. Dein guter Geist sey in uns / und deine heilige Engel mit uns / damit der böse Geist und sein Anhang keine Macht an uns finde / Amen.

Vater Unser etc.

[123] GOtt sey uns gnädig und segne uns / er lasse uns sein Antlitz leuchten. Sela. Daß wir auf Erden erkennen seinen Weg / unter allen Heyden sein Heyl. Es dancken dir GOtt die Völcker / es dancken dir alle Völcker. Die Völcker freuen sich und jauchzen / daß du die Leute recht richtest / und regierest die Leute auf Erden / Sela. Es dancken dir GOtt die Völcker / es dancken dir alle Völcker. Das Land giebt sein Gewächs. Es segne uns GOtt / unser GOtt / es segne uns GOtt / und alle Welt fürchte ihn. Psal. 67.

II. Hauß-Gebete.

1. *Morgen-Gebet.*

Laß dir wohlgefallen die Rede meines Mundes / und das Gespräch meines Hertzens vor dir / HErr / mein Hort und mein Erlöser. (Psal. 19/15.)

Lieber himmlischer Vater / du hast die Nacht zur Ruhe und den Tag zur Arbeit erschaffen. Ich dancke dir von Hertzen / daß du in der verflossenen Nacht mir Ruhe und Schlaf gegönnet / und mich nebst den lieben Meinigen wieder gesund aufstehen lassen. Deine Sonne / die du über mir aufgehen lässest / fordert mich nun auf zur Danckbarkeit und Ar-[124] beit. Weil ich aber wegen der Schwachheit meines Alters noch keine schwere Arbeit verrichten kan / so hast du mir die leichte und süsse Arbeit verordnet / daß ich in die Schule gehen/ und was nützliches fassen soll / damit ich zuförderst dich meinen Schöpfer / und deinen Sohn / JEsum Christum / meinen lieben Erlöser / kennen lerne; und denn auch zum Dienst des Nächsten geschickt werde.

Gib mir demnach einen guten Verstand und ein fähiges Gedächtniß. Zünde aber auch in meinem Verstande dein göttliches Licht an / damit ich deine himmlische Wahrheiten recht fassen und deinen Willen erkennen möge. Lencke mein Hertz zum Guten / erfülle es mit Lust und Liebe zu deinem Wort / mit Gehorsam gegen meine Eltern / Lehrer und Vorgesetzte / mit Demut / Sanftmut und Freundlichkeit gegen alle Menschen. Laß mich aufwachsen zu deinem Preiß und zur Freude meiner Eltern / als ein Bäumlein / das an die Wasser-Bäche gepflantzet ist / und das seine Früchte zu seiner Zeit bringet. Bewahre mich an diesem Tage für des Satans List und Bosheit / für Verführung und Aergerniß / für Trotz / Muthwillen / Leichtfertigkeit / Faulheit und Ungehorsam / für unnützen Worten / Frechheit / Fluchen / Lügen / Steh-[125]len und andern Wercken des Satans / welchen ich in meiner Taufe abgesaget habe / und ihnen hiermit abermal absage; dir aber / dem dreyeinigen GOtt / zu deinem Eigenthum mich aufopfere. Nimm hin Leib und Seele in deine Hände / in welche ich auch meine Eltern und Tauf-Pathen / meine Lehrer / Geschwister und Anverwante / nebst deiner gantzen Christenheit demüthig empfehle. Segne du meinen Ausgang und Eingang um Christi willen / Amen.

JEsu / heller Morgenstern /
Sey von mir den Tag nicht fern /
Von dem Sünden-Schlaf mich wecke /
Und mit deiner Gnad bedecke.
Schütze mich für Angst und Noth /
Und für einem schnellen Tod.
Laß mich stets an dich gedencken /
Und mich dir zu eigen schencken /
Gib mir auch nach dieser Zeit
Dort der Seelen Seligkeit. Amen.
Vater Unser / der du bist etc.
Des Vaters Huld mich heut anblick /
Des Sohnes Güte mich erquick /
Des heiligen Geistes Glantz und Schein
Erleuchte meines Hertzens Schrein. Amen.

Mein Schöpfer steh mir kräftig bey /
O mein Erlöser bey mir sey /
O Tröster werth / weich nicht von mir /
Mein Hertz mit deinen Gaben zier. Amen.

[126] HErr / segne und behüte mich /
Erleuchte mich / HErr / gnädiglich /
HErr / heb auf mich dein Angesicht /
Und deinen Frieden auf mich richt. Amen.

2. Abend-Gebet.

Mein Hertz hält dir vor dein Wort: Ihr sollt mein Anlitz suchen; darum such ich auch / HErr / dein Antlitz. (Psal. 27/8.)

Wenn ich mich zu Bette lege / so denck ich an dich/ wenn ich erwache / so red ich von dir (Psal. 63/7.)

Gnädiger treuer GOtt / durch deine Barmhertzigkeit ist

wiederum ein Tag meines Lebens verflossen / an welchem ich sehr viel Gutes von dir empfangen habe. Laß dir mein Lob- und Danck-Opfer / das ich dir dafür bringe / durch Christum wohl gefallen / und weil ich dir nichts anders für deine Wohlthaten geben kan / so nimm mich selbst hin zu deinem Eigenthum. Was ich an diesem Tage gutes gelernet habe / das wollest du in meinem Gedächtniß bewahren. Was ich aber böses gedacht / geredet oder gethan habe / das wollest du mir um meines Mittlers willen aus Gnaden verzeihen. Ach HErr / gedencke nicht der Sünden meiner Jugend und meiner Ubertretung. [127]

Behüte mich / und alles war mir angehöret / in der bevorstehenden Nacht für allem Ubel Leibes und der Seele / für Schrecken / Gefahr und Unglück / für sündlichen Träumen und allen Befleckungen. Nimm unser Hauß und diese gantze Gemeine in deinen Schutz / und laß Wasser- und Feuers-Noth / Mord und Diebstahl und allen Jammer aus Gnaden abgewendet werden. Gib unserer lieben Obrigkeit Fried und gut Regiment / und laß deine gantze Christenheit unter den Flügeln deiner Gnade sicher wohnen. Stehe endlich auch in dieser Nacht allen Krancken und Sterbenden / allen Armen und Elenden kräftig bey / und gib uns und ihnen alles / was wir bedürfen / um deines lieben Sohnes willen / Amen.

Ach GOtt / mein Vater / mich bewahr /
Daß mir nichts böses wiederfahr.
Beschütze mich / HErr Jesu Christ /
Für allem / was mir schädlich ist.
GOtt heilger Geist sey stets bey mir /
Mein Leib und Seel befehl ich dir.
O heilige Dreyeinigkeit /
Hilf mir durch dein Barmhertzigkeit / Amen.

Vater unser etc.

In Christi Wunden schlaf ich ein /
Die machen mich von Sünden rein.
Sein theures Blut ist allezeit
Mein höchster Schmuck und Ehren-Kleid / [128]
Damit will ich vor GOtt bestehn /
Und zu der Himmels-Freud eingehn / Amen.

3. Einige Tisch-Gebetlein.
Vor dem Essen.
Speis uns / o GOtt / deine Kinder /
Tröste die betrübten Sünder /
Sprich den Segen zu den Gaben /
Die wir itzo vor uns haben /
Daß sie uns in diesem Leben
Stärcke / Kraft und Nahrung geben /
Bis wir endlich mit den Frommen
Zu der Himmels-Mahlzeit kommen / Amen.
Hütet euch / daß eure Hertzen nicht beschweret werden mit Fressen und Saufen / und mit Sorgen der Nahrung. (Luc. 21/34.)
Gesegn' uns / HErr / die Gaben dein /
Die Speis laß unsre Nahrung seyn.
Hilf / daß dadurch erquicket werd
Der dürftig Leib auf dieser Erd.
Denn diß zeitliche Brod allein
Kan nicht genug zum Leben seyn.
Dein göttlich Wort die Seele speist /
Hilft uns zum Leben allermeist / Amen.
Alle Creatur GOttes ist gut / und nichts verwerflich / das mit Dancksagung empfangen wird; denn es wird geheiliget durch das Wort GOttes und Gebet. (1 Tim. 4/4.5.) [129]
Wir gehn zu Tisch auf dein Befehl /
HErr JEsu Christ / speis unsre Seel.

Leg du die Kraft in Speis und Brod /
Und hilf uns in der letzten Noth. Amen.

Nach dem Essen.

Wenn du gegessen hast und satt bist / solst du des HErrn deines GOttes nicht vergessen. (5 Mos. 8/10.)

Grosser GOtt / für deine Speisen
sagen wir dir Lob und Danck.
Deine Güte wolln wir preisen
itzt und unser Lebenlang.
Laß die Speis uns wohl gedeyen /
schick uns deinen Segen zu.
Laß uns endlich mit dir freuen
in der schönen Himmels-Ruh. Amen.

Es ist ein grosser Gewinn / wer gottselig ist / und lässet ihn genügen. Denn wir haben nichts in die Welt gebracht; darum offenbar ist / wir werden auch nichts hinaus bringen. Wenn wir aber Nahrung und Kleider haben / so lasset uns begnügen. (1 Tim. 6/6. 7.)

Wir dancken GOtt für seine Gaben /
die wir von ihm empfangen haben.
Wir bitten unsern lieben HErrn /
er woll uns hinfort mehr beschern /
und speisen uns mit seinem Wort /
daß wir satt werden hier und dort / [130]
Ach lieber GOtt/ du wollst uns geben
Nach dieser Welt das ewge Leben / Amen.

Ehre sey GOtt dem Vater / der uns erschaffen hat. Ehre sey GOtt dem Sohn / der uns erlöset hat. Ehre sey GOtt dem heiligen Geist / der uns geheiliget hat. Ehre sey der heiligen und hochgelobten Dreyeinigkeit von nun an bis in Ewigkeit. Amen.

4. Bey dem Glocken Schlage.
Gedencke meiner / mein GOtt / im besten. Nehem. 13/31.

Lieber HErr GOtt / weck uns auf / daß wir bereit seyn / wenn dein lieber Sohn kommt / ihn mit Freuden zu empfahen / und dir mit reinem Hertzen zu dienen / durch denselben deinen lieben Sohn / JEsum Christum / unsern HErrn / Amen.

HErr / lehre uns bedencken / daß wir sterben müssen / auf daß wir klug werden / Amen.

Hilf / GOtt / daß ich betrachten mag /
So oft ich hör den Glocken-Schlag /
Daß abermal meins Lebens Frist
Ein Stunde kürtzer worden ist.

JEsu / hilf mir christlich gläuben /
Und im Glauben treu verbleiben, [131]
Lehr mich gleichfals heilig leben /
Und dem Guten nachzustreben.
Lehr mich endlich selig sterben /
Und das Himmelreich ererben. Amen.

So will ich nun / daß man vor allen Dingen zuerst thu Bitte / Gebet / Fürbitte und Dancksagung für alle Menschen / 1 Tim. 2/1.

5. Bitte / um Abwendung des Bösen.
Heiliger GOtt / der du niemand zum Bösen versuchest / sondern das Böse von uns abwendest. In meinem kleinen verderbten Hertzen liegt der Saame alles bösen / der durch Gelegenheiten und Reitzungen rege gemacht wird. Weil ich nun noch ein armes unverständiges Kind bin / das sich nicht selbst regieren kan / so befehle ich mich deiner Beschirmung. Wende

du von meiner Seele ab alle heftige und schwere Versuchungen des Satans / der Welt und meines eigenen Fleisches. Laß mich ihren Reitzungen ernstlich widerstehen / und durch Gebet und Wachsamkeit den Sieg über sie erhalten. Wenn mich die bösen Buben locken / und zum Ungehorsam / zur Unreinigkeit / zum Müßiggange / Stehlen / und andern Sünden verleiten [132] wollen / so laß mich ihnen nicht folgen / vielweniger mich selbst in die Gelegenheiten zu sündigen / wenn sie auch meinem Fleisch und Blut noch so angenehm wären / hineinwagen. Dämpfe in mir die lüsterne Begierde / alle neue und eitle Dinge zu hören und zu sehen. Laß mich fliehen vor der Sünde / als vor einer Schlange / damit sie mich nicht steche / wenn ich ihr zu nahe komme.

Bewahre mich auch an meinem *Leibe* für Schaden und *Unglück* / und erhalte mir nebst meiner Vernunft auch meine Gesundheit und geraden Glieder. Laß mich nicht zu früh / da ich noch meiner Eltern Pflege und Vorsorge nöthig habe / in den betrübten *Waysenstand* versetzet werden. Siehest du / daß ich noch nicht bereitet bin zu einem seligen Sterben / so bewahre mich für einem schnellen *Tode*. Alles übrige sey deiner Weisheit überlassen. Hast du beschlossen mich kranck / arm und verachtet zu machen / so gib nur / daß alles zur Beförderung meines ewigen Heyls diene / und laß mich nicht über Vermögen versuchet werden; um JEsu Christi willen / Amen. [133]

6. Gebet / um geist- und leibliche Wohlthaten.

Reicher und gnädiger GOtt / von welchem alle gute und vollkommene Gaben kommen / du siehest / wie arm und elend ich von Natur bin / und ob du mir gleich in meiner Taufe ein Recht zu allen deinen Gnaden- und Heyls-Gütern mitgetheilet hast / so weiß ich mich doch dessen nicht recht zu gebrauchen / wo nicht dein heiliger Geist mich solches lehret.

So viel weiß ich / daß man durchs Gebet alles von dir erlangen kan. Darum komm ich zu dir / lieber himmlischer Vater / und thue meinen Mund weit auf / damit du ihn füllen könnest.

Es ist mir vornemlich zu thun um deine *geistliche* Gaben. Denn du hast gesagt / wer zu erst nach deinem Reiche trachte / dem solle das übrige zugeworfen werden. Dein Knecht Salomo bat dich in seiner Jugend um ein weises und gehorsames Hertz / und das gefiel dir so wohl / daß du ihm auch Reichthum und Ehre dazu gabest / darum er dich nicht gebeten hatte. Ach ich bitte dich zuforderst um deinen heiligen Geist / der alles Gute in mir wircken muß. Laß denselben in mir bestän[134]dig wohnen / und ihn in meinem Hertzen wircken wahre Erkentniß / Liebe und Furcht GOttes / Glauben / Hoffnung und Vertrauen. Laß ihn wircken einen Trieb / dich anzubeten und zu loben / deinen Namen zu heiligen, und dein Wort lieb zu haben. Laß ihn wircken Demut und Gehorsam / Sanftmut und Freundlichkeit / Keuschheit / Mäßigkeit / Vergnügsamkeit / Liebe zur Wahrheit und heilige Begierden. Laß mich durch ihn erleuchtet und geheiliget / getröstet und meiner Kindschaft versichert werden.

Von *irdischen Gaben* wirst du mir so viel zuwenden / als du mir nützlich zu seyn erkennest. Ist es dein Wille / so erhalte mir meine liebe Eltern / und gib ihnen Weisheit und Vermögen / mich zu deiner Ehre zu erziehen. Erhalte mir darneben meinen gesunden Verstand und Glieder. Laß mich was nützliches lernen / damit ich meinem Nächsten dienen und deine Ehre einmal befördern könne. Gib mir gute Freunde und Gönner / die sich meiner mit Rath und That annehmen / und laß mich Gnade finden bey dir und den Menschen. Ist mir sonst noch etwas nöthig / das wollest du mir nach deiner Gütigkeit geben / um der Vorbitte JEsu Christi willen; welchem samt dir und dem heiligen [135] Geist für deine schon emp-

fangene Wohlthaten sey Lob und Preiß in Zeit und Ewigkeit / Amen.
Hierher gehöret auch das Gebet / oben p. 93.

7. Gebet eines Waysen.
Lieber himmlischer Vater / da du mir meine irdische Eltern durch den Tod hinweggenommen / so halte ich mich desto genauer zu dir / dem Vater über alles / was Kinder heist/ im Himmel und auf Erden. Du hast mich ja in der heiligen Taufe zu deinem Kinde angenommen / auch besonders in deinem Wort versprochen / ein Vater und Erretter der Waysen zu seyn. Ach bewahre mich / daß ich mich deiner Vorsorge nicht durch muthwillige Sünden verlustig mache / sondern vielmehr in meinem gantzen Leben sie reichlich erfahren möge. Erwecke mir gute Gönner und Freunde / die sich meiner erbarmen. Gib daß meine Vormunde und Pfleger sich meiner treulich annehmen / und mich zu allem Guten ziehen; ich aber ihnen eben den Gehorsam / den ich leiblichen Eltern schuldig bin / erweise / ihrem Rath folge / und ihrer Strafe mich unterwerfe. Laß mich in deiner Furcht wandeln / böse Gesellschaft vermeiden / und allen Lüsten des [136] Fleisches widerstehen / damit ich dir sowohl itzt in meinen umündigen Jahren / als künftig in meinem vollständigen Alter/ in meinem Beruf / mit unbeflecktem Gewissen diene / und endlich dein ewiges Reich ererbe / um meines lieben Heylandes willen / Amen.

8. Gebet eines krancken Kindes.

Abba lieber Vater / es ist dein gnädiger Wille / daß ich itzo kranck seyn soll. Vielleicht hab ich meine Gesundheit gemißbrauchet / oder dir doch nicht recht dafür gedancket; daher du mich nun durch die Entziehung derselben lehren willst /

wie hoch ich diese deine gute Gabe schätzen solle. Ich dancke dir für deine wohlgemeynte väterliche Züchtigung / und bitte dich / du wollest sie dazu segnen / daß die Unarten meiner Natur dadurch gedämpfet werden / und wenn das Fleisch leydet / dein Geist desto mehr Raum bekommen könne / allerley gutes in mir zu wircken.

Da ich itzo nicht in die Schule gehen kan / so laß deinen guten Geist in meinem Hertzen lehren und mich an das / was ich bey gesunden Tagen aus deinem Wort gelernet (o daß ich nur einen grössern Schatz davon eingesamm[137] let haben möchte) wieder erinnern. Gib daß ich in meinem Leyden dich durch Gedult und Stille ehre. Meine Schmertzen will ich ertragen und in kindlichem Vertrauen auf deine Hülfe warten möge. Da ich itzo auch meinen lieben Eltern (und Geschwister) mehr Mühe verursache / so wollest du auch ihnen Gnade geben / mit meiner Schwachheit Gedult zu haben / und wollest ihnen ihre Mühe versüssen. Was ich *mir* aber ausbitte / das wollest du auch allen meinen krancken Mitbrüdern und Mitschwestern in der gantzen Welt geben. Ist es dein Wille / o mein GOtt / mich gar aus dieser argen Welt hinwegzunehmen / so wollest du mich dazu recht zubereiten / mir alle meine Sünden vergeben / und mich im Glauben auf das theure Verdienst meines Heylandes / in Frieden dahin fahren lassen. Wilst Du mir aber mein Leben noch fristen / so gib daß ich allein zu deiner Ehre lebe / um JEsu Christi willen / Amen.

9. Gebet eines sterbenden Kindes.

HErr Jesu / mein Heyland / mein Sterbe-Stündlein nahet heran; sey du meiner Seelen nahe mit deinem Trost und Hilfe. [138] Nimm alle Furcht vor dem Tode aus meinem Hertzen / und laß mich recht willig und frölich sterben / damit mein

Ende allen erbaulich seyn möge. Ich dancke dir für alle deine Wohlthaten / die du mir in meinem kurtzen Leben erwiesen. In der Ewigkeit will ich dich bald vollkommen dafür loben. Vergilt meinen lieben Eltern alle ihre Treue / die sie an mir / sonderlich auch in meiner Kranckheit / bewiesen haben. Tröste ihr Hertz über meinem Abschied / und gib / daß wir vor deinem Thron freudig wieder zusammen kommen. HErr JEsu / nimm meinen Geist auf / den du in deinem Blute gewaschen. Hilf mir ritterlich ringen / durch Tod und Leben zu dir dringen / Amen / Amen.

Hilf / Helfer / hilf / in Angst und Noth /
Erbarm dich mein / o treuer GOtt.
Ich bin doch ja dein liebes Kind /
Trotz Welt / Teufel und aller Sünd.
Ich trau auf dich / mein GOtt und HErr /
Wenn ich dich hab / was will ich mehr.
Ich hab ja dich / HErr JEsu Christ /
Der du mein GOtt und Erlöser bist.
Deß freu ich mich von Hertzen fein /
Bin gutes Muths und harre dein /
Verlaß mich gäntzlich auf deinen Namen.
Hilf / Helfer / hilf / drauf sprech ich Amen. [139]
Jesu / Brunnquell aller Güte /
Komm / erquicke mein Gemüthe.
Hilf mir Marter / Angst und Plagen /
JEsu / doch gedultig tragen.
Meine Seele schreyt zu dir /
Süsser JEsu / komm zu mir.
Komm / mein GOtt / komm mein Verlangen /
Meine Seele zu empfangen. Amen.
Der Seele / die du hast erlöst /
Der gib / o JEsu / deinen Trost.

Durch deinen Todes-Kampf und blutigen Schweiß / in meiner letzten Noth / am jüngsten Gericht / hilf mir / lieber HErre GOtt. Amen.

10. Fürbitte eines Kindes.

Mein treuer GOtt / du hast befohlen / daß deine Kinder nicht nur für sich / sondern auch für alle Menschen bitten sollen. Ich thue auch itzo / was du mir befohlen hast / im Namen JEsu / auf dessen vollkommenste Fürbitte ich meine schwache Fürbitte gründe. Du hast mich in der Christlichen Evangelischen Kirche gebohren werden lassen. Billig bete ich demnach für diese meine Mutter / deine Christliche Gemeine. Du wollest sie wider [140] den Satan und seinen Anhang / wider falsche Lehrer und grimmige Verfolger beschützen / und darinn / sonderlich auch in unsern Landen / dein Wort und Sacramenta rein und lauter erhalten. Sende treue Arbeiter in deine Ernte / und gib rechtschaffene Hirten in Kirchen und Schulen. Segne den Dienst unsrer Lehrer / die über unsere Seelen wachen / und rüste sie immer reichlicher aus mit den Gaben deines heiligen Geistes.

Segne die Obrigkeit unsers Landes / laß Kirchen und Schulen unter ihrer Aufsicht blühen. Gib ihr den Geist der Weisheit und Furcht GOttes / schencke ihr treue Räthe und Bediente / und fördere alle ihre gute Anschläge. Erhalte unter ihr den edlen Frieden / und bewahre das gantze Land vor allem Verderben. Gib Gnade zur heylsamen Kinderzucht. Nimm unsre liebe Eltern / und alle / die uns vorgesetzt sind / nimm unsre Geschwister / Anverwante und Freunde in deinen Schutz und Obhut / segne das Werck ihrer Hände / und laß sie in deiner Furcht beständig wandeln. Tröste / erquicke und starcke alle Traurige / Angefochtene und Verfolgte / alle Wittwen und Waysen / alle Krancke / Gebrechliche und Wahnwitzige / alle unschuldig Gefangene / alle [141] Reisende zu Wasser und zu Lande / alle Sterbende / und alle / die unsrer Vorbitte bedürfen. Erbarme dich über das gantze menschliche Geschlecht / und hilf allen / die Hülfe bey dir suchen / um JEsu Christi willen / Amen.

Ein Gebet frommer Kinder für ihre Eltern.
Aus des sel. Joh. Arnds Paradiß-Gärtlein.
Ach gnädiger / barmhertziger GOtt / lieber Vater / der du bist der rechte Vater über alles / das da Kinder heisset im Himmel und auf Erden: Ich dancke dir hertzlich / daß du mir meine liebe Eltern / Vater und Mutter / gegeben / und bis daher in guter Gesundheit und Wohlstand erhalten hast. Dir sey Lob / Ehr und Danck für diese deine grosse Wohlthat / und bitte dich / du wollest mir meinen Ungehorsam / damit ich mich gegen meine Eltern oft versündiget habe / aus Gnaden vergeben / und die Strafe von mir abwenden / die du im vierten Gebot dräuest. Gib mir aber ein gehorsames und danckbares Hertz gegen sie / daß ich sie ehre / fürchte / liebe / mit meinem Gehorsam und deiner göttlichen Furcht erfreue / daß ich sie für GOttes Ordnung erkenne/ und ihre väterliche wohlmeinende Straf[142]fen gedultig annehme. Lehre mich auch bedencken / wie sauer ich meiner Mutter worden bin / und mit was grosser Mühe und Arbeit sie mich erzogen. Laß mich dieselbe wieder ehren mit Gehorsam / Liebe / Demuth / Furcht / in Worten und Wercken / auf daß ich nicht den Fluch ererbe / sondern den Segen / und ein langes Leben. Laß das Exempel des Gehorsams meines HErrn JEsu Christi immer vor meinen Augen stehen / welcher seinem Vater gehorsam gewesen bis zum Tode / ja zum Tode am Creutz. Gib mir den Gehorsam Isaacs / die Furcht Jacobs / die Zucht Josephs / die

Gottesfurcht des jungen Tobiä. Gib meinen lieben Eltern den Glauben Abrahams / den Segen Isaacs / den Schutz Jacobs / die Glückseligkeit Josephs / und die Barmhertzigkeit des alten Tobiä. Laß sie in einem feinen geruhigen Leben in Fried und Einigkeit alt werden / lindere ihnen ihr Creutz / und hilfs ihnen tragen / erhöre ihr Gebet / und segne ihre Nahrung / behüte sie für allem Ubel Leibes und der Seelen / und wenn ihre Zeit vorhanden ist / so laß sie sanft und stille einschlafen / und nimm sie zu dir ins ewige Vaterland / durch JEsum Christum / Amen. [143]

Fürbitte für einen krancken Mit-Schüler.
Barmhertziger und gnädiger GOtt / in dessen Hand Gesundheit und Kranckheit / Leben und Tod stehet / wir / die wir durch deine Barmhertzigkeit noch gesund sind / rufen dich an für unsern krancken Mitschüler N.N. und bitten dich im Namen JEsu Christi / du wollest zuförderst seiner *Seele* gnädig seyn / ihm alle seine Sünden vergeben/ und die ihm zugeschickte Züchtigung dazu segnen / daß er die Sünde / als die Ursach aller Kranckheiten / von Hertzen hassen / und sich hinfort durch deinen Geist zu allem Guten treiben lassen möge. Du wollest aber auch dich über seinen krancken *Leib* erbarmen / wie sich ein Vater über seine Kinder erbarmet / Du wollest ihm seine Schmertzen lindern / seine Kräfte ihm wieder schencken / und ihn von seinem Lager wieder aufrichten / damit er dich in dieser Schule mit uns wieder anrufen / loben und verherrlichen könne / um Christi willen / Amen.

Fürbitte für ein under kranckes Kind.

Getreuer GOtt / wir sind von Kindheit auf mancherley Kranckheiten und schmertz[144] lichen Zufällen um der

Sünde willen unterworfen. Weil es dir aber wohlgefällt / wenn die Gesunden für die Krancken beten / so tragen wir dir in unserm Gebet das krancke Kind N.N. vor / welches unsrer Fürbitte empfohlen worden. Du Artzt Israelis / erbarme dich über dasselbe nach Leib und Seele / und laß ihm deine Hülfe / zu baldiger Genesung / wiederfahren. Laß es noch länger zur Freude seiner Eltern und Angehörigen leben / und mit uns an Weisheit / Alter und Gnade bey GOtt und Menschen zunehmen / um JEsu Christi willen. Amen.

Fürbitte für einen erwachsenen Patienten.
HErr JEsu / du hast in den Tagen deines Fleisches diejenigen / die Krancke zu dir brachten / nicht von dir gestossen / noch sie in ihrem Vertrauen zu dir zu Schanden werden lassen. Siehe wir bringen auch itzo einen krancken Patienten N.N. zu dir / der deiner Hülfe bedürftig ist. Verschmähe nicht unser kindliches Gebet für denselben / welches wir auf deine allerheiligste Vorbitte gründen / sondern laß den Krancken inne werden / daß du der Kinder Gebet erhörest. Ist es dein [145] gnädiger Wille / so gib ihm die edle Gabe seiner Gesundheit wieder / und laß ihn dieselbe zu deiner Ehre und zum Nutzen des Nächsten anwenden. Heile die Wunden seines Gewissens / und lindre die Schmertzen seines Leibes / erquicke ihn auf seinem Siechbette / und laß ihn noch länger im Lande der Lebendigen wandeln / und das Heyl seiner Seele mit Furcht und Zittern schaffen. Bewahre uns aber / treuer Heyland / daß wir durch den Mißbrauch unsrer gesunden Glieder zu allerley Frevel und Muthwillen dich nicht reitzen mögen / auch uns unsre Gesundheit zu entziehen. Laß in einem gesunden Leib eine fromme Seele und unbefleckte Gewissen wohnen / um deiner ewigen Liebe und Erbarmung willen / Amen.

Gebet für die Früchte des Landes.

HErr GOtt / himmlischer Vater / der du deinen Segen in die Erde legest / aber ihn auch um der Menschen Sünde willen zuweilen entziehest. Wir empfangen auch mit unser bescheiden Theil von den Früchten unsers Landes. Darum rufen wir dich an / daß du dieselben schencken und erhalten / und zum Wachsthum derselben bequeme Witte[146]rung / und abwechslenden Regen und Sonnenschein verleihen wollest. Wir haben durch unsere Bosheit / Undanckbarkeit und Mißbrauch deiner Gaben wohl verdienet / daß du bisher den Himmel verschlossen und deinen Regen zurück behalten / daher Menschen und Vieh vor grosser Hitze verschmachten / und die Frucht des Feldes verdorret. [* Oder bey lang-anhaltender Nässe und Regen kan man dafür beten: Wir haben durch unsere Undanckbarkeit und Bosheit wohl verdienet / daß du das Licht deiner Sonne für uns verbirgest / und deinen Himmel durch anhaltendes Regnen über unsere Unbußfertigkeit weinen lässest / weil wir selbst nicht darüber weinen wollen.] Ach HErr / wir bekennen vor dir unsere Missethat / und rufen dich an um Gnade und Vergebung. Erquicke unsere verschmachtete Wälder / Felder / Wiesen und Gärten doch bald mit einem gnädigen Regen. / [** Oder: Laß deine Sonne durch die trüben Wolcken wieder hindurch brechen / und die Frucht des Feldes wieder erquicken.] damit unser Land sein Gewächs gebe / und wir solches mit Dancksagung in deiner Furcht geniessen können / um JEsu Christi willen / Amen. [147]

II. Dancksagung eines Kindes für geist-und leibliche Wohlthaten.

Gnädiger GOtt / du Geber aller guten und vollkommnen Gaben / ich dancke dir für alle deine *geistliche* Wohlthaten / die du mir in der Ewigkeit zugedacht / und in der Zeit erwiesen hast. Ich dancke dir / daß du deinen lieben Sohn der Welt geschencket, und daß du ihn auch um meiner Sünde willen dahin gegeben / und um meiner Gerechtigkeit willen auferwecket hast. Ich dancke dir / daß du mir in meiner Taufe alle Früchte seines Todes und seiner Auferstehung zu eigen geschencket / und mich in deinen Bund und Gemeinschaft aufgenommen. Ich dancke dir / daß du mich von Christlichen Eltern hast lassen gebohren werden/ die mich bisher zur Schule gehalten. Ich dancke dir / für dein Wort und allen guten Unterricht/ dessen ich bisher genossen / für alle Warnungen und Bestrafungen deines Geistes / die ich in meinem Gewissen empfunden / und für allen Segen / den du zu meiner Auferziehung verliehen.

Ich dancke dir aber auch / mein Schöpfer / für alle deine *leibliche Wohlthaten* / für [148] Leben und Othem / für Gesundheit und Wachsthum / für Nahrung und Kleidung / welche du mir durch meine liebe Eltern geschencket. Ich dancke dir / daß du mich aus so mancher Gefahr bereits errettet / und mich nicht an deren armen / lahmen / krancken und elenden Kindern gleich gemacht / sondern mich ihnen in vielen Stücken vorgezogen. Laß dir / o GOtt / mein Danckopfer um Christi willen wohlgefallen / und nim mich gantz zu deinem Dienst und Eigenthum in Zeit und Ewigkeit. Amen.

12. Tägliche Erneurung des Tauf-Bundes.

Die Taufe ist der Bund eines guten Gewissens mit GOtt. 1 Pet. 3/21. Dreyeiniger GOtt / Vater / Sohn und heiliger Geist / ich dancke dir von gantzem Hertzen / daß du dich aus unendlicher Liebe so tief herab gelassen / und mit mir einen Bund in meiner Taufe gemachet hast. Du hast mir versprochen / mein GOtt zu seyn / mich in Christo JEsu zu segnen / mich für dein Kind zu erkennen / mich zu lieben / zu versorgen / durch deinen Geist zu regieren / und mir endlich deine ewige Herrlichkeit zum Erbtheil zu geben. [149] Ich aber habe dir zugesagt /

dich als meinen Schöpfer / Erlöser und Heiligmacher / zu fürchten und zu lieben / dir zu vertrauen und zu gehorchen; hingegen deinen Feind / den Satan / auch für meinen Feind zu halten / gegen seine Versuchungen zu kämpfen / allen seinen Wercken und Wesen / allen Sünden und Lastern / allen weltlichen Uppigkeiten und Torheiten / auf ewig abzusagen / und keine Gemeinschaft mit den unfruchtbaren Wercken der Finsterniß zu haben.

Ach mein GOtt / an deiner Seite steht dieser Bund wohl feste / denn was du zusagest / das hältst du gewiß. Aber ich sorge / daß ich meine Zusage nicht treulich gehalten / sondern mich oft vom Satan / der Welt / und meinem Fleisch zur Ubertretung derselben bewegen lassen. Vergib mir solches um meines theuren Heylandes willen / der dein Gebot niemals übertreten / rechne mir seinen vollkommnen Gehorsam zu / und nimm um desselben willen mich / dein armes gefallenes Kind / wieder zu Gnaden an. Ich erneure / im Vertrauen auf deinen Beystand/ meine Zusage / und verspreche durch deine Gnade dir hinfort treuer zu seyn / und dich mein Lebelang zu fürchten. Gib mir zu dem Wollen auch das Vollbringen / um deines lieben Sohnes willen / Amen. [150]

13. Gebet vor dem Bibel-Lesen.

HErr GOtt heiliger Geist / durch dessen Trieb und Eingeben die heiligen Männer Gottes geredet und geschrieben / die uns die heilige Schriften hinterlassen haben / ich nahe itzt zu deinem Wort / dasselbe zu lesen. Ach gib / daß es mit tiefster Ehrerbietigkeit meines Hertzens geschehe / und mit einer aufrichtigen Begierde / nicht nur deinen Willen aus deinem Wort zu erkennen / sondern auch mein Leben darnach einzurichten. Erleuchte meinen armen verfinsterten Verstand / daß ich dein Wort recht verstehe. Neige aber auch mein Hertz / daß ich deinem Wort gehorsam werde / und in meinem gantzen Leben mich nicht nach den Exempeln der Welt / sondern nach deinem Befehl und Willen richte / deine Drohungen fürchte / deinen Verheissungen glaube / und mich als dein gehorsames Kind beweise / um JEsu Christi willen / Amen.

14. *Gebet nach dem Bibel-Lesen.*
Ich dancke dir / mein GOtt / daß du mir dein Wort gegeben/ und mich auch itzo [151] dasselbe lesen lassen. Ach gib daß ich nicht davon gehe / und vergesse / was ich daraus gelernet habe / sondern alles in einem feinen guten Hertzen bewahre / und der Leitung deines Geistes treulich folge / damit dein Wort mir ein Wegweiser zur Seligkeit werde / um meines Heylandes willen / Amen.

15. *Gebet / wenn man in die Kirche gehen will.*
Lebendiger GOtt / billig solten wir uns freuen / dein Wort zu hören / und in das Haus zu gehen / wo deine Ehre besonders wohnet. Aber ach du siehest die Kaltsinnigkeit unsers verderbten Hertzens / und wie wir zu nichts weniger Lust haben / als dein Wort mit Andacht zu hören. Nim solchen Eckel an deinem Worte / der Speise unsrer Seele / von uns. Laß uns in dein Haus gehen / mit einer hertzlichen Begierde / dich mit uns reden zu hören / das gepredigte Wort zu Hertzen zu fassen / und unser Leben darnach anzustellen. Bewahre uns vor fremden Gedancken / für Schläfrigkeit / für sündlichem Geschwätz / und andrer Unruhe. Laß uns aufmercksame Hörer / und gehorsame [152] Thäter des Wortes werden / um deines lieben Sohnes willen / Amen.

16. Beichte eines Schülers oder Kindes.
Würdiger / lieber Herr.
Ich bekenne vor GOtt / dem Allgegenwärtigen / daß ich nicht nur in Sünden empfangen und gebohren bin / sondern daß ich auch meinen Tauf-Bund vielfältig übertreten / und mich an GOtt und meinem Nächsten in Gedancken / Worten und Wercken/ wissentlich und unwissentlich / versündiget habe. [Insonderheit klaget mich mein Gewissen an / daß ich meine Eltern und Praeceptores, (Lehrmeister) öfters durch Ungehorsam und Widerspenstigkeit betrübet und erzürnet habe.] Es ist mir solches hertzlich leyd / ja ich bereue es / daß ich nicht mehr Reue über meine Sünden habe. Ich nehme aber meine Zuflucht zu JEsu Christo / meinem einigen Mittler und Seligmacher / und habe zu der göttlichen Barmhertzigkeit das Vertrauen / daß sie mir um seines Blutes und Todes willen alle meine Sünden [153] vergeben / und die Vergebung durch Euch / seinen Diener / mir ankündigen lassen werde. Ich rufe GOtt an / daß er mir Gnade verleihe / mein Leben zu bessern und hinfort frömmer zu werden / um Christi willen / Amen.

17. Eine Beichte in Form eines Gebetes.
Heiliger und gerechter GOtt / ich bekenne vor dir / und deinem Diener auf Erden / das tiefe Verderben meiner Natur / da ich zu allem Guten träge und untüchtig / und zu allem Bösen geneigt bin. Dieses angeerbte Verderben hat sich auch bey mir in Gedancken und Begierden / in Worten und Wercken geoffenbahret / daher mich mein Gewissen über manchen Sünden meiner Jugend anklaget / und mich beschuldiget / daß ich durch Unglauben / Mißbrauch des Namens GOttes und Verachtung seines Worts / durch Ungehorsam / Trotz / Faulheit / Lügen / Muthwillen und andre Sünden / nichts als

Zorn und Ungnade verdienet habe. Ach mein GOtt / gib mir eine wahre Reue und göttliche Traurigkeit über mei-[154]ne Sünden / und laß mich darüber recht beschämet und gedemüthiget werden. Wircke aber auch durch deinen heiligen Geist in mir einen wahren Glauben an meinen Heyland JEsum Christum / daß ich mir sein blutiges Verdienst zueigne / und um desselben willen Gnade vor dir finde. Versichre mich durch deinen Diener der Vergebung aller meiner Sünden / und laß mich / durch die vorhabende Geniessung des Leibes und Blutes JEsu / der Sünde immer mehr absterben / dich und meinen Nächsten aufrichtig lieben / und mein gantzes Leben bessern / um JESU CHRISTI willen / Amen. [155]

Exempel Frommer Kinder, zur Erweckung einer heiligen Nachfolge, zusammen getragen. [156]

I. Das Exempel des vollkommensten Kindes.

Jesus Christus ist bereits in seiner zarten Kindheit das vollkommenste Muster der Heiligkeit gewesen. Sein Lebenslauf vom viertzigsten Tage seines Lebens bis ins zwölfte Jahr wird von Luca c. 2/40. in diese kurtze Beschreibung zusammengefasset: *Das Kind wuchs / und ward starck im Geist / voller Weisheit / und Gottes Gnade war bey ihm.* Im zwölften Jahr seines Alters bewieß er 1) einen ehrerbietigen Gehorsam gegen die Verordnung seines Vaters von Besuchung des Oster-Fests / 2) eine besondere Liebe zum Wort GOttes / und 3) eine heilige Geschäftigkeit/ zu seyn in dem / das seines Vaters ist / und / mit Hintansetzung aller andern Absichten / seinen Willen zu vollbringen. Dabey war Er 4) gegen alle Menschen freundlich und liebreich / 5) jedermann durch sein gutes Exempel erbaulich / 6) gegen seine Eltern aber überaus gehorsam/ indem er mit ihnen hinab gen Nazaret ging / und ihnen unterthan war. Luc. 2/41-52.

Lehre.

Dieses fromme Kind rufet allen Kin[157]*dern zu: Folget mir nach! und will ihnen zu solcher Nachfolge seinen Geist williglich schencken.*

2. Exempel gehorsamer Kinder.

2) *Jonadab* gebot seinen Kindern: Ihr und eure Kinder sollen nimmermehr keinen Wein trincken. Diesem Befehl ihres Vaters kamen sie mit solchen Gehorsam / daß / als der Prophet Jeremias ihnen Wein vorsetzte / sie antworteten: *Wir trincken nicht Wein / denn unser Vater hat uns befohlen und gesagt: Ihr und eure Kinder sollen nimmermehr keinen Wein trincken. Also gehorchen wir der Stimme unsers Vaters / in allem / das er uns geboten hat / daß wir keinen Wein trincken unser Lebenlang.* Jerem. 35/1-10. Welches Exempel des Gehorsams GOtt dem gantzen Jüdischen Volck zur Beschämung vorstellet. v. 14.

3) Der junge *Tobias* empfing von seinem Vater mancherley heylsame Befehle und Ermahnungen / wie er seine Mutter ehren / GOtt vor Augen haben / den Armen gutes thun / sich für Hurerey / Hoffart und Geitz hüten solle / und dergleichen. Nachdem er [158] dieselben angehöret / so sprach er: *Alles / was du mir gesagt hast / mein Vater / das will ich thun.* Tob. 5/1.

Lehren.

1. Gehorsam ist die rechte Haupt-Tugend eines Kindes. 2. Kinder müssen ihren Eltern in allen Dingen / die nicht wider GOtt streiten gehorsam seyn.

3. Exempel ehrerbietiger Kinder.

4) Als *Noah* [SF Noa] im Schlaf sich entblösset hatte / und in seiner Hütte aufgedeckt lag / so nahmen seine beyden Söhne / *Sem* und *Japhet* einen Mantel auf ihre Schultern / und gingen rücklings mit abgewantem Angesicht hinzu / ihn zu bede-

cken / darüber sie den Segen ererbeten; da *Ham* mit seinem Sohne Canaan / der darüber gespottet hatte / den Fluch davon getragen. 1 Mos. 9/20-27.

5) Der König *Salomo* trug eine solche Ehrerbietigkeit gegen seine Mutter *Bathseba* / daß / als sie zu ihm kam / mit ihm zu reden / er aufstund / ihr entgegen ging / sich vor ihr auf die Erde bückte / und ihr einen Stuhl setzen ließ / darauf sie sich zu seiner Rechten / setzen muste. 1 Kön. 2/19.

[159] 6) Ein Mägdlein von vier Jahren hatte eine empfindliche Uberzeugung im Gewissen / daß sie verpflichtet sey / ihre Eltern zu ehren / weil GOttes Gebot saget: *Du solst deinen Vater und deine Mutter ehren.* Und ob sie gleich schlecht erzogen wurde / so ehrete sie doch ihre arme Eltern auf alle erdenckliche Weyse / so daß sich andere darüber verwunderten. Siehe *Jacob Janeway* [SF Janneway] geistliches *Exempel-Buch* für Kinder / Nürnberg / 1729. Im 1. Theil p. 73.

Lehren.

Lehren. 1. Kinder sind ihren Eltern / wenn sie gleich vor der Welt geringen Standes sind / alle Ehrerbietigkeit schuldig.

2. Mein Kind / wenn du auch gleich zu grossen Ehren in der Welt gelangest / so unterlaß doch niemals/ deine Eltern zu ehren.

4. Exempel eines Kindes / das seine Eltern sehr zärtlich geliebet.

7) Der junge *Tobias* hatte seine Eltern zu lieb / daß / als er eine Zeitlang von ihnen abwesend gewesen / und man ihn noch länger halten wolte / er antwortete: *Ich weiß / daß mein Vater und Mutter itzo alle Stund [160]den zehlen/ und sind meine wegen hoch bekümmert.* Tob. 10/10.

8) Ein frommes Kind / *Susanna Bicks* / hatte ihre Eltern so sorgfältig lieb / daß sie auf ihrem Sterb-Bette ihren Vater und Mutter fragte; *ob sie dieselben jemals erzürnet / oder betrübet / oder sonst etwas ihnen mißfälliges begangen hätte?* so möchten sie

ihr solches vergeben. Diese aber gaben ihr / zu ihrer Befriedigung / zur Antwort / sie habe sich jedesmal als ein frommes Kind verhalten. Siehe Exempel-Buch / 2. Theil p. 77.

Lehren.

1. Das ist die gewisseste Probe / liebes Kind / daß du deine Eltern lieb hast / wenn du dich hütest / sie nicht zu betrüben.

2. Wenn ein wohlgeartetes Kind auch nur besorget / es möchte seine Eltern betrübet haben / so kan es nicht eher ruhen / bis es ihnen solches abgebeten.

5. Exempel eines Kindes / das um seiner Eltern Seligkeit sehr bekümmert gewesen.

9) Anna Lane war nicht nur als ein Kind von fünf Jahren ernstlich um ihre Seligkeit [161] bekümmert / sondern sie hielt auch mit vielen Bitten bey ihrem Vater an / er solle doch der Zeit wohl wahrnehmen / und die göttlichen Dinge mit Ernst und Eifer treiben. Und diese Bekümmerniß für des Vaters Seele bey einem so zarten Kinde / ward eine Gelegenheit / daß der Vater / der bis dahin zwar ein ehrbarer Mann gewesen / aber sich um das Ewige wenig bekümmert hatte / sich mit Ernst zu GOtt bekehrete. Dieses Kind betrübte sich überaus / wenn es sahe / daß jemand mit seinem Vater unnütze Gespräche führte / und beklagte seine Eltern / wenn es etwas an ihnen wahrnahm / welches / seinem Urtheil nach / nicht die Ehre GOttes vermehrte. Siehe Exempelb. 2. Theil p. 29. 30. 32.

Lehre.

Wie Eltern für die Seele ihrer Kinder zu sorgen verbunden sind / so hats auch öfters einen grossen Segen gehabt / wenn Kinder in kindlicher Freundlichkeit ihre Eltern zum Guten ermahnet haben.

6. Exempel solcher Kinder, die für ihrer Brüder und Schwestern Seele gesorget.

10) Ein Kind / *Johannes Harvey* / wenn es seinen Bruder oder Schwester mit ihrem [162] neuen Kleidern prangen sahe / hielt ihnen mit grosser Ernsthaftigkeit ihre Torheit vor / und wenn dergleichen Verweis bey ihnen nicht fruchtete / so beweinte es ihre Eitelkeit. Er trachtete seinen Bruder und seine Schwester zu ihrer Schuldigkeit anzuhalten / und merckte genau auf / ob sie ihren Pflichten nachkamen. Sahe er eine Nachläßigkeit an ihnen / so warnete er sie alsbald. Nahmen sie den Löffel in die Hand / ehe sie gebetet hatten / so sagte er / es machten es die Schweine wircklich auch also. Als seine Schwester einmal in der Finsterniß ein Geschrey machen wolte / redete er ihr zu / sie müste nur allein GOtt fürchten; sonst aber dürfte sie sich für nichts fürchten. Siehe Exempelb. 2. Theil / p. 98. 101.

11) Ein frommes Kind / *Christlich Leberecht von Exter* / nahm einmals wahr / daß / sein ältester Bruder den Bestrafungen seiner Mutter widersprach / welches ihm sehr mißfiel / daher er ihm seine Eigenliebe verwieß / und ihm die Lehre dabey gab: Er müste auch / wenn er unschuldig wäre / denen Eltern nicht also widersprechen / sondern leiden / und GOtt für sie bitten / daß er ihnen solche Ubereilung vergeben möchte. Denn man müsse auch die Eltern mit Gedult ehren. Sir. 3/8. Als [163] er seinen jüngern Bruder sahe einen Apfel essen / sprach er zu ihm: *Esset ihn mit Dancksagung / und nicht zur Wollust.* 1Tim 4/4. Vier Wochen vor seinem Ende bat er seine Schwester / mit ihm zu beten. *Kommet* / sagte er / *wir wollen einen Bund mit GOtt machen / itzo haben wir Zeit / wir müssen sie auskaufen zum Gebet.* Und als diese mit ihm ging / bedienete er sich im Gebet dieses Ausdrucks: *Sie wolten hiermit unter JEsu Fahne geschworen haben.* Auf eine Zeit sagte er zu seiner

Schwester: *Liebe Schwester / möchte ich eine Braut Christi werden! Ich will darnach streben / strebet ihr auch darnach!* Und als sie ihn fragte: wie man es machen müsse? antwortete er: *Man müsse keusch seyn / und JEsum lieb haben.* Siehe Exempelb. 3. Theil. p. 72. 73. 77. 80.

Lehre.

1. *Siehest du / liebes Kind / etwas böses an deinen Geschwistern / so erinnere sie darüber freundlich.*

2. *Fühlest du einen guten Trieb in deinem Hertzen / so suche auch deine Brüder oder Schwestern mit zum Guten anzuführen.* [164]

7. Exempel solcher Kinder / die für ihre eigene Seele sehr bekümmert gewesen.

12) Ein Mägdlein von fünf Jahren sahe man oft in Gedancken sitzen / und ihrem ewigen Heyl nachsinnen. Einsmals brach sie in die Frage aus: O *was thun doch diejenigen / die allbereit im Himmel seyn.* Exempelb. 1. Theil / p. 66.

13) Ein ander Kind von fünf Jahren / war hertzlich ihrer Seele wegen besorget / wie es ihr nemlich nach ihrem Tode gehen würde? wo sie ewig bleiben würde? was sie thun müsse / wenn sie selig werden wolte? 2 Th. p. 28.

14) Eine Tochter eines frommen Predigers / von 8. Jahren / ward kranck / und als jemand sie fragte: wo sie wohl gedencke hinzukommen / wenn sie sterben solte? antwortete sie: *Sie besorge gar sehr / sie würde zur Hölle fahren müssen.* Man fragte sie weiter: Aus was Ursach sie fürchte / verdammt zu werden? Sie gab zur Antwort: *Weil sie sorge / sie liebe GOtt nicht.* Man fragte weiter: Woraus sie abnehme / daß sie GOtt nicht liebe. Sie antwortete: *Was hab ich denn die Zeit meines Lebens vor GOt* [165]*tes Ehre gethan? Uberdiß so hat man mich gelehret / wer GOtt liebet / der halte seine Gebot. Ich aber habe derselben keines gehalten.* Da sie aber zu rechte gewiesen ward / so bezeugte sie

nachgehends / daß sie nun den HErrn JEsum von Hertzens-Grunde liebe. *Exempelb. 2. Theil* p. 34.

15) Eine fromme Tochter von vierzehn Jahren ward / da sie kranck wurde / sehr bekümmert wegen der Vergebung ihrer Sünden / und daß sie eine Versicherung davon erlangen möchte. In solchem Kummer rief sie aus: O *ich gehe dahin / was soll ich aber thun / daß ich selig werde?* O *was soll ich thun / daß ich selig werde? Süsser HErr JEsu / dir will ich zu Fusse fallen. Komme ich dann um / so soll es seyn bey dem Brunnquell deiner Gnade.* Grosser und allmächtiger GOtt / rief sie ein ander mal / gib mir wahren Glauben / daß ich nicht mag unter den thörichten Jungfrauen seyn / die zwar Lampen / aber kein Oel haben. *Exempelb. I. Theil* / p. 36. 38.

Lehre

Liebes Kind / du hast in der Welt nichts theurers / als deine unsterbliche Seele. Daher solst du für nichts ernstlicher / als für deine Seele sorgen. [166]

8. Exempel solcher Kinder / die auch für anderer Menschen Seligkeit gesorget.

16) *Johannes Harvey* hatte so einen tiefen Eindruck von der hohen Würdigkeit der Seele / daß er sich nicht wenig betrübte / wenn er sahe / daß jemand etwas that / welches der Seelen gefährlich war. Als einmals jemand aus seiner nahen Freundschaft in seines Vaters Hauß kam / der seinem Bedüncken nach *truncken* war, so wante er sich geschwind und sehr ernsthaft zu ihm / und weinete über ihn / daß er GOtt so beleidige / und seine Seele in eine so grosse Gefahr setze; bat ihn auch / er möchte doch seine Zeit besser / als zum Trincken und Spielen anwenden. Er lag auch öfters seinen nächsten *Anverwanten* gar demüthig an / sie möchten ihre Christen-Pflicht doch wohl wahrnehmen / und die Wohl-

fahrt ihrer Seelen / samt der Ewigkeit / bedencken. *Exempelb. 2. Theil* / p. 91. 102.

17) *Christlieb Lebrecht* von *Exter* ermahnte nicht nur seine Geschwister fleißig zum Guten / sondern auch das *Gesinde* / welchem er zuweilen einen schönen Spruch vorhielt/ und erklärte. Insonderheit bat er sie / daß [167] sie doch auch gegen das Vieh keinen unnützen Zorn oder unzeitige Härtigkeit bezeigen möchten. Und ob er wol wegen seiner Jugend zuweilen von dem Gesinde verspottet wurde / so ertrug er doch alles mit Gedult und Sanftmut / bis sie es endlich gewohnten/ und seine Worte gerne annahmen. *Exempelb. 3. Theil. p. 74.*

Lehre.

Wo du / liebes Kind / zur Besserung deines Nächsten in Sanftmut und Demut ein gutes Wort redest / so sey gewiß versichert / daß GOtt *solches nicht ungesegnet lassen werde.*

9. Exempel solcher Kinder / die gern und fleißig gebetet haben.

18) Ein kleines Kind / das im fünften Jahre seines Lebens gestorben / pflegte öfters allein zu gehen / auf seine Knie vor GOtt niederzufallen und zu beten. In solchem Gebet weinete es oft sehr / und redete so ernstlich und eifrig mit dem lieben GOtt / daß es auch den Nachtbarn nicht verborgen bleiben konte. *Exempelb. I. Theil* p. 51. 54.

19) Ein frommer Knabe / *Carl Brügmann* / begehrte früh morgens keinen Fuß aus [168] dem Hause zu setzen / ehe er gebetet. Er ging auch niemals ohne Gebet zu Bette. Und wenn er ja ein und andermal solches vergessen hatte / kam er geschwind wieder aus seinem Bette / kniete nieder / und bat GOtt um Vergebung dieser Sünde. Wenn seine Brüder essen wolten / ehe sie gebetet hatten / so pflegte er zu sagen: *Dürft ihr also handeln? das* GOtt *in Gnaden verhüte! dieser Mund voll Brots könte durch* GOttes *Zulassung / zur gerechten Strafe / uns ersticken. Exempelb. I. Theil.* p. 79.

20) Als ein kleines Kind von drey Jahren / *Johann August Schmid* / im Hause eine Stiege hinauf ging / und erinnert wurde / es möchte sich in acht nehmen / daß es nicht herunter falle; faltete es alsobald seine Hände zusammen / und betete also: *Ach du lieber GOtt / bewahre mich / daß ich nicht falle / noch Schaden nehme. Amen.* Exempelb. 3. Theil p. 14.

21) *Christlieb Lebrecht von Exter* hatte in seiner Kindheit den Geist des Gebets in reichem Maaß empfangen. Seine Worte im Gebet waren voll Glaubens und kindlichen Vertrauens. Sein jüngrer Bruder hat ihn einstmals auf seinem Angesicht vor [169] GOtt liegend gefunden. Manchmal nahm er seine Geschwister mit sich in ein Kämmerlein / küssete sie brüderlich / und sagte zu ihnen: *Kommt / wir haben Zeit und Raum zu beten / wir müssen die Zeit auskaufen.* Exempelb. 3. Theil p. 79. 80.

Lehre.

1. *Je fleißiger ein Kind betet / desto mehr wird es in allem Guten zunehmen.*
2. *Der Befehl des HErrn JEsu: Gehe in dein Kämmerlein und schleuß die Thür nach dir zu / und bete zu deinem Vater im Verborgenen / gehet dich / liebes Kind / auch an. O wie angenehm wirst du deinem Heylande seyn / wenn du oft ein stilles Oertgen suchest / und dein Hertz vor ihm ausschüttest.*

10. *Exempel solcher Kinder / welche GOttes Wort sehr geliebet haben.*

22) Ein frommes Kind *Johannes Harvey* ward im sechsten Jahr seines Alters mit bösen triefenden Augen von GOtt heimgesucht. Ob ihm nun gleich der Doctor verboten hatte / in Büchern zu lesen / so ging er doch öfters heimlich an einen Ort / stellte sich [170] an das Fenster / und laß die heilige Schrift und andre erbauliche Bücher. Ja er war so begierig die heilige Schrift zu lesen / daß er sich zum öftern kaum Zeit nahm /

sich anzukleiden / so gar war die Lesung des Wortes GOttes sein Ergötzen. Und ob ihm gleich die Augen dabey sehr wehe thaten / so glaubte er doch / es sey GOttes Befehl / die heilige Schrift zu lesen / und ließ sich durch nichts davon abhalten. *Exempelb. 2. Theil.* p. 96.

23) Der junge *Exter* war in der Schrift so mächtig / daß man nur ihn zu fragen pflegte / wenn man wissen wolte / wo etwa dieser oder jener Spruch stünde. 3. *Theil* p. 85.

24) *Euphrosina Barbara Hernschmidin* bezeugte eine solche Liebe zum Wort GOttes / daß ihre Praeceptores von ihr bezeugeten / sie sey unter der Betrachtung desselben nicht mehr als zweymahl unaufmercksam befunden worden. Und dieses mehr aus Mattigkeit / als fladerhaften Wesen. In Auswendig-Lernen der Sprüche blieb sie niemals bey der aufgegebenen Zahl / sondern lernte allezeit noch mehr dazu. 3. *Theil* p. 95. 97.

Lehre.

Laß die Lesung des Wortes GOttes deinen liebsten Zeitvertreib seyn. Es [171] *ist eine grosse Ehre vor dich / daß GOtt in seinem Wort mit dir redet.*

11. *Exempel solcher Kinder / die den Catechismum sehr lieb gehabt haben.*

25) Der junge *Harvey* begab sich in seinem fünften Jahr mit solchem Eifer über den Catechismum / daß er nicht eher ablassen wolte / bis er ihn auswendig gelernet. Er vergnügte sich aber nicht damit / ihn selbst gelernet zu haben / sondern er trieb auch andere / die um ihn waren / zu dessen Erlernung an / und ruhete nicht eher / bis er die Magd seiner Mutter überredet / solchen zu lernen: darauf er ihr allenthalben nachging / und sie aus dem Catechismo fragte. *Exempelb. 2. Theil* p. 94.

26) *Susanna Bicks* / ein frommes Mägdlein / erkante auf ihrem Sterb-Bette für die gröste Wohlthat / daß sie durch die Prediger ihres Orts gründlich im Catechismo unterrichtet worden. O *der süssen Catechismus-Ubung / rufte sie aus / zu welcher ich mich allezeit mit grosser Freudigkeit begeben / und deren ich ohne Verdruß abgewartet.* 2. Theil p. 53.

Lehre.

Liebes Kind / werde des Catechismi [172] *niemals überdrüßig / sondern lerne ihn fleißig. Er wird dir noch in deinem Alter nutzen.*

12. *Exempel solcher Kinder / die sehr gerne in die Schule gegangen.*

27) Ein klein Kind von drey Jahren ging sehr gern in die Schule / nur daß es etwas von GOtt hören möchte. Wenn es nach Hause kam / redete es davon mit grossem Ernst / freuete sich über sein Buch / und sagte zu seiner Mutter: O *liebe Mutter / heute habe ich eine süsse Lection gehabt. Beliebet euch / mir zu erlauben / so will ich mein Buch holen / auf daß ihr es hören möget.* Exempelb. I. Theil p. 52.

28) Der jungen *Herrnschmiedin* gröste Freude war es / in der Schule zu seyn / wo GOttes Wort gehandelt wurde. Sie ließ daher sich öfters / wenn ihr nicht wohl war / solches nicht mercken / damit sie nur nicht die Schule versäumen / und zu Hause bleiben müste. 3. Theil p. 94.

Lehre.

Verspürest du / mein Kind / eine Unlust / in die Schule zu gehen / so kämpfe dawider / und gehe alle Tage williger in die Schule. [173]

13. *Exempel eines Kindes / das sehr begierig gewesen zu lernen.*

29) Dem kleinen *Harvey* ward von seinem Vater / einem Holländischen Kaufmann in Londen / zuweilen erlaubt / im Hofe hinter dem Hause zu spielen / weil seine Eltern meynten / er sey noch zu jung / in die Schule geschickt zu werden. Allein an statt zu spielen / fragte er selbst eine Schule

aus / nahe bey seiner Eltern Hause / und ersuchte die Schulmeisterin / daß sie ihm das *Lesen* lehren möchte. So ging er etliche Zeit in die Schule / ohne daß es seine Eltern wusten / und machte in seinem Lernen einen guten Fortgang. 2. *Theil* p. 87. 88.

Lehre.

Bitte GOtt um Begierde / etwas gutes zu lernen / so wird dir alles leicht werden.

14. *Exempel eines Kindes / das den Sontag sehr heilig gehalten.*

30) Ein kleines Kind / wenn es des Sontags allein zu Hause gelassen wurde / wolte auch nicht den geringsten Theil des heiligen Tages in Müßiggang / oder eiteln Spiel zu[174]bringen; sondern es war beschäftiget mit beten / lesen in der Bibel / und Wiederholung seines Catechismi. I. *Theil* p. 56. 64.

Lehre.

Mein Kind / *wie du dich am Sontage gegen* GOtt *verhältst / so wird er sich die gantze Woche gegen dich verhalten. Heilige seinen Tag / so wird er dich wieder heiligen.*

15. *Exempel solcher Kinder / die einen grossen Abscheu an der Sünde und böser Gesellschaft gehabt haben.*

31) Ein kleines Kind von fünf Jahren hatte ein grosses Grauen für böser Gesellschaft / und pflegte den lieben GOtt mehrmahlen zu bitten / daß er es doch dafür bewahren / und es behüten wolle / nimmermehr solche Kinder lieb zu gewinnen / deren Lust wäre zu thun / was GOtt mißfiele. Ja wenn er solche zuweilen hörte / gottlose Reden führen / des HErrn Namen mißbrauchen / oder sonst garstig reden / so zitterte es für Abscheu / ging nach Hause und weinete. *Exempelb.* I. *Th.* p. 55.

32) Ein kleines Mägdlein / wenn es aus [175] der Schule nach Hause kam / pflegte mit Bekümmerniß und grossem

Abscheu zu erzehlen / wie andre Kinder durch böse Worte sich an GOtt versündiget / die so böse wären / daß sie solche nicht wiederholen möchte. p. 74.

33) Der junge *Harvey* / wenn er mit andern Kindern spielte / redete ihnen öfters zu / sich böser Reden und Thaten zu enthalten. Und wenn eins den Namen GOttes mißbrauchte / oder sonst etwas that / das einem frommen Kinde nicht geziemete / so strafte er solches ernstlich. 2. *Theil* p. 19.

Lehre.

Hüte dich / mein Kind / vor böser Gesellschaft dein Lebenlang. Gesellest du dich zu bösen Buben / so wird der Geist GOttes von dir weichen.

16. Exempel eines frommen Waysen-Kindes.

34) Einem armen Kinde starb seine Mutter. Nach ihrem Tode pflegte er oft ein und andre Verheissung / die GOtt denen Vaterlosen Waysen gegeben / in Munde zu führen / sonderlich die 2. Mos. 22/22. *Ihr sollt keine Wittwen und Waysen beleidigen; sonst werden sie zu mir schreyen / und ich werde ihr* [176] *Schreyen erhören.* Diese Worte pflegte er oft mit Thränen zu wiederholen / und zu sagen: *Auf Erden bin ich Vater- und Mutter los; doch wo mir einer übels thut / so habe ich einen Vater im Himmel / der sich meiner annehmen wird. Ihm ergeb ich mich / und auf ihn steht alle mein Vertrauen.* I. Theil / *p. 89.*

Lehre.

Hat GOtt / mein Kind / deines irdischen Vaters dich beraubet / so halte dich desto genauer zu ihm / deinem himmlischen Vater.

17. Exempel eines Kindes / das einen starcken Glauben gehabt.

35) Ein siebenjährig Kind / Jacob Bicks / sagte auf seinem Sterbe-Bette: *GOtt hat mir einen so starcken Glauben an JEsum Christum gegeben / daß auch so gar der Teufel vor mir fliehet.* Denn es heißt: *Wer an den Sohn glaubet / der hat das ewige Leben / und der*

Arge wird ihn nicht antasten. 1 Joh. 5 / 12. 18. 2. Theil / p. 85.
Lehre.

Auch ein schwaches Kind kan einen starcken Glauben haben. Denn GOtt ist in den Schwachen mächtig. [177]

18. Exempel eines Kindes / das voll Verlangen nach Christo gewesen.
36) *Susanna Bicks* rief auf ihrem Sterbe-Bette aus: *Ach daß ich in dem Schooß JEsu ruhig schlafen möchte / denn er würde mich stärcken. Ach daß er mich / wie eines derjenigen kleinen Kinder / in seine Arme nähme / von denen er spricht:* Lasset die Kindlein zu mir kommen / *und die er gehertzet / und die Hände auf sie geleget / und sie gesegnet.* Ein ander mal rief sie aus: *Niemand als Christus! Christus ist der wahre Weinstock. Ich verlange eine Rebe an ihm zu seyn.* 2. Theil p. 58. 63.
Lehre.

Das stete Verlangen nach Christo ist das sicherste Kennzeichen des wahren Glaubens.

19. Exempel eines Kindes / das sehr danckbar gewesen gegen GOtt.
37) *Johann August Schmid* / ein Kind von drey Jahren / hatte von seinem Vater gehöret / daß der liebe GOtt im Himmel die [178] Sonne / die Bäume / und alles andre geschaffen habe. Worüber das Kind seine Arme voll Verwunderung von einander schlug / und mit lallender Stimme sagte: *Wir haben einen grossen lieben* GOtt. Darauf fragte es von freyen Stücken: Ob denn der liebe GOtt auch die Mama und das Schwestergen erschaffen habe? und als es mit Ja beantwortet wurde / so sagte es: *Habe Danck / lieber GOtt / für Mama und Schwestergen.* 3. Theil / p. 8.
Lehre.

Dancke GOtt für alles / was er dir gutes erzeiget / so wirst du immer mehr von ihm bekommen.

20. Exempel solcher Kinder / die sehr danckbar gewesen gegen ihre Wohlthäter.

38) Ein armes Kind / das von der Gasse aufgenommen und Christlich erzogen worden / bezeugte sich auf seinem Sterbe-Bette überaus danckbar gegen seine Pflege-Eltern. O *meine theure Pfleg-Mutter* / rief es / *gelobet / gelobet sey GOtt / der euch ins Hertz gegeben / daß ihr euch meiner erbarmen müssen.* 1. Theil p. 106.

39) *Susanna Bicks* bezeugte auf ihrem [179] Krancken-Lager / daß sie ihre gottselige Auferziehung von so frommen Eltern viel höher / als ein Heyraths-Gut von zehntausend Thalern / schätze. Sie verlangte auch / daß man ihrem Lehr-Meister und Lehr-Meisterinnen / einem jeden insonderheit / ihretwegen dancken solle. Man muste ihr auch mehr als einmal versprechen / daß man den Predigern / bey welchen sie in der Catechismus-Lehre oder in den Predigten gewesen / Danck abstatten wolle. 2. Theil p. 54.

Lehre.

Hüte dich / mein Kind / in deinem ganzen Leben für Undanckbarkeit / denn sie ziehet den Fluch nach sich.

21. *Exempel solcher Kinder / die ihre Eltern getröstet.*

40) Ein kleines Mägdlein fragte ihre Mutter nach dem Absterben ihres Vaters / warum sie so überaus sehr weinete? Als die Mutter antwortete: Sie hätte Ursach gnug dazu / weil ihr Vater tod wäre; so sagte das Kind: Nein / *theure Mutter / ihr habt keine Ursach / so viel zu weinen. Denn GOtt ist und bleibet dennoch allezeit euer gnädiger GOtt.* Exempelb. 1. Theil p. 62.

41) Als sich des jungen *Harvey* Mutter [180] über den Tod eines von seinen Vettern höchlich betrübte / so kam dis Kind / als es noch nicht fünf Jahr alt war / zu ihr / und sagte: Mutter / *ob schon mein Vetter tod ist / so sagt doch die Schrift: Er werde wie-*

der auferstehen. Ich muß ja auch sterben / und ein jedweder Mensch muß sterben. Es wird auch nicht lange anstehen / so wird Christus kommen / die gantze Welt zu richten. Alsdenn werden wir einander wieder sehen. Darum bitte ich euch / liebe Mutter / weinet nicht so sehr. 2. Theil p. 88.

42) Ein armes Schul-Mägdlein tröstete ihre Mutter / welches eine arme Wittwe war / mit vielen schönen Sprüchen heiliger Schrift. *Liebe Mutter* / sagte sie einst / *weinet nur nicht / wir wollen fleißig beten und arbeiten / der liebe GOtt wird uns nicht verlassen.* Als das Kind kranck wurde / und von Sterben redete / und die Mutter sagte: Liebes Kind / wenn du stürbest / wen hätte ich dann hernach? du bist noch mein Trost: so antwortete das Kind: *Liebe Mutter / GOtt muß euer Trost seyn / vertrauet ihm nur. Wisset ihr nicht / wie wir singen: Weil du mein GOtt und Vater bist / dein* [181] *Kind wirst du verlassen nicht / du väterliches Hertz.* 3. Theil p. 65.

Lehre.

Bemühe dich / liebes Kind / deine betrübte Eltern aus GOttes Wort zu trösten: so wird dich GOtt wieder in deiner Taurigkeit trösten.

22. Exempel eines Kindes / das sehr mitleidig und barmhertzig gegen die Arme gewesen.

43) Johann *Harvey* war eines sehr mitleidigen Gemüths gegen Arme und Krancke. Es kam ein gewisser Türck an den Ort / da diß Kind wohnete. Als derselbe bezeugte / er sey hungrig und durstig / ging er zu dem nächst anliegenden Brauhause / und bat den Brau-Herrn / er möcht ihm doch für den Türcken einen Trunck Bier geben. Herr / sagte er / *es befindet sich ein armer Fremdling in der Nähe / der durstig ist. Wir wissen auch noch nicht / wo wir hinkommen können / ehe wir sterben.* 2. Theil/ p. 104.

Lehre.

Auch kleinen Kindern stehet es wohl an sich der Fremdlinge und Armen zu erbarmen. [182]

23. Exempel demüthiger Kinder.

44) Ein gewisses kleines Kind / wenn es einen Fehler begangen / konte gar leicht zur Erkentniß desselben gebracht werden / da es denn pflegte in einen Winckel zu gehen / und GOtt denselben mit Thränen abzubitten. 1. *Theil* / p. 56.

45) Der junge *Exter* konte durchaus nicht hören / daß man ihn lobete. Zu seinem jüngern Bruder Gottlob sagte er einmal: *Wenn euch die Leute loben / so thut / als höret ihr es nicht. Ich habe mich nach dem Spruch* Prov. 27/21. *gewöhnet / alles Lob anzuhören / als ginge es mich nicht an.* 3. *Theil* / p. 83.

46) Johann *Harvey* hassete nicht nur selbst allen Hochmut und Eitelkeit in Kleidungen sondern er bat auch seine Mutter / daß sie den hoffärtigen Neigungen seines Bruders und seiner Schwester nicht willfahren möchte. Er stellete ihnen die Gefahr der Hoffart vor / und zeigte ihnen / wie wenig Ursach sie hätten / um dergleichen Dingen zu stoltziren / die ihnen ja nur zur Schande gereichten. *Denn* / sagte er / *wenn die Sünde nicht wäre / so hätten wir keiner Kleider von nöthen.* 2. *Theil* p. 98. 99. [183]

Lehre.

Hoffart laß weder in deinem Hertzen / noch in deinen Geberden / Worten und Kleidern herschen. Denn allein den Demüthigen giebt GOtt Gnade.

24. Exempel eines keuschen Kindes.

47) Als der fromme *Joseph* von einem unkeuschen Weibe zur Vollbringung ihres bösen Willens gereitzet wurde / so sprach er: *Wie solte ich ein solch groß Ubel thun / und wider GOtt sündigen?* Und als sie ihn einmal bey seinem Ober-Kleide er-

wischte / und ihn zum bösen verführen wolte / so ließ er das Kleid in ihrer Hand / und flohe / und lief zum Hause hinaus. 1. Mos. 39/ 7-12.

Lehre.

Fliehe vor den Gelegenheiten zur Unkeuschheit / wie vor einer Schlange. Der keusche Jesus wohnet nur in einem keuschen Hertzen.

25. *Exempel geduldiger Kinder.*

48) Als Carl *Brügman* [SF unterschiedliche Schreibung] im zwölften Jahr seines Alters kranck ward und grosse Schmertzen litte / fragte ihn einer / ob er lieber wolte immer diese Schmertzen leyden / oder [184] Christum verleugnen / wenn er nicht anders könte davon frey werden? *Ach* / sprach er / *ich weiß als ein Kind hierauf nicht zu antworten / denn dieser Schmertz möchte auch wol einen starcken Mann wanckend machen. Doch will ich streben / so geduldig auszuhalten / als ich immer kan.* 1. Theil / p. 81.

49) Der junge Exter ward mit öftern sehr empfindlichen *Kopf-Schmertzen* heimgesuchet. Wenn der Schmertz ihn überfiel / sagte er nichts / sondern legte das Haupt vor sich auf den Tisch/ oder ging bey Seit / bis es vorüber war. Als seine Frau Mutter ihn einmal fragte: Du lieber Christlib / bittest du denn GOtt nicht / daß er dir diesen Schmertz abnehme? so antwortete er: *Meine liebe Mama / ich weiß / daß der liebe Vater im Himmel mir diß nicht auflegen würde / wenn mirs nicht gut und nützlich wäre. Ich will Geduld darunter lernen. Wenn ichs aber nicht mehr aushalten kan / alsdenn will ich GOtt um Linderung bitten.* 3. Theil / p. 85.86.

Lehre.

Selig ist der Mann / der das Joch in seiner Jugend tragen lernet. Folge [185] auch hierinn / liebes Kind / deinem geduldigen Heylande nach.

26. Exempel eines Kindes / das sein Ende betrachtet.

50) *Johann Sudlow* ward im vierten Jahr seines Alters durch den Tod seines kleinen Bruders sehr tief gerühret. Als er ihn ohne Athem / Sprache und Bewegung liegen sahe / auch wahrnahm / daß man ihn zur Thür hinaus trug / und ins Grab legte / so ging es ihm sehr zu Hertzen. Er fragte / ob er auch so sterben müste? und als man ihm dieses mit Ja beantwortet / so hatte dieses einen so tiefen Eindruck bey ihm / daß er von der Zeit an immer sehr ernsthaft gewesen. Insonderheit war er sehr begierig zu wissen / was er thun müsse / wenn er in der zukünftigen Welt leben wolle. Und als ihn seine fromme Eltern solches gelehret / so befliß er sich alsbald alles dasjenige zu unterlassen / was GOtt mißfallen konte. Man durfte ihm nur sagen / diß und jenes sey sündlich / so war er ohne Mühe davon abzuhalten. Er hätte nicht die Welt genommen / und eine Lügen geredet. 2. Theil / p. 14. 15.

Lehre.

Weil mehr Kinder / als Erwachsene sterben / [186] so bedencke täglich dein Ende / das wird dich von vielem bösen zurück halten.

27. Exempel eines Kindes / das eine grosse geistliche Freude empfunden.

51) Der junge Exter kam im achten Jahr seines Alters zu seinem Herrn Vater / und sagte: *Lieber Papa / ich freue mich ja so / ich freue mich ja so innerlich.* Auch in der folgenden Zeit machte ihm die Freude im heiligen Geist / die seine Seele erquickte / die Welt gantz zuwider. Einmal sagte er zu seiner Schwester: *Wenn sie die Freude empfinden solte / die er hätte / sie gäbe sie nicht darum / wenn ihr alle Häuser der Stadt voll Ducaten und Diamanten geboten würden.* 3. Theil / p. 68. 83.

Lehre.

Wenn ein Kind die göttliche Freude schmecken will / so muß es der Welt ihre sündliche Freude lassen.

28. Exempel eines Kindes / das eine besondere Versicherung seiner Seligkeit gehabt.

52) Johann *Harvey* wurde kurz vor sei-[187]nem seligen Tode von seiner Mutter gefragt: Ob er auch willig sterben / und sie verlassen wolle? Darauf er antwortete: *Ich bin willig / euch zu verlassen / und zu meinem himmlischen Vater zu gehen. Denn ich bin vergewissert / daß mir meine Sünden vergeben sind / und daß ich in den Himmel eingehen werde.* Seine Mutter brach darauf in häufige Thränen aus. Er aber sagte: *Ach Mutter / wenn ihr wissen soltet / was ich vor Freude empfinde / so würdet ihr nicht weinen / sondern euch freuen. Ich versichre euch / ich bin so voll Trostes / daß ichs euch nicht sagen kan. Ach Mutter / ich werde nun gleich mein Haupt in meines Vaters Schooß legen / und daselbst mich befinden / wo die vier und zwantzig Aeltesten ihre Cronen niederlegen / und singen: Halleluja / Preiß und Ehre sey dem / der auf dem Stuhl sitzet / und dem Lamm immer und ewiglich.* 2. Theil p. 110.

Lehre.

Nichts ist herrlicher / als eine Versicherung der Seligkeit in seiner Seele haben. Sie wird aber nur frommen Kindern gegeben. [188]

29. Exempel solcher Kinder / die grosse Freudigkeit zu sterben gehabt.

53) Als eine kleine Tochter kranck wurde / und etliche Flecken an ihr erschienen / so freuete sie sich sehr / rief ihren Freunden / und sagte: *Hier habe ich etliche Flecken; aber erschreckt nur nicht; denn ich weiß / hiermit bin ich als ein Eigenthum des HErrn JEsu ausgezeichnet.* Als jemand sie fragte: woher sie dieses wüste? antwortete sie: *Der Herr hat es mir gesagt / daß ich eins von seinen liebsten Kindern bin.* 1. Theil p. 70.

54) *Johann Sudlow* ward von einem Prediger auf seinem Sterbe-Bette gefragt: Johannes / fürchtest du dich nicht zu sterben? Er antwortete: Nein / *denn der HErr wird mich in dieser Stunde stärcken.* Der Prediger sprach: Wie kanst du das hoffen / dieweil du ein Sünder bist? Der Knabe antwortete: *Allein in Christo.* Und in diesem seinem Heylande schlief er anderthalb Stunden hernach selig ein / nachdem er 12. Jahr gelebet.
55) Der kleine *Johann August Schmid* / der noch nicht drey Jahr völlig alt war / da er [189] starb / ward von seiner Mutter gefragt: Ob er nicht bey ihr bleiben wolte? Darauf er aber allemal mit einem starcken und muntern *Nein* antwortete. Fragte sie ferner: Warum denn nicht? so war die Antwort: *Ich will zu meinem lieben Heyland in den Himmel.* Fragte sie weiter: Was willst du bey ihm machen? so hieß es: *Ich will mich mit ihm freuen über die schönen Sachen / die er mir geben wird. 3.* Theil / p. 18.
56) *Christina Sophia von Grießheim* wurde in ihrer Kranckheit gefragt: Ob sie denn gerne sterben wolle / und keine Furcht vor dem Tode habe? Sie sagte *Nein.* Warum denn? Der HErr *Jesus hat ihn überwunden.* Ein ander mal ward sie gefragt: Ob sie den HErrn JEsum bald zu sehen verlange? oder lieber noch etwas in der Welt leben wolle? Sie antwortete: *Ich will lieber den HErrn JEsum bald sehen. Nur fort aus dieser argen garstigen Welt.* 3. Theil p. 28. 35.
57) *Rahel Sophia von Lüttichau* bezeugte nach ihrer Frau Großmutter Tode eine grosse Lust zum sterben. Vier Wochen nach diesem Tode kam der Pfarrer des Orts in das Hauß. Kaum war er in die Stube [190] getreten / so lief ihm diese kleine Rahel entgegen / und sagte: *Herr Magister / wenn ich sterbe / muß er mir auch die Leich-Predigt thun / wie der Frau Großmutter. JEsu meine Freude / meines Hertzens Weyde / JEsu meine Zier; das soll mein Leichen-Text seyn / sonst nichts mehr. Mercke ers. Will er?* Und das brachte sie unter Hüpfen und Springen

freudig vor. Den andern Tag stund das Fräulein frisch und gesund auf / und verrichtete ihr Morgen-Gebet. Bald darauf klagte sie sich / verwandelte sich / und gab ihren Geist auf.
3. Theil p. 43.
Lehre.

Wenn ein Kind den HErrn JEsum lieber hat / als seine Eltern / so wird es auch gern durch einen seligen Tod zu ihm kommen wollen.

30. Exempel kleiner und erwachsener Kinder, die um Christi willen zu tode gemartert worden.
58) In der zehenden Verfolgung ward Julitta / ein Weib von vornehmen Geschlecht / mit ihrem Kindlein / zu Tarsus / (welches Pauli Vaterland gewesen) gegriffen / und vor den [191] Richter gestellet. Da sie sich für eine Christin bekante / ließ er ihr das Kind von den Armen nehmen, und die Mutter erbärmlich geisseln; das Kind aber nahm er auf seinen Schooß / und suchte es durch allerley Liebkosungen zu stillen. Das Kind aber wolte sich durchaus nicht zu frieden geben / sondern sahe mit unverwanten Augen nach seiner Mutter / ja es fing an als ein Turteltäublein ihr nachzugirren / und zu sagen: *Ich bin ein Christ!* Diese Worte waren dem unbarmhertzigen Tyrannen gantz unerträglich. Daher ergriff er das kleine unschuldige Kind bey einem Bein / und schlug es mit solcher Gewalt an die Schärfe der Stufen seines Richterstuhls / daß das Blut und Gehirn auf allen Seiten herum sprützte. Siehe Friedrich Eberhard Collins *Wunder-vollen Schauplatz der heiligen Märtyrer* / und zwar vornemlich um des Namens Christi willen grausamlich getödteter Kinder. Franckfurt / 1729 8. pag. 30.31.
59) Unter eben dieser zehenden grossen Verfolgung des Diocletiani wurden auch zwey Christliche Brüderlein / die von sehr vornehmen Eltern gebohren waren / vor den Kayser ge-

bracht / der sie anfänglich mit allerhand schmeichelhaften Liebkosungen zum Abfall von Christo versuchte; da aber diese nichts aus[192]richteten / sie grausam schlagen ließ. Als sie aber unbeweglich bey ihrem guten Vorsatz blieben / wurden ihnen die Haare abgeschnitten / eine beissende Salbe auf das blosse Haupt gestrichen / und sie damit in eine heisse Badstube getragen. Als sie hier eine kurtze Zeit gewesen/ entzündete sich von grosser Hitze die Materie / die auf ihr Haupt gestrichen worden. Der jüngste fiel bald darauf unter diesen unerträglichen Schmertzen tod zur Erden nieder. Der ältere / da er sahe / daß sein Brüderlein niedergesuncken war / fing an über seinen Sieg sich zu erfreuen / umarmete und küssete dasselbe / und rief einmal über das andre freudig aus: *Mein liebes Brüderlein / du hast überwunden. Mein Brüderlein / du hast gesieget*; unter welchem freudigen Rufen / Küssen und Hertzen er endlich auch seinen Geist aufgegeben. *Collins* Schauplatz p. 46.

60. Als im sechsten Jahrhundert nach Christi Geburt in Arabien eine harte Verfolgung über die Christen erging / so wurde auch eine Christliche Mutter mit einem kleinen Kinde *von fünf Jahren* / gefangen / und verurtheilet / verbrant zu werden. Als die Mutter mitten in den Flammen stund / legte das Kind sein Bekäntniß von dem HErrn JEsu ab / schrie seiner Mutter beständig nach / und be[193]zeugte ein grosses Verlangen / bey ihr zu seyn. Der Tyrann hielt zwar das Kind feste; da es aber alle seine Kräfte anwendete / sich von ihm loszumachen / und er es endlich im Zorn von sich stieß / so eilete es gerades Weges mit grosser Geschwindigkeit zu der Mutter ins Feuer / umfaste dieselbe / und erlangte also zugleich mit ihr die Märtyrer-Crone. *Collin* p. 64.

61) Als im Jahr Christi 303. der berühmte Märtyrer Romanus zu Antiochia (wo der Christen-Name zu erst aufge-

kommen /) grausamlich hingerichtet wurde / so ward auch *Barulas* ein kleiner Knabe *von sieben Jahren* herbey gebracht / welcher / auf Befragen / sein Zeugniß / daß nur ein einiger GOtt sey, freudig ablegte. Der grausame Richter ließ hierauf das Kind nackend ausziehen / und das zarte Cörperlein mit Ruthen und schwancken Weyden grausamlich zerpeitschen / also daß der gantze Rücken mit Blut und Striemen bedecket wurde / und jederman / der es mit ansahe / die Thränen in die Augen traten. Als das Kind nach diesem grausamen Tractament mit seinem leidenden Heylande ausrief: *Mich dürstet* / so redete ihm seine Mutter / die diß alles mit ansehen muste / beweglich zu / daß es nun bald zu dem himmlischen Strom der Erquickung gelangen werde / welcher den Durst [194] ewiglich stille / wenn es fein beständig bleiben werde. Darauf wurde das Kind durch den heiligen Geist mit solcher Freudigkeit erfüllet / daß es alle Schmertzen der Geisselung verachtete / und sich auf Befehl des Tyrannen frölich enthaupten ließ. *Collin* / p. 82.

62) Zu Nicomedien in klein Asien wurde in der zehenden Verfolgung auch ein *Jungfräulein von neun Jahren* / namens *Basilißa* oder *Regina* / um des Namens Christi willen von den Feinden gegriffen und vor Gericht gezogen. Man setzte ihr erstlich mit harten Schlägen zu. Denn weil die Kinder sonst durch dieses Mittel können erschrecket werden / so meynten sie / es würde ihnen bey diesem Mägdlein auch so gelingen. Aber weil GOtt dieses Kind besonders stärckte / so konte es durch Schläge nicht abtrünnig gemacht werden. Sie liessen es darauf eine geraume Zeit an seinen zarten Gliedmassen mit Feuer martern und brennen; aber das Kind behielt auch hier / zu seiner Feinde grösten Beschämung den Sieg der ausharrenden Gedult. Endlich nahmen sie den zerschlagenen und versengten Leib des lieben Schlachtlämleins / und warfen ihn

den wilden Thieren vor / unter deren Zähnen es in beständigem Beten seinen Geist aufgegeben. *Collin* / p. 133 [195]

63) In der Saracenischen Verfolgung die im zehenden Jahrhundert über die Christen in Spanien erging / ließ der heydnische König auch einen *Knaben von zehen Jahren* / mit Namen Pelagius, den er durch allerley Verheissungen nicht hatte zum Abfall bewegen können / lebendig in die Höhe ziehen / und ihn mit eisernen Zangen ein Glied nach dem andern vom Leibe reissen / welches fast einen gantzen Tag währete. Dennoch blieb der kleine Märtyrer standhaft bis in den Tod durch die Kraft Christi. *Collin* / p. 149.

64) Eine *zwölfjährige* Jungfrau / *Felicola* / wolte man zu Rom zwingen/ den Göttern zu opfern. Als sie aber sagte / sie sey eine Christin / und könne den Göttern nicht opfern / ward sie in eine finstre Kammer gesperret / und ihr in sieben Tagen kein Bissen Brod gereichet. Als sie aber ihren Sinn nicht ändern wolte / ward der grausame Befehl gegeben / man solte sie an der Folter ausspannen / welches auch geschahe. Unter der Marter wiederholte sie öfters die Worte: *Ich bin Christo geheiliget / ich bin eine Christin.* Als die Hencker unter der grausamsten Peinigung zu ihr sagten: Verleugne Christum / so wollen wir dich gleich mit frieden lassen / so gab sie ihnen zur Antwort: *Ich werde meinen* [196] *Liebhaber nimmermehr verleugnen / welcher mir zu Liebe mit Dornen gecrönet / und mit Nägeln ans Creutz geheftet worden.* Und so ward sie endlich zu tode gemartert. Collin / pag. 343.

Lehre.

1. Gewöhne dich / liebes Kind / aus Liebe zu Christo einiges Ungemach / Verspottung und Hohn zu leiden / da andre fromme Kinder vielmehr um seines Namens willen gelitten haben.

2. Bleib bey der erkanten Wahrheit getreu bis in den Tod / so wird auch dir die Crone des Lebens gegeben werden.

Gebet.

HErr JEsu / mein treuer Heyland / der du schon viele Kinder zur Herrlichkeit geführet hast / o wie schäme ich mich / wenn ich mich mit diesen frommen Kindern vergleiche / die dich so hertzlich geliebet / und um deinet willen ihre Leben nicht theuer geachtet haben. Gib mir auch einen solchen Sinn / und mache durch deinen heiligen Geist auch aus mir ein gehorsames / demüthiges / keusches / geduldiges / danckbares Kind / damit ich dir zur Ehre / meinen Eltern zur Freude / und andern Menschen zur Erbauung auf der Welt lebe / und endlich selig und freudig sterbe / um deiner heiligen Kindheit willen /

Amen. [197]

Hundert Christliche Lebens-Regeln für Kinder. [198]

I. *Regeln von dem Verhalten gegen GOTT.*

1. Bedencke, daß du in deiner *Taufe* einen *Bund* mit dem dreyeinigen GOtt gemachet / in welchem Er versprochen hat dich zu lieben / und zu segnen; Du aber hinwiederum versprochen hast / ihn zu lieben / und ihm kindlich zu gehorchen.

2. Nimm dir einmal genugsame Zeit dazu / in der Stille vor dem Angesicht GOttes dich zu *prüfen* / ob du bisher das alles treulich und beständig beobachtet / was dein Tauf-Bund von dir erfordert? Ob du GOTT kindlich geliebet / gefürchtet / und ihm gehorchet?

3. Wirst du in solcher Prüfung in deinem Gewissen überzeuget / daß du dich von GOtt durch wissentliche Sünden wieder losgerissen / und Trotz / Faulheit / Ungehorsam / Lügen / Frechheit und andre dergleichen Unarten bey dir zur Herrschaft kommen lassen; so säume nicht / *deinen Tauf-Bund zu erneuern.*

4. *Erkenne* deine sündliche Unarten / und dein angebohrnes tiefes Verderben / mit hertz[199]licher Schaam und *Reue* vor deinem Schöpfer; wende dich mit einem zerschlagenen Hertzen zu JEsu Christo / deinem einigen Gnaden-Stuhl / suche in seinem Blut durch den *Glauben* die Vergebung deiner Sünden / und fasse einen neuen Vorsatz / nicht mehr der Sünde / sondern JEsu Christo zu dienen / und dich durch seinen Geist regieren zu lassen.

5. Wirst du aber in deinem Gewissen überführet / daß du zwar deinen Tauf-Bund noch nicht wissentlich und vorsetzlich übertreten / aber doch in den Pflichten der Gottseligkeit zuweilen träge und nachläßig gewesen / und hie und da mannigfaltig *gefehlet*; so suche gleichfals mit reuendem und glaubigen Hertzen dich in dem Blute JEsu zu waschen / und dich hinfort eines *grössern Ernstes* in seiner Nachfolge zu befleißigen.

6. Meyne aber ja nicht / daß du solches mit eigenen Kräften ausrichten werdest; sondern *bitte* GOtt täglich um seinen guten Geist / daß derselbe deinen guten Vorsatz stärcken und dich unsträflich bewahren wolle.

7. Nebst solchem täglichen Gebet *wache* beständig über dich selbst. Traue deinem Hertzen nicht zu viel / denn es ist sehr betrüglich. Habe acht / wohin deine Gedancken und [200] Begierden sich neigen / und halte Augen / Ohren und Zunge in guter Ordnung.

8. Nimm dich insonderheit in acht / daß du von der *Sünde / dazu du am meisten geneigt bist* / nicht übervortheilet werdest. *Fliehe* alle Gelegenheiten zu derselben / und suche sie durch den erbetenen Beystand GOttes immer mehr zu entkräften.

9. Lege dich keinen Abend zu Bette / bis du dein *Gewissen geprüfet* / und wegen der begangenen Fehl-Tritte / durch glaubige Ergreifung des Verdienstes JEsu Christi / dich mit GOtt ausgesöhnet.

10. Befleißige dich GOtt aufrichtig zu *fürchten* / nicht aus knechtischer Furcht vor der Strafe / sondern aus kindlicher Liebe / die sich scheuet / etwas zu thun / das dem Geliebten mißfallen könte.

11. Wilst du aber GOtt von Hertzen fürchten und lieben / so must du ihn recht *kennen* lernen; dazu dir die heilige Schrift die beste Anweisung giebet.

12. Laß keinen Tag hin gehen / da du nicht etwas aus dem *Wort GOttes lesest und betrachtest* / gleichwie du keinen Tag ohne Essen und Trincken vorüber gehen lässest.

13. Lies aber GOttes Wort niemals an[201]ders / als mit tiefster Ehrerbietigkeit / weil darin die höchste Majestät mit dir / einem so armen Sünder / redet.

14. Dein redlicher Zweck bey deinem Bibel-Lesen muß dieser seyn / daß du alles einfältig *glauben* wollest / was sie lehret / alles *thun* / was sie gebietet / alles *hoffen* / was sie verheisset.

15. Komm zu der Schrift / als einer / der noch gantz unwissend ist in göttlichen Dingen; so wirst du am meisten daraus lernen. Denn denen Unmündigen will es der Vater im Himmel offenbaren.

16. Lerne insonderheit *JEsum Christum* / deinen lieben Heyland / aus der heiligen Schrift besser erkennen / damit du an ihn glaubest / und in sein Bild verkläret werdest.

17. Präge dir aus der heiligen Schrift die *göttlichen Eigenschaften* tief in dein Hertz.

18. Weil GOtt ein *Geist* ist / so diene ihm in Geist und in der Wahrheit / und suche dich mit ihm durch Glauben und Liebe zu einem Geiste zu verbinden.

19. Weil GOtt ewig und *unveränderlich* ist / so hange ihm auch mit unveränderlicher Treue an / und verleugne gerne um seinet willen die zeitliche und vergängliche Dinge.

20. Weil er *heilig* ist / so must du dich auch [202] vor der Befleckung der Sünde bewahren/ wenn du mit ihm wilst Gemeinschaft haben.

21. Weil er *barmherzig* und *gütig* ist / so fasse zu ihm in aller deiner Noth ein gutes Vertrauen / und sey auch gütig und barmhertzig gegen die Elenden.

22. Weil er *gerecht* ist / und das Gute belohnet / so befleißige dich auch dessen / was recht ist. Weil er aber auch das Böse bestrafet / so hüte dich vor der Sünde / welche die Strafe nach sich ziehet.

23. Weil Er *wahrhaftig* ist / so glaube seinen Verheissungen/ und fürchte dich vor seinen Drohungen.

24. Weil Er *allmächtig* ist / so wage es getrost auf seinen Beystand / Er wird dir alle Schwierigkeiten überwinden helfen.

25. Weil Er allein *weise* ist / so suche bey ihm allein die wahre Weisheit/ und überlaß dich gantz seiner Regierung.

26. Weil Er *allwissend* ist / so unterstehe dich nicht durch Heucheley ihn zu betrügen / und hüte dich auch vor heimlichen Sünden.

27. Weil Er an allen Orten *gegenwärtig* ist / so wisse / daß du auch in der Einsamkeit [203] nicht allein seyst / sondern daß dein künftiger Richter alles sehe und höre / was du redest und vornehmest.

28. Da der allgegenwärtige GOtt auch gern *in deinem Hertzen wohnen* will / so laß es durch den Glauben reinigen / und durch seinen Geist beherschen; so wird er sich dir mit grosser Freundlichkeit und Liebe offenbahren.

29. Wandle stets in der heiligen Allgegenwart GOttes mit einem steten Andencken seiner Liebe. So oft sich deine Gedancken und Begierden von ihm abkehren / so lencke sie wieder zu ihm / solte es auch tausendmahl in einem Tage geschehen.

30. Den heiligen Namen GOttes und Jesu fuhre niemals ohne Ehrerbietigkeit in deinem Munde / und laß alles leichtfertige *Fluchen* und *Schwören* ferne von dir seyn.

31. Unterstehe dich niemals / *Sprüche der heiligen Schrift* auf eine eitle und lächerliche Weise zu *mißbrauchen* und zu verkehren; GOtt wird diesen Frevel nicht ungerochen lassen.

32. Halte GOtt nicht nur in deinem *Hertzen* recht hoch / wegen seiner unendlichen Macht / Güte und Weisheit / sondern suche auch solche Hochachtung durch *Mund* und *That* an den Tag zu legen. [204]

33. Brauche deinen *Mund* / ihn um seine Hülfe in allen Nöthen anzurufen / seine Liebe zu rühmen / und ihm für alle erzeigte Wohlthaten demüthigst zu dancken.

34. Richte aber auch in der *That* dein Thun und Lassen also ein / daß GOtt dadurch verherrlichet werde.

35. *Heilige den Tag des Herrn* mit aller Sorgfalt. Bringe ihn nicht mit Spielen und Müßiggang / sondern mit heiligen Verrichtungen zu.

36. Gehe gerne in die *Schule* und in die *Kirche* / damit du lernest / was zu deinem Frieden dienet / und beweise dich still / aufmercksam und ehrerbietig gegen die heilige Gegenwart GOttes.

II. *Regeln von dem Verhalten gegen den Nächsten.*

37. Liebes Kind / im Umgange mit deinem Nächsten / er sey Freund oder Feind / habe jederzeit die Ermahnung Pauli vor Augen: *Seyd niemand nichts schuldig / denn daß ihr euch untereinander liebet.* Rom. 13/8.

38. Alles / was du wilst / daß dir die Leute gutes thun sollen / das thue ihnen auch. Und [205] was du wilst / daß dir die Leute nicht thun sollen / das thue ihnen auch nicht. Luc. 6/31.

39. Nächst GOtt bist du niemanden mehr Liebe und Ehr-

erbietigkeit schuldig / als deinen *Eltern* / von welchen du das Leben empfangen hast.

40. Deine Liebe und Ehererbietigkeit aber gegen die Eltern kanst du durch nichts besser an den Tag legen / als durch einen willigen *Gehorsam* / daß du ihren Befehl vollbringest / ihren Züchtigungen dich unterwerfest ihre Schwachheiten mit Gedult tragest / und sie niemals vorsetzlich beleidigest. Das alles bist du auch deinen Groß-und Stief-Eltern / Vormündern und andern Vorgesetzten schuldig.

41. Deinen Praeceptoribus und *Schulmeistern* kanst du die Mühe und Treue / die sie an dir beweisen / nimmermehr genugsam vergelten. Liebe und ehre sie daher / wie deinen leiblichen Vater / und suche ihnen ihre saure Mühe durch Gehorsam / Fleiß und Aufmercksamkeit zu versüssen.

42. Zwischen dir und deinen *Geschwistern* laß niemals Feindschaft und Zanck aufkommen.

43. Gegen deine *Mit-Schüler* suche dich freundlich und dienstfertig zu beweisen. Erwehle aber nur diejenigen zu deinen Freunden / die [206] GOtt fürchten / und andern mit guten Exempeln vorgehen.

44. Alle *böse Gesellschaft* fliehe und meyde / als einen recht gefährlichen Strick des Satans / und bitte GOtt täglich / daß er deine Seele für Aergernissen bewahre.

45. Gegen *alte* und *vornehme Leute* bezeige dich ehrerbietig und höflich / und suche täglich mehr alle grobe und unanständige Sitten abzulegen.

46. Hüte dich / daß du dich nicht an *Fremden* / *Armen* und *Gebrechlichen* versündigest / ihrer spottest / oder sie sonst kränckest; sondern erweise dich gegen sie mitleidig und dienstfertig.

47. Gegen deine *Freunde* und *Wohlthäter* laß bey aller Gelegenheit ein danckbares Hertz blicken.

48. Deinen *Feinden* / die dich auslachen oder sonst beleidigen / vergilt nicht böses mit bösem / noch Scheltwort mit Scheltwort; sondern bitte GOtt / daß er ihnen ihre Sünde vergebe / und sie bekehre / und laß keine Gelegenheit / ihnen gutes zu thun / aus den Händen.

49. Achte es für eine unverdiente Ehre / wenn du um deiner Stille und Gottesfurcht willen [207] von anderen verachtet und gehasset wirst. Lerne die *Schmach Christi* von Jugend auf hoch schätzen.

50. Will ein zorniger und rachgieriger Gedancke in dir aufsteigen / so dämpfe ihn durch das Andencken der Liebe und Sanftmuth JEsu Christi.

51. Laß dich nicht den *Zorn* überwinden / jemanden der dir etwas zuwider gethan hat / zu schelten / ihm böses zu wünschen / ihn zu schlagen / oder auf andre Weise dich an ihm zu rächen. Denn GOtt hat gesagt: *Die Rache ist mein / ich will vergelten.* Rom. 12/19.

52. Laß dich nicht durch Menschen-Furcht abhalten / das *böse zu bestrafen.* Bestrafe es aber aus Liebe / mit grosser Bescheidenheit und Vorsichtigkeit.

53. Sey nicht traurig und verdrießlich bey den Leuten / sondern *freundlich* und munter / und zwar aus einer innerlichen Empfindung der Freundlichkeit und Leutseligkeit GOttes.

54. Hast du jemanden beleidiget / so schäme dich nicht / es demüthig zu bekennen und abzubitten.

55. *Gib niemand Aergerniß* durch böse Handlungen / häßliche Geberden und unkeusche garstige Reden. Sage solche niemals [208] nach / wenn du sie von andern gehöret hast / und schäme dich / solchen Unflat des Satans wieder in deinen Mund zu nehmen.

56. Sey *zufrieden* / mit dem / was dir GOtt durch deine

Eltern zuwendet / und gönne einem jeden / ohne Neid und Mißgunst / das Seinige.

57. Laß dich nicht gelüsten / auch nur das geringste deinen Eltern oder Mit-Schülern oder andern Leuten *zu entwenden* / oder von dem Gelde / dafür du etwas holen solst / zu veruntreuen / es zu behalten oder zu *vernaschen*. Dergleichen kleiner Anfang hat manchen den Weg zum Galgen gebahnet.

58. Hast du dich verführen lassen / andern etwas zu entwenden / Obst und andre Sachen zu rauben etc. so bekenne deinen Fehler mit wahrer Reue / suche es wieder *zu ersetzen* oder um Erlassung zu bitten / und hüte dich dein Lebetage für solchem schändlichen Laster.

59. Befleißige dich der wahren Aufrichtigkeit / gewöhne dich nicht an das schändliche *Lügen* / dessen Vater der Teufel ist / sondern rede die Wahrheit von Hertzen / wenn du auch gleich Schaden und Verdruß davon haben soltest.

60. Wenn du etwas wieder erzehlest / das du von andern gehöret / so setze nichts dazu; damit [209] du dem Lügen-Geiste nicht in die Stricke fallest.

61. Richte und *tadle niemand* / offenbare nicht deines Freundes Heimligkeiten / sey kein Verläumder / Schmeichler und Ohrenbläser / sondern rede wohl von deinem Nächsten / und entschuldige seine Gebrechen.

62. Wenn andre ihrer Schul- und anderer *Sünden* sich *rühmen* / oder über Narrenspossen lachen / so hüte dich / daß du dich nicht durch Mitlachen ihrer Sünden theilhaftig machest.

63. Siehest du etwas böses an andern / so seufze darüber / erinnre dich dabey deiner eigenen Fehler / und bitte GOtt / daß er dich vor solchen Versündigungen bewahren wolle.

64. Gib jederman / was ihm gebühret und laß dich durch die heylsame Gnade GOttes züchtigen / *gerecht* zu leben.

III. *Regeln von dem Verhalten eines Kindes gegen sich selbst.*

65. Liebes Kind / lerne dich *selbst* recht *erkennen.*

66. Alles Gute / das du an dir findest / ist GOttes; alles Böse aber / das du in dir findest / ist dein eigen. [210]

67. Wenn du dich ohne Eigenliebe und Schmeicheley recht betrachtest / so wirst du gewahr werden, daß dein Hertz von Natur ein Abgrund des Bösen sey / und daß der Saame aller Laster in dir verborgen liege / welcher nur auf Gelegenheit wartet / hervor zu brechen.

68. Fliehe also alle Gelegenheiten zum bösen / wie den Teufel selbst. Denn es sind lauter Kupplerinnen / die dich in seine Gewalt überliefern.

69. Deine unsterbliche *Seele* ist das edelste Theil deines Wesens / daher must du auch mehr dafür sorgen / als für den sterblichen Leib.

70. Der Adel deiner Seele besteht in der *Vereinigung* mit GOtt / daher du nach derselben aus allen Kräften streben must.

71. Wilst du aber mit GOtt vereiniget werden und bleiben / so must du die *Sünde* ernstlich *hassen* / und die sündlichen Neigungen deines Hertzens in täglicher Reu und Busse dämpfen. Denn die herschende Sünde scheidet dich und GOtt von einander.

72. Weil aber GOtt / der ein verzehrend Feuer ist / keine Gemeinschaft mit einem Sünder haben kan / ohne den Mittler; so must du diesen in wahrem *Glauben* annehmen / und ihm dein Hertz zur Wohnung einräumen.

73. Wo aber der Mittler / JEsus Christus [211] wohnet / da wohnet auch sein Geist / der die Seele immer mehr zum Bilde Gottes erneuert.

74. Diesen heiligen Geist laß in deinem Hertzen frey und ungehindert wircken / so wird er deinen *Verstand* erleuchten /

deinen *Willen* zu GOtt lencken / und dein *Gewissen* mit Friede und Freude erfüllen.

75. In dieser Ordnung must du auch selbst die *Kräfte* deines *Gemüths* immer mehr zu *verbessern* suchen.

76. Brauche deinen *Verstand* und dein *Gedächtniß* / etwas nützliches mit demselben zu fassen und zu behalten.

77. Zuförderst sammle dir einen Schatz der Erkentniß aus dem Worte Gottes / das dir den Weg zur Vereinigung mit GOtt zeiget; nächst dem aber bemühe dich / auch andre nützliche Wissenschaften zu lernen.

78. Gewöhne deinen *Willen* / allezeit das wahrhaftig Gute zu erwehlen / und das Böse zu verwerfen.

79. Bringe deine *Einbildungs-Kraft* in gute Ordnung. Bilde dir die Lust der Welt nicht lieblicher / und das wahre Christenthum nicht schwerer ein / als sich beydes in der That befindet. [212]

80. Lerne bey Zeiten deine *Affecten* und Gemüths-Neigungen zähmen / damit sie dich nicht zum Sclaven machen.

81. Verunruhige dein Gemüth nicht weder durch das Verlangen nach irdischen Dingen / noch durch eitle Hoffnung/ noch durch unnütze Furcht / weder durch weltliche Traurigkeit / noch durch üppige Freude.

82. Zorn / Neid und Mißgunst sind Hencker der Seele. Hüte dich / daß du nicht unter ihre Gewalt gerathest.

83. Laß keine geilen und unflätigen Lüste in deinem Hertzen aufsteigen / denn sie verwüsten Leib und Seele.

84. Aus der verderbten Eigenliebe entstehen drey Haupt-Laster / *Ehrgeitz* / *Geldgeitz* und *Wollust*. Prüfe dich wohl / zu welchem du am meisten geneigt seyst / und suche solche Neigung bey Zeiten zu unterdrücken.

85. Je mehr du deiner natürlichen Neigung schmeichelst / ihr ihren Willen lässest / und sie verzärtelst / desto tyrannischer wird sie dich beherschen.

86. Deine *Seele* kan nirgends *Ruhe* finden / als *in* GOtt. Je näher du dich durch Glauben und Liebe mit ihm vereinigest / desto ruhiger wird sie werden. [213]

87. GOtt hat dir aber nebst der Seele auch deinen *Leib* anvertrauet / und ihn mit Sinnen und Gliedern weislich gezieret; daher bist du verbunden/ auch denselben gesund zu erhalten / und unbefleckt zu bewahren.

88. Sey also *vorsichtig* / und gib dich nicht in gefährliche Umstände / in welchen Leib und Gesundheit Schaden leyden könte.

89. Gewöhne dich *nicht wollüstig* / und verzärtle deinen Leib nicht zu sehr / sonst wirst du dein Lebelang ein elender kräncklicher Mensch werden.

90 Schäme dich niemals / auch der geringsten Arbeit / sondern thue sie gern / und fliehe / als die Pest / den trägen Müßiggang.

91. Hänge dem *Schlaf* nicht zu sehr nach / damit du nicht in Faulheit gerathest.

92. Uberfülle deinen Leib nicht mit allzuvielem *Essen* und Trincken. Denn Mäßigkeit erhält Gesundheit.

93. Fliehe insonderheit die mehr als viehische *Truncken-heit* / und laß dich niemals bereden / mehr zu trincken / als dir dienlich ist.

94. Gehe *züchtig* und schamhaftig mit deinem Leibe um / und bedecke / was die Natur [214] will bedecket haben / weil deine Glieder Christi Glieder sind / und weil dein Leib ein Tempel des heiligen Geistes seyn soll.

95. Schickt dir GOtt an deinem Leibe etwas zu / so trage deine Schmertzen mit Geduld / und glaube / daß er dich lieb habe / weil er dich züchtiget.

96. Will GOtt / daß du in der Welt arm / kranck und verachtet seyn sollst / so gedencke: *Er ist der HErr / er thue was ihm wohl gefällt.*

97. Bedencke / daß du nicht immer in dieser Welt leben werdest / und schicke dich bey Zeiten zu deinem Abschiede.

98. Stelle dir jeden Tag als den letzten vor / so wird dein letzter Tag dich nicht unvermuthet überfallen.

99. Bitte GOtt / daß er dir eine lebendige Uberzeugung von der Gewißheit der *Auferstehung* / des künftigen *Gerichts* und des *ewigen Lebens* geben wolle.

100. Fürchte dich nicht vor dem Tode. Denn *hast du Christlich gelebet / so wirst du auch selig und freudig sterben können.* [215]

Das güldene Abc eines frommen Kindes.

Ein Jünger und Jüngerin

des HErrn JEsu soll seyn

1. *Aufmercksam* auf das Wort Christi / Apost. 16/14.
2. *Brünstig* im Geist / Rom. 12/11.
3. *Christo* gantz *ergeben.* Tit. 2/14.
4. *Demüthig* gegen GOtt und Menschen / Matth. 11/29.
5. *Erbar* in Geberden / Rom. 12/17.
6. *Fruchtbar* in guten Wercken / Joh. 15/5.
7. *Glaubig* an den HErrn JEsum. Apost. 16/15.
8. *Himmlisch gesinnet.* Phil. 3/20.
9. *Immer frölich im HErrn.* Phil. 4/4.
10. *Keusch* und reines Hertzens. Matth. 5/8.
11. *Lauter* und unanstößig. Phil. 1/10.
12. *Mitleidig* gegen die Elenden / 1 Pet. 3/8. [216]
13. *Nüchtern* zum Gebet. 1 Pet. 4/8.
14. *Ordentlich* in allen Dingen / 1 Cor. 14/40.
15. *Prächtig* im heiligen Schmuck / Esa. 61/10.
16. *Quit* und los von dem bösen Gewissen. Hebr. 10/22.
17. *Reich* an Gaben des heiligen Geistes. 1 Cor. 1/4. 5.
18. *Sanftmüthig* / Eph. 4/32.
19. *Treu* dem HErrn JEsu bis in den Tod. Offenb. 2/10.
20. *Unterthänig* untereinander. Ephes. 5/21.

21. *Wacker* allezeit. Luc. 21/36.
22. *Züchtig* und schamhaftig. Tit. 2/12. [o. S. (217)]

Hundert nöthige
Sitten-Regeln
für
Kinder. [218]
I. Regeln *wie sich ein* Kind *in dem* Hause *seiner* Eltern *zu verhalten hat.*
1. *Des Morgens bey und nach dem Aufstehen.*
1. Liebes Kind / so bald du des Morgens gewecket wirst / so stehe auf / ja gewöhne dich ohne Wecken / zu rechter Zeit aufzuwachen / und ohne Zaudern von deinem Lager aufzustehen.

2. Wenn du das Bette verlassen hast / so decke dasselbe fein ordentlich wieder zu.

3. Laß deine ersten Gedancken zu GOtt gerichtet seyn / nach dem Exempel Davids / welcher Psal. 139/18. spricht: *Wenn ich erwache / bin ich noch bey dir/ und Psal. 63/7. Wenn ich erwache / so rede ich von dir.*

4. Biete denen / die dir zu erst begegnen / und deinen Eltern und Geschwister einen guten Morgen / doch nicht aus blosser Gewohnheit / sondern aus wahrer Liebe.

5. Gewöhne dich / deine Kleider fein hurtig / aber doch auch ordentlich / anzulegen. [219]

6. An statt des unnützen Geschwätzes mit deinem Geschwister / oder andern / suche auch bey dem Anziehen gute Gedancken zu haben. Erinnere dich an das Kleid der Gerechtigkeit JEsu / welches dir in deiner Taufe angezogen worden / und fasse den Vorsatz / es an diesem Tage durch muthwillige Sünden nicht zu beflecken.

7. Wenn du das Gesicht und die Hände wäschest / so sprütze das Wasser nicht in der Stube herum.

8. Den Mund alle Morgen mit Wasser ausspülen und die Zähne mit dem Finger abreiben / dienet zur Erhaltung derselben.

9. Wenn du die Haare kämmest / so trit nicht mitten in die Stube / sondern beyseit in eine Ecke.

10. Das Morgen-Gebet verrichte nicht aus kaltsinniger Gewohnheit / sondern aus hertzlicher Danckbarkeit gegen GOtt / der dich in der vorigen Nacht behütet hat / und ruf ihn demüthig an/ daß er an diesem Tage deine Verrichtungen segnen wolle. Vergiß auch nicht das Singen / und Lesen in der Bibel.

11. Dein Morgen-Brod iß nicht auf der Gasse / oder in der Schule / sondern bitte deine Eltern / daß sie dir solches zu Hause geben. [220]

12. Suche darauf deine Bücher zusammen / und komm zu rechter Zeit in die Schule.

2. Des Abends bey dem Schlafen gehen.

13. Nach dem Abend-Essen setze dich nicht in einen Winckel / daselbst zu schlafen / sondern verrichte erst deine Abend-Andacht mit Singen / Beten und Lesen / ehe du dich zu Bette begiebest.

14. Ziehe dich an einem besondern Orte aus / oder / wo es ja in Gegenwart andrer Leute geschehen muß / so sey dabey bescheiden und schamhaftig.

15. Besiehe zuweilen die ausgezogenen Kleider / ob etwas daran zerrissen sey / damit es beyzeiten ausgebessert werden könne.

16. Wirf deine Kleider nicht in der Stube herum / sondern lege sie zusammen an einen gewissen Ort / damit du sie Morgens früh gleich wieder finden könnest.

17. Lege dich fein züchtig und grade ins Bette / und decke dich wohl zu.

18. Ehe du einschläfest / so prüfe dich / wie du den Tag zugebracht / dancke GOtt für seine Wohlthaten / bitte ihn um die Vergebung deiner Sünden / und empfehl dich seiner gnädigen Beschirmung. [221]

19. Wenn du in der Nacht aufwachen solltest / so gedencke an GOtt und seine Allgegenwart / und hänge eiteln Gedancken nicht nach.

3. Bey der Mahlzeit.

20. Wenn du/ zumal bey fremden Leuten / zu Tische gehest / so kämme und wasche dich vorher fein reinlich.

21. Unter dem Beten laß die Hände nicht zur Erden hängen / fahre auch sonst nicht damit herum / sondern laß sie zugleich mit dem Hertzen zu GOtt empor gerichtet seyn.

22. Lehne dich unter dem Gebet nicht an / und gaffe nicht mit den Augen herum / sondern sey andächtig und ehrerbietig vor der heiligen Majestät GOttes.

23. Nach dem Gebet warte / bis andre / die grösser sind / ihren Platz eingenommen haben / alsdenn setze dich auch fein still und sittsam zu Tische.

24. Uber Tische sitze fein gerade und still / wackle nicht mit dem Stuhl / und lege die Armen nicht auf den Tisch. Messer und Gabel lege zur rechten / das Brod aber zur lincken Seite.

25. Meide alles / was den Schein eines heissen und unbändigen Hungers hat / dahin gehöret / wenn man die Speisen so begierig [222] ansicht / wenn man der Erste in der Schüssel ist / wenn man das Brod auf einmal in lauter Bissen zerschneidet / wenn man geschwind und gierig isset / wenn man schon ein ander Stück Brod fordert / da man noch nicht hinunter gegessen / wenn man zu grosse Bissen schneidet / wenn man den Löffel zu voll nimmet / wenn man den Mund zu voll stopfet etc.

26. Bleibe vor deinem Orte in der Schüssel / oder sey vergnügt mit dem / was dir gegeben wird / und begehre nicht von allem zu haben.

27. Siehe nicht auf eines andern Teller / ob er etwa mehr als du / bekommen habe / sondern geniesse das Deine mit Dancksagung.

28. Iß nicht mehr Fleisch oder Butter / als Brod. Beiß aber das Brod nicht mit den Zähnen ab / sondern schneide mit dem Messer ordentliche Bissen / schneide sie aber nicht vor dem Munde ab.

29. Fasse Messer und Löffel fein ordentlich / und hüte dich / daß du das Kleid oder Tischtuch nicht befleckest.

30. Die fetten Finger lecke nicht ab / sondern wische sie an ein Tuch. Brauche aber / so viel möglich ist / die Gabel an statt der Finger.

31. Kaue die Speisen mit zugeschlossenen [223] Lippen / und mache kein Geräusch durch Scharren auf dem Teller.

32. Lecke den Teller weder mit dem Finger / noch mit der Zunge ab / fahre auch nicht mit der Zunge ausser dem Munde herum. Stütze den Elnbogen nicht auf den Tisch / wenn du den Löffel zum Munde bringest.

33. Das Saltz nimm nicht mit den Fingern / sondern mit der Messer-Spitze aus dem Saltz-Faß.

34. Die Knochen / oder was sonst übrig bleibet / wirf nicht unter den Tisch / stosse sie auch nicht auf das Tisch-Tuch / sondern laß sie auf dem Rande des Tellers liegen.

35. Das Stochern in den Zähnen mit dem Messer oder Gabel steht nicht fein / und ist dem Zahn-Fleisch schädlich.

36. So viel möglich ist / so enthalte dich / die Nase über Tisch zu schneutzen. Erfordert es aber die Noth / so wende das Angesicht etwas vom Tische hinweg / oder halte die Hand oder die Serviette vor; deßgleichen auch wenn du niesest oder hustest.

37. Gewöhne dich durchaus nicht / delicat und eckel zu seyn / und dir einzubilden / daß du dis und jenes nicht essen könnest. Manche müssen in der Fremde essen lernen / was sie zu Hause nicht konten. [224]

38. Die auf dem Teller habende Speisen zu genau besehen oder gar beriechen / stehet nicht wol. Soltest du in der Speise ein Haar / oder sonst etwas finden / so thue es still und unvermerckt bey Seite / damit andre nicht zum Eckel bewogen werden.

39. So oft du etwas auf den Teller bekommst / so bedancke dich höflich mit geneigtem Haupte.

40. Die Knochen nage nicht mit den Zähnen ab / mache auch nicht ein Getöse / das Marck heraus zu klopfen.

41. Es schickt sich nicht / dasjenige / was du einmal auf dem Teller gehabt / wieder in die Schüssel zu legen.

42. Wenn du über Tisch etwas herlangest / so hüte dich / daß du den Ermel nicht in die Schüssel hangen lassest / oder ein Glaß umwerfest.

43. Uber Tisch rede nicht eher / bis du gefraget wirst. Hast du aber in der Kirche oder Schule etwas gutes gemercket / oder fällt dir ein feiner Spruch ein / der sich zum Discurs schicket / so darfst du solchen wohl vorbringen. Reden aber andre was gutes / so höre aufmercksam zu.

44. Wenn du trincken willst / so must du [225] keine Speise mehr im Munde haben / und dich vorher höflich neigen.

45. Es stehet sehr übel 1) wenn man unter dem Trincken so starcke Züge thut / daß man schnaufen oder tief Athem holen muß.

2) Wenn man unter dem Trincken die Augen auf andre herum gehen lässet.

3) Wenn man den Anfang im Trincken über Tische machet / ehe die Aeltern oder Vornehmern getruncken.

4) Wenn man zugleich mit einem Vornehmern getruncken das Glaß an den Mund setzet.

5) Wenn man trincket / wenn andre noch mit uns reden.

6) Wenn man das Glaß etliche mal hintereinander ansetzet.

46. Vor und nach dem Trincken pflegt man den Mund abzuwischen / doch nicht mit der Hand / sondern mit einem Tuche / oder Serviette.

47. Sey über Tisch dienstfertig / wenn etwas in die Stube hinein zu holen / oder sonst zu thun ist / das du verrichten kanst.

48. Wenn du satt bist / so stehe ohne Poltern auf, nimm deinen Teller / auch wohl den Stuhl mit / wünsche eine gesegnete Mahlzeit / und trit bey seit / zu warten / was dir befohlen wird. Doch hat man sich hierinn nach dem / was gewöhnlich ist / zu richten. [226]

49. Das übrige Brod stecke nicht in die Tasche / sondern laß es auf dem Tische liegen.

50. Ehe du nach Tische etwas anders verrichtest / so dancke vorher deinem Schöpfer / der dich gespeiset und gesättiget hat.

II. Regeln / *wie sich ein Kind in der Schule verhalten soll.*

51. Liebes Kind / wenn du in die Schule kommst / so neige dich ehrerbietig / und setze dich still an deinen Ort / und gedencke an die Gegenwart GOttes.

52. Wenn gebetet wird / so bedencke / daß du mit GOtt redest / und wenn GOttes Wort gehandelt wird / so bedencke / daß GOtt mit dir rede. Sey also demüthig und andächtig.

53. Wenn du laut beten must / so rede langsam und bedächtlich; und wenn gesungen wird / so suche nicht die andern zu überschreyen / oder das erste Wort zu haben.

54. Sey deinen Lehrmeistern allezeit gehorsam / und laß dich nicht über einer Sache etliche mal von ihnen erinnern.

55. Wirst du um deiner Unarten willen gestraft so beweise dich weder mit Worten noch mit Geberden / ungeduldig und widerspenstig / sondern nimm es zu deiner Besserung an.

56. Hüte dich in der Schule vor dem schänd [227]lichen *Plaudern* / dadurch du dem Schulmeister seine Arbeit schwerer machest / deine Mitschüler ärgerst / und dich und andre an der Aufmercksamkeit hinderst.

57. Gib acht auf alles / was geredet wird / sitze fein grade / und siehe deinen Lehrer an.

58. Solst du deine Lection aufsagen / so schlage das Buch ohne Geräusch auf / ließ fein laut / deutlich und langsam / daß man alle Worte und Sylben verstehen könne.

59. Siehe mehr auf dich selbst / als auf andre / wo du nicht zum Aufseher über sie bestellet bist.

60. Wenn du nicht gefraget wirst / so sey stille / und hilf andern nicht ein / wenn sie ihre Lection sagen sollen / sondern laß sie für sich reden und antworten.

61. Gegen deine Mitschüler beweise dich liebreich und friedfertig / zancke nicht mit ihnen / stosse sie nicht / besudle nicht mit deinen Schuhen / oder mit der Dinte / ihre Kleider / gib ihnen keine Bey-Namen / und verhalt dich in allen Stücken also gegen sie / wie du woltest / daß sie sich gegen dich verhalten sollen.

62. Hüte dich vor allen unanständigen groben Sitten und Geberden in der Schule. Dahin gehöret /

1) Wenn man sich mit den Händen oder gantzen Leibe vor Faulheit ausrecket. [228]

2) Wenn man in der Schule Obst oder andere Sachen isset.

3) Wenn man die Hand oder Arm auf des Nachtbars Achsel leget / oder unter den Kopf stützet / oder sich mit dem Kopfe vorwarts auf den Tisch leget.

4) Wenn man die Füsse auf die Banck setzet / oder damit scharret oder baumelt, oder die Beine übereinander schlägt, und von sich strecket / oder sie im Sitzen oder Stehen zu weit von einander sperret.

5) Wenn man im Kopfe kratzet.

6) Wenn man mit den Fingern spielet oder daran klaubet.

7) Wenn man den Kopf bald vor sich / bald hinter sich / bald auf die Seite wendet und drehet.

8) Wenn man sitzt und schläfet.

9) Wenn man unter dem Tisch oder Banck herum kriechet.

10) Wenn man dem Praeceptori den Rücken zukehret.

11) Wenn man die Kleider in der Schule anders anthut.

12) Wenn man sich unflätig in der Schule bezeiget.

63. Halte deine Bücher inwendig und auswendig fein rein und sauber / schreib und mahle [229] nicht allerley hinein / zerreisse sie nicht und verliehre keines davon.

64. Wenn du schreibest / so besudle dich nicht an Händen und Gesicht mit der Dinte / besprütze auch nicht damit den Tisch und die Bäncke / oder deine und andrer ihre Kleider.

65. Wenn die Schule aus ist / so mache kein Gepolter / springe nicht / wenn du eine Treppe herunter gehen must / über zwey oder drey Stufen hin / damit du nicht Schaden nehmest / und gehe sittsam nach Hause.

III. *Regeln/ wie sich ein Kind auf der Gasse verhalten soll.*

66. Liebes Kind / ob du gleich nach der Schule ausser der Aufsicht deines Lehrmeisters bist / so ist doch GOtt an allen Orten gegenwärtig; daher du Ursach hast / auch auf der Gasse dich vor ihm / und seinen heiligen Engeln / zu scheuen.

67. Renne also nicht wild auf der Gasse herum / schreye auch nicht / sondern gehe still und ehrbar.

68. Beweise dich schamhaftig / und thue nicht öffentlich vor andern Leuten dasjenige / was man an einem abgesonderten Orte zu verrichten pfleget. [230]

69. Auf der Strasse zu essen / ist unanständig.

70. Gaffe nicht mit den Augen in der Höhe herum / laufe den Leuten nicht entgegen / und trit nicht muthwillig in den Koth / wo er am dicksten ist / oder in eine Pfütze.

71. Wenn du siehest Pferde oder einen Wagen kommen / so trit auf die Seite / und hüte dich / daß du nicht Schaden nehmest. Hänge dich niemals hinten an einen Wagen an.

72. Im Winter gehe nicht aufs Eis / wirf andre nicht mit Schneebällen / und fahre nicht mit liederlichen Buben auf den Schlitten.

73. Im Sommer bade dich nicht im Wasser / und gehe nicht zu nahe an dasselbe. Habe auch keinen Gefallen am Muthwillen und frechen Spielen.

74. Bleib nicht auf dem Wege stehen / wo sich Leute zancken oder schlagen / oder andre Bosheiten treiben; geselle dich nicht zu bösen Buben / die dich verführen; lauf auch nicht auf den *Jahrmärckten* herum; stehe nicht bey dem *Marcktschreyern* stille / und siehe den leichtfertigen *Täntzen* nicht zu. Denn du lernest da nichts / als böses.

75. Fasse dich nicht auf der Gasse mit andern Kindern zusammen / daß du die Strasse einneh[231]mest; lege auch nicht deinen Arm auf andrer ihre Schultern.

76. Wenn dir jemand bekantes oder vornehmes begegnet / so weiche ihm aus / thue den Hut ab / und bücke dich höflich. Warte aber nicht so lange / bis er schon neben dir oder gar schon vorüber ist / sondern beweise ihm solche Ehrerbietigkeit / wenn du noch ein paar Schritt von ihm bist.

IV. Regeln / wie sich ein Kind in der Kirche verhalten soll.

77. Liebes Kind / bedencke in der Kirche die heilige Gegenwart GOttes / und daß du nach dem Worte / das du hörest / an jenem Tage gerichtet werden sollest.

78. Bringe deine Bibel und Gesangbuch mit zur Kirche / und singe und bete fein andächtig mit. Denn aus dem Munde der jungen Kinder will sich GOtt ein Lob zubereiten.

79. Unter der Predigt gibt auf alles acht / mercke was aus dem Text vorgestellet / und wie der Vortrag eingetheilet wird; welches du auch in deine Schreib-Tafel aufschreiben kanst. Schlage ein und andern schönen Spruch in deiner Bibel / doch ohne Geräusch und vieles Blättern / nach / und zeichne ihn mit einem hineingelegten schmalen langen Papirgen / deren [232] du immer etliche in deiner Bibel liegen haben must.

80. Plaudre nicht in der Kirche / und wenn andre mit dir plaudern wollen / so gib ihnen keine Antwort. Wirst du unter der Predigt vom Schlaf angefochten / so stehe ein wenig auf / und suche dich desselben zu erwehren.

81. Wenn der Name Jesus genennet oder gebetet wird / so entblösse oder neige dein Haupt / und bezeige dich ehrerbietig.

82. Gaffe nicht in der Kirche herum nach andern Leuten / und halte deine Augen in guter Zucht und Ordnung.

83. Alle unanständigen Sitten / die du nach 62. in der Schule zu vermeiden hast / die hast du noch vielmehr in der Kirche zu vermeiden.

84. Wenn du mit andern paarweise in die Kirche und aus der Kirche geführet wirst / so solst du niemand aus Muthwillen stossen / vexiren oder besprützen / sondern ehrbar und stille fortgehen.

V. Regeln / wie sich ein Kind sonst in seinem gantzen Umgange zu verhalten hat.

85. Liebes Kind / lebe mit jederman friedlich und einig / und laß deine gantze Höflig[233]keit aus Demut und wahrer Liebe des Nächsten fliessen.

86. Gewöhne dich in allen deinen Sachen ordentlich / lege deine Bücher und anders an seinen gewissen Ort / und laß es nicht unordentlich und zerstreuet herum liegen.

87. Wenn dich deine Eltern ausschicken wollen / so mercke die Sache wohl / die du ausrichten sollst / damit du sie nicht unrecht bestellest. Wenn du dein Geschäft ausgerichtet hast / so komm gleich wieder nach Hause und bringe Antwort.

88. Sey niemals müßig / sondern gehe entweder deinen Eltern zur Hand / oder wiederhole deine Lectiones, und lerne dasjenige auswendig / was dir aufgegeben worden. Hüte dich aber / daß du nicht in garstigen oder eiteln Büchern lesest / oder die Zeit / dafür du GOtt Rechenschaft geben must / mit Charten oder Würfeln verderbest.

89. Wenn du Geld bekommst / so gib es jemand aufzuheben / damit du es nicht verliehrest / oder vernaschest. Gib von dem Deinigen gern Allmosen.

90. Wenn dir jemand etwas schencket / so nimm es mit der rechten Hand an / und bedancke dich höflich. [234]

91. Kommst du zu jemand / der Geld auf dem Tische / oder sonst etwas liegen hat / so gehe nicht so nahe hinzu / und bleibe nicht allein in der Stube.

92. Behorche niemand an der Thür / Sirach 21/26. lauf auch nicht gleich hinein / sondern nimm aussen vor der Thür deinen Hut ab / klopfe bescheidentlich an / warte darauf bis man dich hinein rufet / und bücke dich / wenn du hinein getreten. Schmeiß auch die Thür nicht so hart zu.

93. Verstelle dein Gesicht nicht bey den Leuten durch Runtzeln / oder sauer sehen; sey nicht stöckisch / wenn du etwas gefraget wirst; laß aber die Leute erst ausreden / und falle ihnen nicht ins Wort; antworte nicht mit Kopfnicken oder schütteln / sondern mit deutlichen und bescheidenen Worten.

94. Deinen Reverentz mache allezeit etwas tief und langsam / mit erhabenem Gesicht. Scharre nicht mit dem Fusse zu weit hinten hinaus. Kehre den Leuten nicht den Rücken / sondern das Angesicht zu.

95. Kommt ein Fremder oder guter Freund ins Hauß / so bezeige dich höflich gegen ihn / heiß ihn willkommen / biete ihm einen Stuhl an und warte ihm auf. [235]

96. Im Niesen / Reinigung der Nase / Ausspeien und Gähnen befleißige dich aller möglichen Wohlanständigkeit. Wende dein Angesicht alsdenn etwas auf die Seite / halt die Hand vor / fasse die Unsauberkeit der Nase ins Schnupftuch/ und besiehe es nicht lange / laß den Speichel gerade herunter auf die Erde fallen / und trit mit dem Fusse darüber. etc. Gewöhne dich nicht an das beständige Reuspern / Grübeln in der Nase / heftiges Schnaufen / und ander eckelhaftes und unanständiges Wesen.

97. Gehe niemals unflätig und säuisch einher. Schneide die Nägel zu rechter Zeit ab / und halt Kleider / Schuh und Strümpfe rein und sauber.

98. Im Lachen sey mäßig und bescheiden. Lache nicht über alles / am allerwenigsten aber über anderer Leute Bosheit oder Unglück.

99. Hast du etwas versprochen / so suche es auch zu halten / und hüte dich vor allen Lügen und Unwahrheiten.

100. Was du gutes und wohlanständiges an andern Christlichen Leuten siehest / das laß dir zum Vorbilde die-

nen. *Ist etwa eine Tugend / ist etwa ein Lob / dem dencke nach. Phil. 4/8.* [236]

Inhalt

des gantzen Hand-Büchleins.

ENDE.